U0077203

幼兒園課程發展：
理論與實務
（第三版）

簡楚瑛／主編

簡楚瑛、張淑敏、王儷蓁、王令彥／著

主編者簡介

簡楚瑛

■ 學歷

國立政治大學教育研究所博士

■ 經歷

國立新竹師範學院幼兒教育學系教授

國立政治大學幼兒教育研究所教授

香港教育學院幼兒教育學系教授

上海華東師範大學幼兒教育學系客座教授

南京師範大學陳鶴琴講座教授

美國洛杉磯加州大學（UCLA）、美國哈佛大學（Harvard University）、加
　　拿大卑詩大學（UBC）教育學院訪問學者

■ 著作

簡楚瑛（1988）。幼兒・親職・教育。文景書局。

簡楚瑛（1994）。方案課程之理論與實務：兼談義大利瑞吉歐學前教育系
　　統。文景書局。

簡楚瑛（1996）。幼稚園班級經營。文景書局。

簡楚瑛（2001）。方案教學之理論與實務。文景書局。

簡楚瑛（2004）。幼兒教育與保育之行政與政策（歐美澳篇）。心理出版
　　社。

簡楚瑛（2009）。課程發展理論與實務。心理出版社。

簡楚瑛（2016）。幼兒教育課程模式（第四版）。心理出版社。

簡楚瑛（2022）。幼兒園課程發展：理論與實務（第三版）。心理出版
　　社。

簡楚瑛（編審），簡楚瑛、陳淑娟、黃玉如、張雁玲、吳麗雲（譯）
　　（2009）。幼兒語文教材教法（原作者：J. M. Machado）。心理出版
　　社。

簡楚瑛、黃潔薇（編著）（2018）。「生活學習套」（第三版）：幼兒
　　班、低班、高班學生用書（計30冊）暨教學資源手冊（計30冊）。
　　教育出版社（香港）。

簡楚瑛、歐陽遠（編著）（2018）。「生活素養資源套」：托兒班、小
　　班、中班、大班學生用書（計38冊）暨教學資源手冊（計8冊）。
　　現代出版社（北京）。

簡楚瑛、歐陽遠（編著）（2019）。「STEAM⁺小實驗大發現」：小班、
　　中班、大班學生用書（計24冊）暨教學資源手冊（計6冊）。現代
　　出版社（北京）。

作者簡介

簡楚瑛
（見主編者簡介）

張淑敏
- **學歷**：國立屏東師範學院教育行政研究所碩士
- **經歷**：高雄市仁武國小附設幼兒園主任
　　　　100年度榮獲教育部教學卓越金質獎

王儷蓁
- **學歷**：國立臺南大學幼兒教育研究所碩士
- **經歷**：110年度獲選高雄市績優教保服務人員
　　　　100年度榮獲教育部教學卓越金質獎
　　　　曾任高雄市仁武國小附設幼兒園主任

王令彥
- **學歷**：國立政治大學幼兒教育研究所碩士
- **經歷**：臺北市公立幼兒園教師

三版序

　　生活裡，無論是從飲食、衣著、建築物、交通工具、音樂、玩具與娛樂設施等面向來看，或是在大自然裡，都可以看到多元的特質。從各式之課程模式也看到課程發展結果的多元性，我不禁想深入探究這些課程發展過程多元性間的異同，這個問題是我在第三版寫作中想呈現的。在本書第一版寫作中，我關心的焦點在探究一個課程從開始到完成，會經歷的過程步驟以及過程裡應該完成的工作項目；第二版增加了課程發展涉及之相關議題，做較深入的探究；而本次第三版的改變包括：

　　1. 提出以幼兒園班級為主之課程發展的模式：第三版刪除了一些比較複雜的模式，並增加了幸曼玲等學者 2018 年在《幼兒園教保活動課程手冊》（第二版）裡提到的課程發展步驟，以及 Fink 整合取向的課程發展程序、做法與內容。提供多元課程發展路徑作為參考，以協助幼教工作者發展出更能提升教育品質的內容與策略。

　　2. 探究三種課程取向的課程發展案例：第三版特別針對蒙特梭利、主題式方案取向與學習區遊戲取向課程，分別探討其課程發展的程序，在設計、運作與評量階段裡的著重點，以及它們與「幼兒園教保活動課程大綱」、《幼兒園教保活動課程手冊》間互動後的反思。藉此，對蒙特梭利、主題式方案與學習區遊戲取向課程產生過程、課程發展及教學間的互動關係、教師角色的重心做深入的了解；同時，分享應用近年來政府推動之「幼兒園教保活動課程大綱」、《幼兒園教保活動課程手冊》的經驗與感受。

　　3. 從四個方向提出校本課程多樣性面貌的案例分享（詳見第十一章）。

　　4. 提出老師是遊戲與課程關係的第三者，強調教師角色的關鍵性。

　　本書重點在「課程發展」的過程與程序，書中內容強調的是一種程序性知識與技能，內容關注的焦點比較偏於「know how」的問題；與筆者另外一本書《幼兒教育課程模式》的不同點在於，該書的內容重點在課程模式的基本內涵，以及不同課程模式間的比較，書中內容強調的是一種敘述性知識，內容關注的焦點比較偏於「know what」的問題。

　　本書第三版得以出版，要特別感謝聖母無原罪方濟傳教修女會附設高雄市私立樂仁幼兒園暨臺南市私立樂仁幼兒園督導吳昭蓉修女以及園長、帶班老師的協助，讓我進班觀察一週，每日放學後吳修女都會與邱美煥園長、主教老師——潘菡亭老師、黃琬婷老師、林秋敏老師、吳欣怡老師、劉佳綺老師一同與我開會，為我解惑；感謝本書一起合作的三位老師——張淑敏老師、王儷蓁老師、王令彥老師，在寫作中，一起走過反覆討論、探究與修改的過程；感謝王令彥老師及同班搭檔老師在教學與課程發展過程中的分享；感謝心理出版社林敬堯總編輯與本書編輯林汝穎的費心，協助本書的校對與出版。

　　本書的論述如能引發不同觀點或是引用文獻有疏漏、錯誤之處，均祈讀者先進，不吝賜教。

簡楚瑛　謹誌

2022 年 5 月

目 次
Contents

| 第一篇 |

理論篇

　　本篇主要目的在針對課程與課程發展的一些基本概念的定義與範圍、特性等內容加以界定；同時，介紹四種課程發展的模式、闡述課程發展所依據的理論基礎、探究課程發展階段裡要做的決策事項等屬於理論性的文獻探討，作為課程發展實務性操作時的依據。

CHAPTER

1

課程／教學及相關概念

 本章大綱

第一節　課程的概念

一、通泛之課程概念

坊間的教材／教科書、各園自己研發和實施後整理出來的資料冊（或者各園將之出版的書）、教育部頒訂的「幼兒園教保活動課程大綱」（以下簡稱「新課綱」，為教育部部頒的正式課程文件）、老師寫好的教案等都可以稱為「課程」，這是將課程視為產品的概念來理解的。

當我們看到幼兒園的一日作息表，如表 1-1～表 1-3 時，雖然有區分為主題課程取向、學習區課程取向、蒙特梭利課程取向的作息表，呈現的都是以學習內容為重點。若三個表格每個學習時段都要與新課綱的六個領域對應或呼應，就與分科的概念是雷同的，不同的是用「領域」取代了「學科」、「科目」的概念，這是將課程視為科目、領域、活動或是學習內容的概念來理解的。

表 1-1　幼兒園作息計畫——主題（單元／方案）課程取向（每週示例）

午別	時間	活動內容				
	星期	星期一	星期二	星期三	星期四	星期五
上午	08:00 - 09:00	幼兒入園、快樂學習、分享時間				
	09:00 - 09:30	活力點心				
	09:30 - 10:00	學習活動（團體、分組、角落、週五全園活動）				
	10:00 - 10:30	大肌肉活動				
	10:30 - 11:30	主題探索活動、分享時間				
中午	11:30 - 12:30	美味午餐、健康潔牙				
	12:30 - 13:00	圖畫書童話				
	13:00 - 14:30	甜蜜夢鄉				
下午	14:30 - 15:00	快樂甦醒、戶外活動				
	15:00 - 16:00	活力點心、學習活動				
	16:00 -	下課囉（放學時間）				

資料來源：幸曼玲等人（2018b，頁 21）

表 1-2　幼兒園作息計畫──學習區課程取向（每週示例）

午別	時間＼星期	星期一	星期二	星期三	星期四	星期五
上午	07:30 - 09:30 個別、團體時間	入園、簽到、掃地、澆花、學習區時段 A				
		點心時間				
		晨間律動（大肌肉活動）				
	09:30 - 11:30 個別、小組時間	團討時間				
		①學習區時段 B ②（學習區）方案				
		分享時間				
中午	11:30 - 14:00	午餐、潔牙、散步、午休				
下午	14:00 - 16:00 團體時間	延伸活動				
		點心時間				
	16:00 - 17:00 個別、團體時間	學習區時段 C				
	17:00 -	收拾、回顧與準備				

資料來源：幸曼玲等人（2018b，頁 22）

表 1-3　幼兒園作息計畫──蒙特梭利課程取向（每週示例）

午別	時間＼星期	星期一	星期二	星期三	星期四	星期五
上午	07:30 - 08:45	幼兒陸續入園				
	08:45 - 11:00	靜思／線上走路練習／自由選擇工作時間 自由享用點心／製作點心／音樂饗宴／説説唱唱／依自己的 進度來完成工作／工作分享／收拾與整理				
	11:00 - 11:30	韻律遊戲／戶外自由活動				
中午	11:30	上午班幼生放學 全日班幼生準備午餐				
	11:30 - 12:30	午宴的分享				
	12:30 - 13:00	潔牙／散步／圖畫書閱讀				
	13:00 - 14:30	歇息精神好				
下午	14:30 - 16:00	藝術活動／享用點心／文化探索活動				
	16:00 - 17:00	回家前的準備工作／放學				
	17:00 -	教學者準備教材教室				

資料來源：幸曼玲等人（2018b，頁 23）

當我們設計的形成性評量與總結性評量的指標與課程設計時用的指標是一樣的，如表 1-4～表 1-6 所呈現，這是將課程視為預期的、有意圖之學習結果的概念來理解的。

表 1-4　○○幼兒園教學評量表──情緒領域

□上學期　　□下學期

幼兒年齡層／班別： 2～3 歲	教學者姓名：
	評量日期：

領域名稱	領域目標				
情緒	■ 接納自己的情緒 ■ 以正向態度面對困境 ■ 擁有安定的情緒並自在地表達感受 ■ 關懷及理解他人的情緒				

課程目標	學習指標	主題名稱		其他活動名稱		
		主題1	主題2	例行性活動	學習區	全園性活動
情-1-1 覺察與辨識自己的情緒	情-幼-1-1-1　知道自己常出現的正負向情緒					
	情-幼-1-1-2　知道自己的同一種情緒存在著兩種程度上的差異					
情-1-2 覺察與辨識生活環境中他人和擬人化物件的情緒	情-幼-1-2-1　覺察與辨識常接觸的人和擬人化物件的情緒					
情-2-1 合宜地表達自己的情緒	情-幼-2-1-1　運用動作或表情表達自己的情緒					
情-2-2 適當地表達生活環境中他人和擬人化物件的情緒	無					
情-3-1 理解自己情緒出現的原因	情-幼-3-1-1　知道自己情緒出現的原因					
情-3-2 理解生活環境中他人和擬人化物件情緒產生的原因	無					
情-4-1 運用策略調節自己的情緒	情-幼-4-1-1　處理自己常出現的負向情緒					

資料來源：幸曼玲等人（2018b，頁 110）

表 1-5　○○幼兒園主題評量表──依課程大綱領域呈現

□上學期　□下學期

| 幼兒年齡層／班別： | 教學者姓名： | | |
| | 製表日期： | | |

領域	形成性評量項目	個別幼兒表現		
		熟練	發展中	加油

資料來源：幸曼玲等人（2018b，頁 114）

表 1-6 ○○幼兒園自編幼兒總結性評量表

幼兒姓名：   評量日期

幼兒年齡層／班別：		第一學期初：　　年　　月　　日		
教學者姓名：		第一學期末：　　年　　月　　日 學　年　末：　　年　　月　　日		
核心素養	總結性評量項目	第一學期初	第一學期末	學年末
覺知辨識				
表達溝通				
關懷合作				
推理賞析				
想像創造				
自主管理				

資料來源：幸曼玲等人（2018b，頁 116）

　　表 1-7 呈現的是老師與 4 歲、5 歲幼兒互動產生出來部分課程的過程以及老師運用的教學策略分析，這是將課程視為學生學習到／經歷到的經驗。

表 1-7 「家人人數統計表」及「父母家務統計圖」兩課程對建構主義取向幼兒數學教育實施原則、策略與方法的運用（部分文本）

課程	課程之發展與實施	原則、策略與方法的運用
家人人數統計表	藉由從老師分享賴馬著作《早起的一天》開始，孩子於是熱烈地討論起自己的家庭成員。老師也在團體討論後，請孩子畫下自己的家庭成員與大家分享，讓大家認識彼此的家人。分享家庭成員畫時話題常圍繞在家人人數，老師藉此契機提問：「有什麼方法可以知道我們中柳丁班誰家的人最多？誰家的人最少？」於是啟動孩子製作與不斷修正「家人人數統計表」的動機，以便有效地回答此一問題。	1. 課程與知識所在的活動或情境相結合。 兩個課程皆是在孩子原有的知識基礎之上對其經驗做詮釋，並從所關注的議題出發而深入探究，對孩子而言，不但深富情境性（具體、熟悉、富有意義），而且是感興趣、關注於欲解決之問題，並在老師的協助、挑戰與引導之下，以及與同儕的合作互動中，孩子主動訂定自己的探究目標，並積極地、實地的對圖表概念不斷探索、操作、表徵、建構、修正與運用，以適應當下環境的要求。
父母家務統計圖	在「男女大不同？」的主題探究中，孩子除了探究男女外觀差異之外，也進一步探究男女喜歡事物的差異，甚至在家庭中所扮演角色的差異。於是，在老師的建議之下，孩子回家觀察爸媽在家中所做的事，並將它畫下與大家分享。在團討時，老師將孩子的分享話語寫在經驗圖表上，但許多孩子都看不懂字，孩子於是從先前製作「家人人數統計表」的舊經驗著手繪製圖表，以便讓大家都能了解資料蒐集的結果。但因待解決的問題較先前的問題複雜（涉及必須先依據性別、再依工作性質做分類與集合），孩子於是展開一段圖表知識建構的旅程，進而達到對所調查資料的組織與呈現，以便於分析、比較及回答所欲探究的問題。	

資料來源：張斯寧（2019，頁 333）

　　綜合上述的分析，可以看出「課程」概念的複雜性，基本上它應該具備下面的性質：

　　1. 以教育目的、成果或是預期的學習結果為導向。

2. 會有事先的計畫、實施的過程以及學習結果之評估三階段的發展過程。

3. 內容的形式可以是科目、教材、經驗、學習機會、活動等不同的類型。

4. 不同的定義會有不同偏向之光譜關係，而不是有、無／0、1的類別關係，例如：側重課程是一種預期的、有意圖的學習結果之概念，機會教育課程的強調就會偏弱；或是側重課程是學習到的經驗，就容易淡化經典著作的價值；或是側重課程是一個計畫，就不容易給予生成課程產生的空間與價值。

二、課程相關名詞的概念

前面對於課程概念的分析是屬於籠統性的看法，隨著課程發展過程所產生的階段性或是過程性的課程，會有比較分化、細化出來的產品，課程專家定義了一些詞彙，代表著這些產品特定的意思。以下就針對幾位課程專家提出之課程分類、概念與相關名詞加以介紹。希望透過概念的釐清、分化，轉化到實務時，大家的對話可以在雷同的概念與語彙下交流，有助於我們工作、溝通時的通暢以及課程發展概念傳承與銜接時的一貫性。

（一）依課程發展過程，從理念層面至學生經歷到的層級來分類

學者將課程發展過程中，不同層級／階段的課程予以分類（Glatthorn, Boschee et al., 2018; Glatthorn, Jailall et al., 2017; Goodlad & Associates, 1979）。此處綜合這些學者對分化後定義之課程類別的概念簡述如後。

1.意識形態課程（ideological curriculum）

又稱為「理想／理念課程」（ideal curriculum），這常常是學者、學會、特定使命的團體或是委員會，針對當下教育、課程提出的建議。這些建議會反映出他們提倡之特定的價值觀、期待的課程取向，屬於Glatthorn

等學者稱的建議課程（recommended curriculum）。這種課程以屬於較高層次的通則居多，強調的是「應然性」（oughtness）的建議，距離現場運用的課程是有距離的，需要多元的轉化歷程才可能有檢驗其理念的機會，例如：進步主義者強調教育應顧及學習者的個別差異、需求與興趣，因此，重視教育的生活性與實用價值；而永恆主義者強調的是永恆性的真理，因此，強調理性科目比實用科目重要，經典著作就成為必需學習的內容。又如，有的學者特別主張建構式學習是最好的學習方式，不接受行為學派之教與學的論點。這些意識形態下形成的課程就稱之為意識形態課程。

2. 正式課程（formal curriculum）

也就是Glatthorn等學者所稱「書面性的課程」（written curriculum）。這種課程的目的在促成教育系統中教育目的的實現，它比意識形態課程更具體。不同的教育情境、層級都會有該情境、該層級的書面性課程。可應用到各種情境、層級的書面性課程，稱之為一般性的書面課程（general written curriculum），例如：國定的課程綱要、國訂版本或是民間出版社出版的教科書、我國的「幼兒園教保活動課程大綱」（教育部，2016）、《幼兒園教保活動課程手冊》（幸曼玲等人，2018a，2018b）、香港的《幼稚園教育課程指引》（香港教育局，2017）、中國大陸的「幼兒園教育指導綱要」（中華人民共和國教育部，2001）、「3～6歲兒童學習與發展指南」（中華人民共和國教育部，2012）、「幼兒園工作規程」（中華人民共和國教育部，2016），均屬於一般性的書面課程。若是在特定場所，或是針對特定的學區、學校使用的，便稱之為特定場所的書面課程（site-specific written curriculum），例如：各園的教案以及課程結束後整理出來的均屬於此種課程。

3. 知覺課程（perceived curriculum）

每位老師對政府或是機構給出的正式課程會有不同的、多種的詮釋，

形成存在於老師心中的課程（curriculum of the mind）。政府或是機構給出的正式課程常常與老師心中知覺的課程是有差距的，因此需要有在職進修制度的存在。

4. 運作課程（operational curriculum）

這是指老師在教室裡實際教學中產生的課程，也就是 Glatthorn 等學者稱為的傳授課程（taught curriculum），如表 1-8。這種課程與書面課程常存在著距離，這也是之所以需要不斷在職進修的背景原因。

5. 經驗課程（experiential curriculum）

這是指學生學習到、體會到、經驗到的課程，也就是 Glatthorn 等學者稱之為習得的課程（learned curriculum），指學生在學校所獲得改變其價值觀、技能、知識的經驗而言。家長詢問孩子在學校裡學了什麼，或是學校評鑑時問學生在學校喜歡／不喜歡哪些活動，所得的資料即屬於這類的課程內容。

6. 支持性的課程（supported curriculum）

這是指協助課程實施時所使用的協助資源，例如：教科書、教材資源。

7. 評量的課程（assessed curriculum）

這是指要被評量的課程，也就是在評量時會受評的學習內容。

8. 潛在課程（hidden curriculum）

這是指非計畫內但學生受到影響的課程。

這個分類中不同課程名稱及其涵義，讓我們知道該課程的功能以及定義的角度（從政府、出版社、教師還是學生角度去理解課程的定義、內

表 1-8　106 學年度第一學期不同領域課程搭配內容與時間進度表（部分）

週次	方案課程 方案 A	方案 B	能源教育 從課程衍伸之能源活動	日常生活節能行動	語文閱讀	挑戰金頭腦
1	常規、情緒輔導週			・每早於一畝田鋤草、種菜、用雨水、洗手水澆灌（了解陽光、水、土地能源之型態）	・晨間閱讀：語文區放置一百多本繪本，大部分與主題、能源相關之繪本。幼兒一早來即進行繪本賞閱活動	一畝田：分類
2	常規、情緒輔導週					
3	戲劇：三隻小豬 繪本：《你的房屋，我的房屋》—探討房屋功用、結構		・磚塊屋真的堅固嗎 ・土石流與地球暖化之關係			我家在哪裡：對應
4	繪本：《100 層樓的家》—房屋隔間的功能					我家住幾樓：數量
5	方案：建構 100 層樓	愛建築的男孩：了解素材		・每週五，廚師以一畝田之食材製作餐點，供應幼兒點心（減少食物里程、降低碳足跡）		這是誰的家：序列
6	・討論構想	方案：樹屋	・動物也會蓋樹屋（生物多樣性）		・我的字典：透過閱讀活動，幼兒可發表認識之字、音，並記錄	這是誰的家：方位
7	・決定素材：紙捲	樹屋型態確定：在樹下的樹屋	・紙磚屋參觀（環保建材）			有幾個窗戶：奇偶數
8	・決定一層樓的定義	・樹屋設計圖確定 ・以紙板製作小房子	・空氣對流 ・窗戶該有幾個（綠建築、省能）	・學期末，一畝田休耕，以堆肥養地（愛護土地、再生能源）		數一數溫度：辨識
9	・與黏貼技巧纏鬥	建築素材確定：鐵罐	・垃圾回收場（資源再利用）			找一找窗戶：對稱
10	・與黏貼技巧纏鬥	方案：紙箱娃娃屋 ／ 進行分組製作	・垃圾掩埋實驗（垃圾分解）	・每週五進行環保小記者，孩子發表自己的環保宣言（能源生活落實案例分享）		數一數鐵罐：1～100
11	・與黏貼技巧纏鬥	・確定隔間名稱 ・房間（箱子）外牆彩繪 ／ 各組素材確定	・減塑行動宣言			資源回收：形色分類

資料來源：簡楚瑛（2019，頁 285）

涵）。這些課程是同時存在的，不是有某一種課程，另外的就不存在了。比如，教科書屬於支持性課程，有了這樣的理解，可能就不會讓許多學者或是政府在幼教政策裡，對教科書全然存著負面的看法且禁止學校使用。在教育現場來看，從小學、中學到大學，教師、學生手上都會有一本主要的教科書，為什麼幼兒教育就特別不一樣了呢？關鍵不在教科書是否應該、可以存在，而是政府要有一個審查機制來確保教科書的品質以及該書的確是運作教師教學時需要的輔助、學生學習時可以重複翻看的文本。又如，知覺課程可以提醒老師反思自己的教學信念、對兒童的信念、對學習的信念是什麼，可以如何將信念轉化成運作課程、如何將自己知覺到的課程與各級教育政府提倡的書面課程銜接等等問題的思考；經驗課程概念提醒了我們，老師傳授的、鷹架的過程與結果並非必然的是學生感受到、學習到的課程，因此，老師需要不斷的觀察、評估學生的學習過程與結果，以作為修改、創新課程的依據。

（二）依課程的功能與是否結構化雙向概念來分類

　　課程依功能可以分成基本課程以及充實課程（Glatthorn et al., 2018），這個分類與概念可作為課程發展過程中，分配時間與內容之比例時的參考。

1. 基本課程（basic field of learning）

　　基本課程指的是所有的學生（至少是90%的學生）都應該學習之基本的、重要的內容。這類課程又可分成以下兩種形式：

(1)結構式課程（structured curriculum）：這種課程亦可稱為預設課程（planned curriculum），指的是學習的內容、順序、評量等都是經過事前詳細的規劃、要求精熟的程度。講究基本的、重要的與結構性課程內容的精熟課程（mastery curriculum）、單元／主題課程以及一般的教科書就是這類型課程代表之一。

(2) 非結構式課程：這是指學習的目標、內容、評量等不需要事前「仔
　　細的」、「精準的」規劃、安排、評量的課程。生成課程（emer-
　　gent curriculum）就屬於這類型的課程。

近年來，生成課程在課程發展中的地位有逐漸提高的趨勢，因此，此
處特別提出來解釋其概念以及形成的理念背景（亦參見第十二章第二
節）。生成課程（又稱為「呼應課程」或是「萌發課程」），它不是教育
者預先設計好的、也不是一個在教育過程中不可改變之僵固的計畫，亦不
是學生無目的、隨意的、自發的活動。它是在教學過程裡，師生互動、互
相呼應過程中不斷生產出來的。老師透過對學生需要和感興趣之事物以及
情境脈絡下的價值判斷，不斷調整活動，以促進學生更加有效學習之教學
過程中的產物，是一個動態的、師生共同交流以及共同建構對世界、對他
們、對自己的態度和認識過程中，呈現的暫時性、過程性、形成性、動態
性之學習中形成的建構性課程。生成課程背後的理念是消除現代主義課程
範式的預設性與確定性，希望打破我們習以為常之線性思維方式，使課程
不具有某種固定的程序與模式（百度百科，2020/4/14）。英國夏山學校
（Summerhill School）的課程、美國杜威提倡的方案取向課程（Project Ap-
proach）、義大利瑞吉歐式的方案取向課程（Reggio Emilia Approach）、
德國華德福課程（Rudolf Steiner Approach）等都屬於這類型課程的典型代
表；蒙特梭利取向（Montessori Approach）的課程以及一些建構式理念設
計的教材資源／教科書具有結構式與非結構式特性，它的內容與學具的設
計具有知識體系的結構性、預設性，但在教學過程裡，蒙氏課程給予了學
生選擇的自由與自我檢視的功能；部分建構式理念設計的教材資源／教科
書給予學生思考與做中學的機會，使得其課程兼具了結構式與非結構式的
特性。

2. 充實課程（enrichment curriculum）

充實課程不是基本課程，是擴充式的課程。這類課程也可以分結構式

與非結構式的課程。

關於從課程的功能角度來探討課程時，上述只提到兩種功能；Tanner 與 Tanner（2007）提出五種具有綜合性與互補性功能組成的宏觀課程（macro curriculum），如圖 1-1 所示。這五種功能為：

1. **基本教育**：是提供學生共同需要學習的課程。
2. **專長教育**（specialized education）：是提供學生深入學習，屬於為從事專業所做的學習課程，例如許多滑雪、體操選手、音樂、舞蹈職業人士的學習都是從很小的時候就開始的，這種學習課程就屬於專長教育。當然，很多時候我們是到了大學才分流培養專長的。
3. **試探教育**（exploratory education）：是提供學生探索自己興趣的課程。
4. **充實教育**（enrichment education）：重點是針對不足的給予補充、拓展以及加深學生的學習經驗，強調的是豐富化學習的內容。
5. **特殊興趣的教育**：是針對學生有很清晰、強烈喜歡而提供的內容。

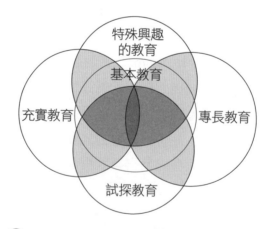

圖 1-1　宏觀課程的五種綜合與互補功能圖

資料來源：Tanner 與 Tanner（2007）

　　依課程的功能與結構化來分類課程，提醒我們學習是否應該有一些基本的、核心的內容，例如：日常生活知能、獨立、自主性與協調、專注等能力的培養、基本禮儀的學習等；學習內容的提供是否可以更個別化一些，例如：專長教育、充實教育、試探教育。學習功能的區分與了解有助於課程發展，提供學生不同功能的學習機會是有必要的。

（三）從中央到班級層級，發展課程過程中所產生的相關名詞

　　Glatthorn 等學者對課程發展過程中產出、有階層性的關係的一些名詞，也做了些分析（Glatthorn et al., 2018）：

1. **課程政策**（curricular policies）：這部分有宏觀與微觀政策之分，中央的課程指引／課程綱要、縣／市的課程施行細則、學校的課程取向等均屬於宏觀的課程政策；如果由學校層級決定用統整方式、用分科／分領域方式還是用個別的活動來組織、呈現學習的內容的決定，就屬於較微觀的決策了。

2. **學習方案／學習學程**（programs of study）：這是指學校為學生提供之完整的、整套的學習經驗，其中包括大團體的課程、小組的課程、活動銜接時的設計等。

3. **學習學科／領域**（courses of study）：一般採取分科或是分領域方式組織課程的，就會有一套套有組織的學習經驗，是學習方案或是學習學程的一個子集，例如：針對認知領域、社會領域、情緒領域，或是針對數學、科學、語文、藝術等領域／學科知識體系去發展出的子課程，這個學習學科／領域會由幾個有關聯性的學習主題／單元所組成。

4. **學習主題／單元**（theme / units of study）：主題和單元常被混著使用，但也有人是將之分開運用的。通常單元是：學習學科或領域的一個子集，是一組經過組織過、彼此有相關性的學習經驗，由好幾個「課」組織成一個單元，課程通常持續一～四週；主題是：

學習節奏上比較長，比一～四週長，比較不會細分成課來進行，學習內容比較屬於跨領域的。

5. **課**（lesson）：這是指學習單元的子集，每一課可能會有一個或是多個有關聯性的活動所組成。

6. **活動**（activity）：以極為小量的行為目標之敘寫方式呈現的學習內容屬於活動。老師發展的活動內容，若不強調每個活動間以及其與教育／教學／課程目標的關聯性時，這個活動是獨立存在的，無法發揮真正的學習效果。

　　上述六個名詞間的關係，筆者自製成圖 1-2，將它們之間的關係用圖表述，希望有助於理解。這種分類方式可能是對老師最有用、最具體的，知道課程發展中要進行的程序。

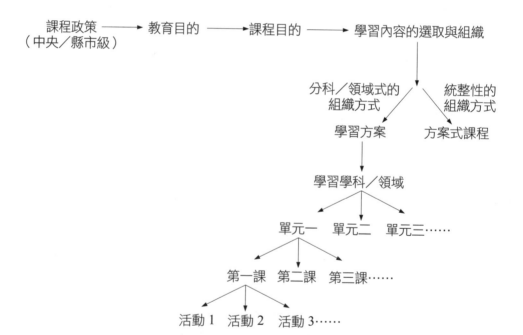

圖 1-2　課程政策、教育目的、課程目的、學習方案、學習學科、單元、課、活動間之關係圖

資料來源：筆者自製，參考 Glatthorn 等人（2018）

第二節　課程與教學的關係

隨著時間的遞移、論述的多元化，課程與教學概念的轉變也牽動了課程與教學關係的變化（霍秉坤、葉慧虹、黃顯華，2010）。筆者大致上將各學者的觀點簡略歸納如下：

（一）課程強調的是「教什麼」的問題，教學強調的是「如何教」的問題：課程是教育方案、教育計畫、教育經驗的藍圖；教學是教育方法、教學的活動以及課程（藍圖）的實踐、呈現（Gordon Taylor, & Oliva, 2018）。

（二）課程的決策講求計畫性；教學的決策講求方法論（Gordon et al., 2018）。

（三）課程強調的是具指標性、預期性的學習成果；教學強調的是教學者與一位或是多位學習者間的互動及其歷程（Morris & Adamson, 2010）。

（四）課程與教學間之關係有四種模式（Gordon et al., 2018）：

1. **二元模式**：此模式將課程計畫與教學實務區分開來，認為課程是課程計畫者所做的事情，而教學則是老師的行為，因此課程與教學各自獨立，互不影響，例如：出版社設計課程、出版教科書，教師照本宣科的使用教科書教學；整套教科書計畫的過程，沒有教師參與；而教師的教學，也不影響出版社之課程設計。這就是課程與教學各自獨立的二元模式，如圖 1-3 所示。

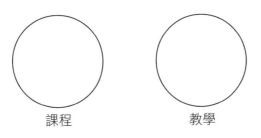

課程　　　　　　　教學

圖 1-3　課程與教學關係圖──二元模式

資料來源：Gordon 等人（2018）

2. **連鎖模式**：此模式將課程與教學視為一個整體，互為連鎖，彼此不可分離，例如：全語文的課程與教學取向即為連鎖模式之例子。全語文的教室環境皆布置成具有豐富、自然的語文資源之情境，例如：在教室中貼出每日菜單的海報，以文字書寫，老師則依照海報內容一一介紹餐點；在此情境中，菜單是教材、是課程的一部分，同時也是老師教學活動媒介的一部分，如圖 1-4 所示。

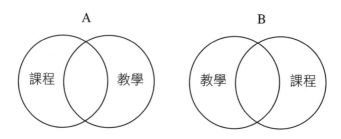

A　　　　　　　　　B

圖 1-4　課程與教學關係圖——連鎖模式

資料來源：Gordon 等人（2018）

3. **同心圓模式**：在此模式中，課程與教學同屬教育系統之下的系統，而且兩者是層級關係，一個包含另外一個，例如：圖 1-5A 與圖 1-5B。圖 1-5A 表示課程的範圍大於教學，也就是說教學完全依循課程來決定；圖 1-5B 則表示教學的範圍大於課程，教學是主角，而課程是教學的衍生物。圖 1-5A 顯示的是，老師的教學範圍均在設計好的課程範疇內；而圖 1-5B 顯示的是，老師是已設計好之課程的詮釋者，教學內容會因個人化之經驗與專業能力，而將設計好之課程以舉一反三的方式或是個人詮釋的原因，使得教學範圍大於課程範圍。

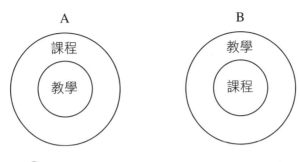

圖 1-5　課程與教學關係圖──同心圓模式

資料來源：Gordon 等人（2018）

4. **循環模式**：此模式將課程與教學包含在一個循環系統之中，重視課程與教學之間互相回饋的機制。課程與教學二者的實體雖然分開，但兩者之間卻有持續不斷的循環關係──課程決定先訂定之後，教學決定才隨之而生，在教學決定付諸實踐與評鑑之後，又回過頭來影響課程決定，例如：建構式的課程與教學之間，就存在循環的關係。建構式的課程是教師依照教育目標所做的規劃，而後於教學中實踐，在教學過程中，學生與教師共同建構新的想法與概念，再用於發展後續的課程，因此課程和教學的關係持續循環、互相影響，是為一個整體，都包含在教育系統之下，如圖1-6 所示。

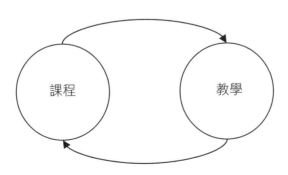

圖 1-6　課程與教學關係圖──循環模式

資料來源：Gordon 等人（2018）

（五）教學是整個課程計畫、發展中的一部分；課程發展涵蓋了教學設計，教學設計屬於高度特定的活動，焦點在教與學的方法上，圖 1-7 呈現的是課程計畫、課程發展與教學間的關係（Beane, Toepfer, & Alessi, 1986）。圖 1-8 則是筆者根據圖 1-7 加以修改後的用詞與概念的分野，作為本書的用詞與定義。

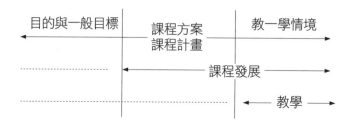

圖 1-7　課程計畫、課程發展與教學間的關係圖

資料來源：Beane 等人（1986）

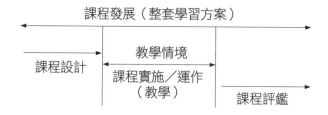

圖 1-8　課程發展、課程設計、課程實施／運作（教學）與課程評鑑間的關係圖

本書將課程發展分成三個階段：課程設計階段、課程實施／運作階段（這階段強調的是在有學生之情境中運作課程的階段，本書定義此時是教學階段）、結束時做課程評鑑，然後回到課程設計階段修改設計，依此成為一個循環的課程發展歷程。

　　課程與教學不是同一件事，但它們的確存在著相互依存的連結關係，在研究與實務過程中，有時候會不容易明確的劃分，因此本書中有時會以課程／教學並列方式呈現；如有必要明確的區分時，則會分開陳述。

　　近年來，幼教實務層面裡，強調課程／課程發展面大於教學面，對於教學層級舉凡發問策略、獎與懲策略、介入指導策略、自由與規律的分野與運用、教學策略、教室管理策略等的探究與著墨不多；倒是針對園本課程與特色課程的開發甚為用心，這是件令人感到憂心的事。因為，開發課程（發展出學生學習的藍圖）涉及設計貫穿中央的課程綱要／指引、地方特色與校方願景的整合與研發，屬於宏觀面的規劃與設計。對於落實的策略較少探究時，課程想要達到的教育目的就不容易實現。同時，如果過於強調落實之課程發展與教學策略，而引導課程發展與教學策略所需的核心理念與理論過於隱晦時，所努力發展出來的課程與教學策略就如建構在沙盤上的大樓一樣，是危險、不實在的。理論與實務、課程與教學均衡的搭配與調整，乃是教育成功的原則之一。

討｜論｜與｜分｜享

1.　請三～四人為一組，以你們正在上的這門課為例子，分享你們認為的課程定義：課程是指這門課？是指老師設計好的教學計畫？是指你用的教科書？是指老師提供的參考資料？是指老師上課用的投影片？還可能是什麼？

2.　請三～四人為一組，以你們正在上的這門課為例子，依課程發展過程中，從理念層面至學生經歷到的層級分類方式來分析、舉例並分享之。

3.　請三～四人為一組，從《幼兒園教保活動課程手冊》基本概念篇（可參考 ece.moe.edu.tw/ch/filelist/preschool/filelist-preschool/）分析、討論「幼兒園教保活動課程大綱」的意識形態。

4.　請三～四人為一組，訪談二位幼兒園老師，了解他們對「幼兒園教保活動課程大綱」的詮釋，並比較他們知覺到之課程的異與同。

5.　請三～四人為一組，訪談二位幼兒園老師，了解他們依「幼兒園教保活動課程大綱」設計、發展出來的書面課程與他們實際運作之課程間的關聯性如何？中間會有的落差原因是什麼？

6.　請嘗試在教室裡觀察 10 分鐘，分析一下老師操作的課程與學生經驗的課程有什麼不同？這個觀察的分析結果對你有什麼啟示。

7.　請討論：基本課程與充實課程間的比重應該是多少？為什麼？

8.　請討論：結構式課程與非結構式課程的優缺點。

9.　請討論：圖 1-2 對你了解課程裡的哪些概念／關係／名詞有幫助？

10.　請討論：圖 1-3 與圖 1-4 對你了解課程與教學的關係有什麼幫助？

2

課程發展基本概念：
定義、決策層級與職責範圍

🌱 **本章大綱**

第一節　課程發展的定義與特性

一、課程發展的定義

　　「課程發展」一詞，英文為 the development of curriculum 或是 curriculum development。前者意指課程演進的過程，以及課程之縱向歷史性的演變，例如：探究「幼稚園暫行課程標準」到「幼兒園教保活動課程大綱」的演變歷程（從 1929 至 2016 年）屬之；後者（curriculum development）所表示的乃是課程橫向結構之發展，也是本書所指的：是創造、編寫與修訂課程時的完整歷程，包含課程設計、實施／運作階段與課程評鑑階段，是循環性的演進過程。本書是以幼兒園與教室兩個層級之課程編製為主要的書寫重點，但有時也會觸碰到有連帶關係的課程綱要、施行細則（中央層級）的相關問題。

二、課程發展的特性

　　不論課程發展人員個人的喜好、觀點或哲學取向為何，在發展課程的過程中都需要導引的原則，才能有效率、有意義地發展課程。這些原則來自於實驗結果、經驗累積、傳統信念和普通常識，即使在講求科學證據的現代社會，教育領域中仍舊有許多經驗、常識或信念無法以科學證明之。因此，課程發展的原則除了來自於全然的事實之外，也有由部分事實及假說推論而得（Gordon et al., 2018），這些指引原則就形塑出課程發展及其過程的特性。整體而言，課程發展至少有下列十二個特性。

（一）課程發展是不可避免且必須的

　　現代社會變遷快速、大量知識不停的推陳出新，價值觀和道德觀的改變、家庭型態的變化、女性主義的崛起、疏離與焦慮的社會現象、國際局

勢的變化、科技的發展與應用，都讓課程的目的、目標和內容也隨之不斷改變，使得學習方式亦趨多元化。課程不再只是一成不變的科目與分門別類的知識而已，必須要依社會脈絡、教學情境和學生需要而修改。課程必須不斷的反映情境之需要、更新知識，才能使得學習者在了解與處理變動社會中的議題後，能得到因應不斷變動之社會所需要的能力。因此，課程發展是必須且不可避免的。站在國家層級的高度，需要不斷的建構國家級課程綱要或是課程指標、指引；地方政府需要在國家課程綱要或指標下，提出地方化、落實化的策略；學校與班級層級的課程發展也會隨之變動；每個出版社、學校、班級的課程也是年年小改或是每隔三、五年有個大改。

（二）課程是時代的產物，隨著時代與社會的變化而逐漸改變

　　教育是人類社會活動之一，會因為社會、時代的改變而改變；課程是教育的一部分，當然也會隨著社會發展而逐漸變化，例如：受到電腦網際網路發展的影響，二十世紀後期的課程發展便將網際網路的應用納入，發展出遠距視訊之教學方式，以及重視資源與知識之蒐集和選擇的課程內容等；又如：在全球化社會中，課程發展會更重視多元文化教育、環保教育，以及價值觀與倫理道德的教育，2016 年教育部發布的「幼兒園教保活動課程大綱」就增加且強調了上述幾個重點的內容。除此之外，當代的哲學思潮、心理學理論和政治、經濟情勢等，也會影響當代的課程發展，「核心素養」就是因應全球化與在地化之社會環境的遞移而逐漸強調的內涵。

（三）課程發展是系統化的

　　課程發展不只應該有垂直（中央—地方—學校—班級）系統上的規劃，還包括橫向（不同學科／領域間、知情意目標間、實務與學術間、編製者間、編輯與作者間、同班老師間、教師專業成長等）的協調，全面考量並且建立一套有計畫且具系統性的課程。因此，筆者個人認為將課程的發展責任與權利全部交給教室層級的老師直接依據課程綱要來設計活動，

中間除了欠缺轉化的工作，以及教室內兩位老師就決定了各種不同層級的課程決定，是一件危險的認知與現象。

（四）課程發展涉及的面向是全面而廣泛的

課程的範圍包含許多部分，發展課程時不能見樹不見林，只注意到某一學科、能力或是重點的學習，而要以廣泛的、全面的、宏觀的角度來整合每一部分的課程。當從廣泛的角度來看課程發展時，它可能不只直接影響到課程綱要的改變、老師的教學、學生的學習、家長的參與，同時也可能會間接影響到整個社會。即使是特色課程或園本課程，也需要顧及深度課程發展時之全面的、宏觀的角度。

（五）課程發展是從現有的課程出發，在脈絡中（時間、地域、文化）發展

課程的發展是建立在已有的課程基礎之上（課程大綱、指引、教科書），會依其發展時的時間與地域、文化脈絡進行改變，而不應該突然的、大幅度的改變。

（六）課程發展是一項合作性的團體活動，需要眾人的參與，唯有所有參與者產生改變時，課程才可能有所改變

在課程發展的過程中，每一項主要的變革都需要廣泛的參與和支持，不能只由課程專家、教師小組或是教務人員獨立完成。從各級政府、出版社、編輯（包括總編、主編、責編）、園長、主任、老師、學生，甚至包括家長和社區人員等每一位參與者，都是改變的媒介。大家共同參與，會影響著課程發展的基本原則、教育目的、願景，參與者同時也受到發展過程的影響。唯有課程改革所涉及到的人，尤其是園長、老師和家長對課程的改變或改革有同感，認同改變的方向與做法，並且為了改變進行專業發展進修，否則課程的改變或改革是不會成功的。這是在職進修裡很重要的

一環，不論幼兒園選擇的教學內容是哪種形式（如教科書、完全的自編教材、自編特色教材等）或是哪種模式（如蒙特梭利模式、瑞吉歐模式、高瞻課程模式、安吉模式等），家長、教師、園長都需要針對該內容、模式之專業成長進行培訓。唯有家長、教師、園長都對該課程系統有了了解之後，才能真正協助幼兒的學習。

（七）由上往下與由下往上兩個推動課程發展的動力都是必須的

由上往下的策略意指由中央、地方、學校領導者的推動與帶領課程發展；由下往上則是由年級與班級教師、學生一起發展課程，進而帶動整個學校，甚或是整個幼兒教育體系的課程發展（如圖 2-1 所示）。

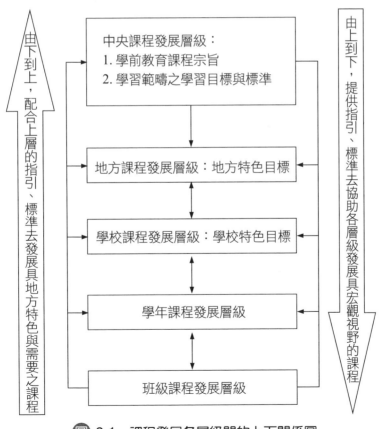

由下到上，配合上層的指引、標準去發展具地方特色與需要之課程

中央課程發展層級：
1. 學前教育課程宗旨
2. 學習範疇之學習目標與標準

地方課程發展層級：地方特色目標

學校課程發展層級：學校特色目標

學年課程發展層級

班級課程發展層級

由上到下，提供指引、標準去協助各層級發展具宏觀視野的課程

圖 2-1　課程發展各層級間的上下關係圖

（八）課程發展依循的是相關且合理的教育原理

在課程發展過程中，任何改變都應該依循相關且合理的教育原理。對於課程問題的解決方案，應該基於方案之教育效力的證據，而非參與者喜好的趨向，且應經過一段試驗期才決定解決方案，而不是由專家提出來後即直接推動與執行；應該有系統的、循序漸進式的改變。

（九）課程發展基本上是選擇與決定的過程

課程設計者在發展課程的過程中，在哲學、社會學、教育學等基礎上需要做許多的選擇，包括：

1. 在各個學科／領域中選擇：如選擇課程比重上較偏重藝術、音樂、舞蹈、美感等學科／領域，較少數學／認知方面的內容，此即為學科／領域取向的一種選擇。不同的選擇決定了學生在各學科／領域中不同程度的學習經驗。

2. 在競爭的觀點當中選擇：課程選擇是基礎課程比重大過於特色課程還是均衡的選擇。

3. 重點領域加強或教育對象等的選擇：是採精熟教育還是擴散探索式教育？是加強學生較弱、較差的能力，還是加強學生較優勢、較好的能力的選擇。

4. 方法上的選擇：是在教室中設置各種角落讓幼兒自由探索？或者在學校裡，將各班設為一個學習區，有幾個班級就有幾個學習區，讓幼兒在更大的環境中探索與學習的選擇。

5. 探索後要以靜態方式展示作品，或者以學習心得發表的活動來分享經驗的選擇。

6. 學校與班級組織方式的選擇：一個班級的人數應該是多少？師生比應該多少才合適？學校要分幾個班級？是否要混齡合班等的選擇。

（十）課程發展需要豐富的資源支持，包括經費、材料、時間、專門知識

　　課程發展需要許多條件的配合，除了課程參與者全員投入之外，還需要教學時所需要的教材、教具；發展課程也需要時間，包括教師觀察課程進行情況與省思記錄的時間、課程參與者討論課程發展的時間、設計與準備教材的時間，以及教師專業進修的時間等；課程發展人員亦需要具備與課程內容、課程與教學等相關的專業知識。舉例來說，這幾年幼兒教育領域強調要「動手做」的活動，因此教具設計時的時間與成本費用就需要考量進去。

（十一）課程發展是一項充滿挑戰的旅程，而不只是已羅列細節的藍圖

　　在課程發展的過程中，隨時可能出現困難與問題，因此課程發展不是線性的過程，而是動態、多元性的過程。例如：筆者在設計香港的「生活學習套」（簡楚瑛、黃潔薇編著，2018）時，曾經有一個故事的主角是小女巫，實驗後發現，許多教會學校就因為「小女巫」有魔鬼的形象，而建議更換主角的設計；於是筆者換了一個主角，該書依然可以達到最初設計時之教育目的。

（十二）教學與行政領導者在課程發展過程中扮演著重要角色

　　課程發展除了涉及綱要的設計、教科書／教案冊、配套資源的發展外，最重要的還有使用者（教師、園長與行政人員）的培訓工作，針對所發展出來的課程綱要、指引／課程要落實到教室層級老師可以運用，就需要依課程綱要、指引／課程所需的知能去設計在職進修的配套師訓課程以及輔導工作。以 2016 年新推動的「幼兒園教保活動課程大綱」培訓的課

程內容為例，內容不應該是將課程綱要做說明而已，應該要有轉化做法的引導、運用、反思等內容；更重要的是設計者要理解：提供的資料是個框架，要讓基層實踐課程者的理念與做法在這框架裡還有自由發揮的空間；同時，要維護課程發展多元化的可能性。

這些課程發展特性的了解有助於我們課程發展工作開始前的準備工作、課程發展過程中面對問題時因應策略的思考、課程發展結束時之檢討方向以及繼續永續課程發展工作的動力來源。

第二節　課程發展決策層級與職責範圍

在前一節裡提到，課程發展有中央—地方—學校—班級不同的層級，如圖 2-1 所示。理論上而言，層級愈高所提出之課程計畫愈抽象、愈涵蓋較下層級之計畫、愈具指導性，但離學生愈遠。通常國家層級提出的是課程綱要，或稱之為課程指導方針、課程指標；地方層級依據國家層級之指導原則、指南或指標，再根據地方之特性訂出施行細則；學校層級即以其想建立之特色建構在國家及地方層級的課程綱要和施行細則之上，訂出校本之課程計畫；老師再根據以上之課程綱要、施行細則及學校的理想，再去規劃各年級以及各班級教室層級之計畫。實務上而言，未必每個層級都會提出銜接上一層級、指導下一層級之課程計畫；在每個層級裡執行課程發展的成員，也未必會在課程計畫時去將較上層級的計畫予以銜接、連貫。這就往往成為課程改革成效不彰的主要原因之一。

現場教學的老師多數是參與班級、年級和學校層級之課程計畫與發展工作；會參與到地方層級之課程計畫的幼教老師就少很多了；國家層級的課程計畫多數是由課程設計的學者與專家、幼教與教育方面的學者、行政人員及少數的幼教現場實際教學與行政工作者（例如：幼兒園園長、老師）共同研發而得。下面就不同行政層級來看課程決定的分工規劃。

一、課程發展決策的層級與負責之課程發展的相關工作

以下說明不同層級教育單位在課程發展之決策上，所應該負責的相關工作。

（一）國家層級應負責決定之課程發展相關工作

國家層級的主要工作為擬定國家教育目的、擬定課程綱要以及課程目標、籌辦各項國定課程、綱要的研究與可落實的指引、擬定或執行全國性之教育實驗計畫。上述工作主要由政府部門（如教育部）／教育專業團體，例如：美國幼兒教育學會（National Association for the Education of Young Children, NAEYC）來統籌、規劃、研究、督導各項國家層級之相關的課程指標／指引。國家層級負責的課程決策內容，不僅是給各級教育一個國家級的教育意象，同時是要各級教育課程發展時能夠彼此銜接、呼應。又如，香港是一個特別行政區，其教育局 2017 年提出的《幼稚園教育課程指引》雖然在封面處特別標出「建議」幼兒園等幼教機構採用，沒有由教育局發動強制的研習推動活動，但筆者看到的是，從學校課程、出版社發展教科書／教學資源、學校研習活動均自發性的努力詮釋教育局提出的指引意義，在自己學校課程體系做銜接工作；該指引提供了方向，基層學校、老師參照該方向，做出具有彈性及多元化的課程與家校的合作關係。

教育部 2014 年發布的「十二年國民基本教育課程綱要」以及 2016 年頒布的「幼兒園教保活動課程大綱」都屬於國家層級負責的課程發展內涵，惟兩個文件間欠缺銜接與呼應的整合工作。十二年國教的課程理念是：「自發」、「互動」、「共好」。課程目標是：啟發生命潛能、陶養生活知能、促進生涯發展、涵育公民責任，以臻全人教育之理想。課程發展的主軸是「核心素養」，「核心素養」是指一個人為適應現在生活及面對未來挑戰，所應具備的知識、能力與態度。「核心素養」強調學習不宜

以學科知識及技能為限，而應關注學習與生活的結合，透過實踐力行而彰顯學習者的全人發展（教育部，2014）。「核心素養」分為三大面向：「自主行動」、「溝通互動」、「社會參與」，核心素養的內涵，如圖2-2所示。「幼兒園教保活動課程大綱」的理念、課程目標以及六大核心素養（參見第八章第四節）與十二年國教課程的理念、目標、主軸銜接性不強，因此，從國家層級角度來看「幼兒園教保活動課程大綱」裡談幼小銜接時，就顯得欠缺銜接性，幼兒園老師不容易得到國家層級相關課程發展時應該給的較具體性、銜接性的方向引導。

（二）地方層級應負責決定之課程發展相關工作

地方層級的主要工作為規劃不同區域的教育資源與經費、想特別加強

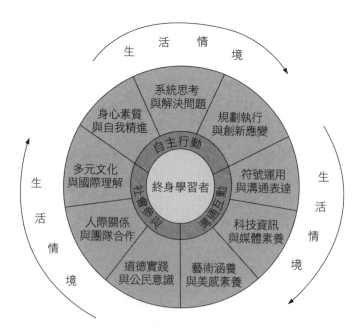

圖 2-2　核心素養的滾動圓輪意象

資料來源：教育部（2014）

的地方特色課程方向、審查教科書／教學資源、規劃各學期屬於全地方性重要且共同的學校行事曆／時間表、規劃與辦理師資培訓班及研討會、籌組學校評鑑委員會與建立評鑑制度、擬定或執行地方教育實驗計畫等。在各縣市政府幼教科網頁看工作人員與職掌時，可以發現：有設置負責縣市裡課程研發與推動的專責人員或是業務並不多。這樣看起來，國內各縣市政府對於課程發展一事，多數是被動的執行中央教育部的行政規定，沒有擔起地方層級應負責決定之課程發展項目；各地的幼教學會／協會分會雖然有活動，但也較少針對課程相關問題提出主張；各地出版社做的幼教教科書／教材資源方面的工作，一方面未受到政府與學界的接受與肯定，當然也就沒有評鑑與規範的制度協助各出版社與政府政策間互相監督與合作的功能。

（三）學校層級應負責決定之課程發展相關工作

學校須提供讓課程整合、發展的空間，也就是完整的支援系統。學校領導人（校長／園長）需要確保上層以及自己學校課程發展的決策能進入實踐的流程、檢視課程實施的過程中有無任何困難、確定課程決定的過程與做出的決定都是經過大家了解且認同的做法。一般來說，學校（教學行政或是課程發展委員會）從事下列的工作（Gordon et al., 2018）：

- 新增／刪除／修正現有學校課程方案，包括各學科／領域間的課程方案；進行學校教師、學生以及家長間有關課程的溝通工作；評估學校的課程。
- 尋找處理現有課程缺失或不足的方法。
- 規劃學校經營的使命；選擇學校使用的教科書／教材資源；訂定特殊幼兒學習計畫；釐清學校與政府間的責任、任務與權利關係；核准學校事務（如上課時間的規劃、教學觀摩日期的安排等）；確認教學品質、學生學習的成效等。

由上述來看，學校層級的課程決定工作主要是在促成及維繫校內課程

發展，以及課程實施能夠正常運作。相較於教室層級，學校層級的課程決定是經由一個小組（如課程發展小組）經過規劃、實施、檢討的過程而產生，其主要責任是在將上層各級之課程發展的決策落實，再加上自己園所特色課程的發展，形成一套可以落實的、具體化的課程。

（四）教室層級應負責決定之課程發展相關工作

在教室層級中，教師需負責在縣市或是學校單位選定使用之教科書／教材資源基礎下，針對其活動設計、環境布置、家園關係建立之策略，以及社區資源的運用發展或是刪除、增加、修改等工作。等而上之者、條件充分者，可以逐步發展以園為本的特色課程，再進而逐步的發展自己幼兒園整體性的課程體系。此外，教師還負有課程與教學自我評估的責任。課程評估的主要工作在於評估自己在使用或是修改、創新整個課程、過程及產品（如使用教材、教具等）與預期效果間的差距和原因的探討；教學評估的主要工作在於評估學生在教學前、中、後的表現，以及評估教師的教學成效。

教室層級的課程決定工作主要取決於教師，其平常工作繁重且複雜，所接觸的工作並不僅止於教室層級的課程決定工作而已。以一位教師在學校的工作為例，教師除了要做許多教學、行政、家長工作外，還需要準備課堂的教學材料（教室層級），可能還需要協助如下的工作：設計課後輔導班的教學計畫、參加學校提供的生命教育課程教學發表會（學校層級）、負責縣市政府教育局母語教材設計手冊製作（地方層級）、協助學校完成教育部提倡之促進弱勢子女閱讀計畫（國家層級）、協助設計促進環境保護課程計畫（國家層級）。教師一方面執行自己教室層級所需負責的工作，另一方面也需要與其他層級的各式與課程設計以及教學有關的事項互動，但老師所進行教室層級之課程決定的內容與範圍應該不是直接將中央層級訂定的課綱未經轉化過程，而全然的由學校與班級層級去發展整體性的課程體系。

二、課程模式之課程發展決策的層級概念──以蒙特梭利課程模式為例

　　幼兒教育課程模式有不同的認定，以簡楚瑛（2016）書中的十一種幼兒教育課程模式來看，蒙特梭利課程模式、華德福課程模式、瑞吉歐課程模式、高瞻（High/Scope）課程模式、IB（International Baccalaureate，國際文憑）課程模式會透過其學會或是基金會提供系統化的、證照制度的師資培訓課程，該師資培訓課程會受到基金會或是學會的審查、評鑑制度所規範。

　　以蒙特梭利課程模式為例，其課程決策可分為國家、協會／學會、地方附屬師培機構或學校，以及講員等層級（如圖 2-3 所示）。此處用蒙特梭利教育系統裡課程發展為例子，說明這些層級對於課程發展應負責任的權利／義務與權限範圍。

　　從國家層級來看，美國教育部（U.S. Department of Education, USDE）組織了蒙特梭利教師教育認證委員會（Montessori Accreditation Council for Teacher Education, MACTE），為蒙特梭利的專業課程和機構制定統一的國際評鑑標準。統一的基本標準包括：能力目標、理論課程的進行形式、實習內容與時數，以及師資要求等，例如：出生至 3 歲的蒙特梭利師資培育課程至少要包含 200 小時的課程，搭配 400 小時的實習；實習期間必須要包含督導式的實踐、觀察、教具操作、活動設計、理論的理解與運用等。其他年齡段的蒙特梭利師資培育課程也有設定類似的基本標準。

　　從協會／學會層級來看，MACTE 認證的蒙特梭利組織，包括：美國蒙特梭利協會（American Montessori Society, AMS）、國際蒙特梭利協會（Association Montessori International, AMI）、國際蒙特梭利教育方案（Montessori Educational Programs International, MEPI）、國際進步蒙特梭利協會（International Association of Progressive Montessori, IAPM）、國際蒙特梭利委員會（International Montessori Council, IMC）等，在基本標準

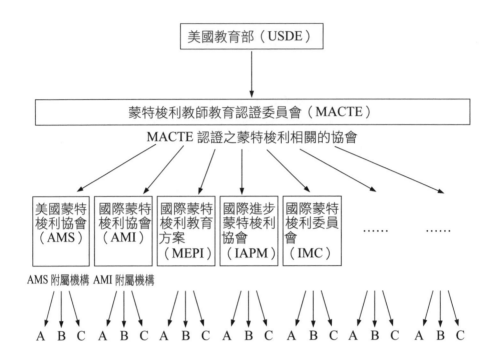

圖 2-3　美國蒙特梭利教育之課程決策管理系統階層圖

資料來源：筆者自製，參考 MACTE Guide to Accreditation 官方文件（https://www.macte.org）

的基礎之上細化屬於其系統的課程標準，例如：美國蒙特梭利協會
（AMS）對不同階段的蒙特梭利師資培育課程的內容、評估、環境（研習
場地、實習機構）、人員（管理者、師資、學習者、實習督導老師）等，
有著不同的資格和責任要求。

　　從地方附屬師培機構或學校層級來看，師培中心或學校需根據其附屬
的協會標準，制定相應的師培課程或學校標準，例如：師培中心若希望蒙
特梭利課程能更貼近國情和地方的教育生態，可在上層制定的基礎上聘請
較多國內符合國際證照班的講員；或是師培中心希望能體現多元文化的特
色，也可聘請不同國家的講員以達到其教育目的。師培中心也可在上層制
定的基礎上制定具有特色的教育願景、教學大綱、授課方式和評估方式，

使學習者能達到不同層次的認知理解。

　　從講員層級來看，講員參與到教學大綱的制定與修改及評分的標準，例如：不同講員因自身的實務經驗，對教具操作的引導和步驟可能會有不同的看法與做法。

第三節　課程發展決策的項目

　　課程發展工作的內容與需要做的決策，包括如下八項主要項目。

一、目標

　　搭配不同課程發展決策層級的權責與功能來規劃時，中央層級應提出國家／專業團體欲達到之教育目的；地方政府應在中央層級教育目的規範下，發展具地方特色之較具體的目標；學校應在中央的教育目的、地方（政府）規範之教育目標下訂定出更具體的教學目標；老師應在上述三個層級之框架下，設計出各項活動目標及活動。如果是使用坊間的教科書／教材資源，要先決定選擇符合中央、地方政府設定的教育理念、教育目標、課程綱要或是課程指引的教材，然後在該教材基礎上，決定修改、增刪教學活動的目標。

二、內容

　　指決定學生學習的內容，包括：學習的事實、概念、過程、態度、信念、技巧、歸納的能力等。

三、教學策略

　　指教師決定在學生學習過程中，要用什麼方法讓學生獲得學習，可以是詰問法、探究法、角色扮演法等。教師教學策略的選擇，取決於特定教學情境中教師想要達成的目標為何。

四、評鑑

評鑑是了解學生究竟學到什麼，以及學到什麼程度。具體要做決定的內容包括：用哪種方法評鑑，如何進行測驗、觀察、訪談等評鑑，以及如何蒐集與分析學生的成品；決定評鑑的時機是教學前、教學中還是教學後等。

五、教學資源與材料

指教師要決定用什麼教學資源來協助與促進學習，可能的物品和機構包括：能夠提供資源的人員、教科書、雜誌、電腦和軟體、遊戲、教材／教具、學校設備、美術館或博物館等能夠提供教學資源的機構、家長的專長、社區資源等。

六、活動操作表單

指決定學生在學習過程中要做的事，包括：聽、說、讀、寫的活動表單，玩遊戲、角色扮演、使用電腦、教學參觀等記錄用的表單。

七、分組方式

學習活動實施方式可以是大團體的、小組的、個別的。在分組的方式裡，老師要決定編組的原則（根據學生的能力、興趣或自選的方式）與每一組的人數（一個人一組到全班一組）等。

八、時間與空間

在進行教室課程決定時，最基本、最需要先行考量的客觀因素就是時間與空間。

（一）時間

Weinstein 與 Mignano（2014）將學生在校時間分成七類（筆者加上幼兒園情境的說明）：

(1) 學生可在校的全部時間：學校規定的到園至放學的時間。例如：學校規定學生 8:00 到校、16:40 離校，則學生在校的全部時間為八個半小時。

(2) 在校實際參與的時間：學生從入園開始到離園的總時間。一日生活皆教育時間，學生在學校的時間都是學習的時間。例如：學生 9:00 才到校，16:00 離校，則學生實際在校的時間就是七小時。

(3) 可參與的時間：指扣除午餐、午睡、上廁所、點心、轉銜的時間後，所剩餘的時間。

(4) 有計劃的學習時間：這個時間指的是由老師有意圖的、規劃好的學習時間，例如：學習時間是以大時段（如蒙特梭利的課程是以 3 小時為一個段落），或是以 30～40 分鐘為一個單位來規劃上課時段，每天要設計幾個這種分段上課的時間，都是老師要做決定的事情。

(5) 實際上課時間：雖然老師有事先規劃好上課時間，但實際執行上的時間呢？有時可能老師臨時請假了，或是教室裡有突發的事件，都會影響到實際上課的時間。

(6) 學生參與學業學習的時間：指的是雖然老師有規劃好的學習時間，但學生可能並未完全的參與，例如：學生遲到了、臨時生病在保健室休息、戶外運動太累了需要小憩一下等狀況。

(7) 學生真正專注、深入學習的時間：指的是學生真正的、專注的投入的時間，其實，這才是最接近學生學習的時間。

這個時間的分類與了解，對老師發展課程時，總教學／學習／可運用時間、設計活動時間的長短與大團體／小組／個別教學活動的安排都具有

參考價值。

課程設計階段要決定課程每日、每週／每單元／方案／主題以及年度上的時間安排：課程發展必須配合學校行政上的行事曆，比如，學校開學時間、畢業典禮日期、寒暑假的時間、季節變換活動等都會需要做決定，這些都是影響課程發展的因素。

課程設計階段應該要決定不同功能之課程的比重：根據第一章 Glatthorn 等人（2018）提到的基本課程與充實課程的分類，以及 Tanner 與 Tanner（2007）提出之五種功能性宏觀課程的分類來規劃教／學時間的分配時，其變化可能性就多元了。圖 2-4 針對不同功能的課程做了日、週、月的舉例，說明課程設計階段應該要決定不同功能之課程的比重。圖 2-4a 表示幼兒園學校層級應該決定基本課程與校本課程間的比重問題；圖 2-4b 表示幼兒園學校層級應該決定自由探索時間與規劃性／結構性學習時間的比例與分配；圖 2-4c 表示基本課程、校本課程以及個別學生試探性課程在每週裡的比重需予以分配；圖 2-4d 表示以月為單位去規劃不同功能之課程。

（二）空間

空間有戶外的與教室內的，有的幼兒園還有功能教室（或是特色教室），這時就需要決定園內何時是哪個班級使用哪個空間，教室裡區角的規劃、校園裡運動空間的規劃都與課程發展、課程決定有直接的關係。這部分要決定的內容就更複雜與專業化了，可以參考更專業的專書幫助做決定。

Doll（1996）認為，不管哪一個角度與層級的課程發展的決策者，在做出決定之前，都在有意識或無意識的情況下，受到多種因素所影響，其中包括國家教育的歷史背景、個人對學校教育的信念與哲學觀、課程互動者之認知發展的情形與潛力、社會文化變遷帶來的世界新貌之影響等。這些因素雖然不一定會對特定的課程決定帶來直接的影響，卻無疑是課程發展與決策的隱形因素。

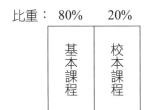

比重：　80%　　20%

基本課程	校本課程

圖 2-4a　每日課程區塊圖（一）

上午	區角自我探索／遊戲時間
下午	領域／學科／基本課程

圖 2-4b　每日課程區塊圖（二）

星期＼課程	基本	校本	試探性
一	✓		✓
二	✓	✓	
三	✓		✓
四	✓	✓	
五	✓		✓

圖 2-4c　每週課程區塊圖

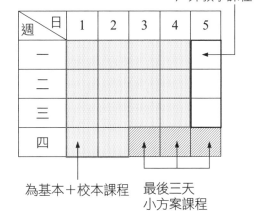

前三個週五為戶外教學課程

為基本＋校本課程　　最後三天小方案課程

圖 2-4d　每月課程區塊圖

圖 2-4　不同功能課程區塊圖

討｜論｜與｜分｜享

1. 請針對課程發展的特性一一討論，它讓我們了解在發展教室課程／教學活動時，要注意的事項是什麼？理由何在？

2. 請分組討論：大都會區幼兒園上的課程與偏遠地區幼兒園上的課程是否會有差異？為什麼？

3. 請舉例說明何謂「課程是在脈絡中發展的」。

4. 請舉案例說明，課程需要利害關係人（學生的父母、老師、教育行政人員等）的參與、認同才可能成功的原因。

5. 請根據課程發展的特性進行分組討論：幼兒園全部自行開發課程之可行性、條件性、必要性與局限性的分析。

6. 請分享了解課程發展之決策有層級概念後，對當前幼兒園教師在課程發展中的角色會有什麼不同的詮釋或看法。

7. 請分小組，從課程發展之決策層級以及綱要內容角度來看，比較2017年香港的《幼稚園教育課程指引》（https://reurl.cc/WXmj95）與教育部2016年頒訂的「幼兒園教保活動課程大綱」（https://reurl.cc/mvOaKV）兩者間的異同處。

不同課程發展模式／
取向的內涵

🎍 本章大綱

　　模式（model）是將一個系統以及該系統背後的理論／意識形態、基本要素和要素之間的關係，用一種抽象化、概念化、簡約化的語言表現出來的一種形式。課程發展模式／取向的內容是說明課程發展過程裡的程序（工程製造業界一般稱之為「工序」）、發展過程裡的元素（工程製造業界一般稱之為「材料」），以及發展過程裡的做法與原則（工程製造業界一般稱之為「工法」）。學界裡專研課程發展模式／取向並發表的不少，但本章中，筆者只介紹四種模式／取向的基本概念與具體程序、做法，分別為：(1)以 Tyler（1949, 2013）為代表的目標取向的課程發展；(2) Wiggins 與 McTighe（2005）提出的逆向課程發展（Backward Design），這兩種模式／取向都強調「目標」的重要性，也都在課程發展的第一步裡確立課程發展的教育／課程目標；(3)幸曼玲等人（2018b）提出的統整性主題課程的建構步驟；(4) Fink（2013）提出的整合取向的課程設計（Integrated Course Design）。這四種課程發展模式／取向是不同的課程發展路徑、步驟，選擇它們來介紹是希望提供原創的、具有不同觀點的做法，能對老師們發展課程時有些助益。

第一節　目標取向的課程發展程序與內涵

　　雖然 Tyler 的課程發展模式（1949, 2013）自發表以來近七十年時間裡，有不少學者提出新的模式以及對他的模式有所批評，但該模式依然居於穩定的地位，依然是多數課程發展者所遵行、參考的模式（Tanner & Tanner, 2007），這是本書選擇它的主要原因；基本上，筆者是肯定 Tyler 之目標取向的課程發展模式的。

　　Tyler 的課程發展理論是以解決課程上四個主要問題為其中心（Tyler, 1949, 2013），此即：

1. 學校教育所尋求的教育目的是什麼？
2. 為了達到這些目的，學校應提供哪些學習經驗？

3. 如何有效的組織這些學習經驗？

4. 如何評價教育目的是否達成？

這四個問題除了表示 Tyler 課程的基本要素：目標、學習經驗之選擇（內容）、學習經驗之組織（方法）和評量之外，也呈現出構成課程的四個步驟，即先決定目標、進行學習經驗的選擇、組織學習經驗、進行評量。Gordon 等人（2018）將 Tyler（1949, 2013）課程發展模式以圖示方式表述，筆者加上本書的定義，綜合整理如圖 3-1 所示。以下即根據圖 3-1 說明 Tyler 在每個步驟裡的觀點、主張。

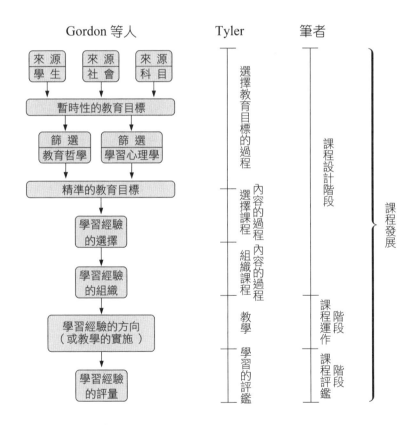

圖 3-1　圖示化的 Tyler 課程發展模式

資料來源：筆者綜合 Gordon 等人、Tyler 的論著與本書定義而得

一、教育目標的選擇

Tyler（1949, 2013）在其理論中最強調的就是目標的確立與敘述，因為在他的理論中，其他的三個步驟都是根據目標而發展出來的。關於教育目標的獲得，Tyler 認為暫時性的教育目標有以下三個來源。

（一）暫時性教育目標的來源

1. 從學習者[1]本身去尋找教育目標

教育是改變人類行為模式的一種歷程，包括外在的行動以及內在的思考與情感。因此，在設定教育目標時，便需考量教育要在學生身上引起何種變化；而研究「學習者」本身，便是想要找出「教育機構想在學生身上引起的行為模式之必要變化」，例如：學前階段的幼兒傾向用遊戲、感官來進行學習，而這種對學習者的了解，便可提供教育目標一些資訊；又如，每個人都有內外在的需求，當需求不被滿足時，便會產生許多「不平衡」的狀態，教育便是扮演疏通不平衡狀態的角色，人們能透過受教育的歷程滿足其需要，並學習以社會能接受的方式去適應、改造、影響社會。教師透過觀察、與學生和家長的晤談、問卷調查與測驗等方式，對學習者本身之需求、與興趣有關之資料進行蒐集和分析，其需求的範圍包括教育的、社會的、家庭的、生理的、心理的等領域。

2. 從當代校外生活去尋找教育目標

從研究「當代校外生活」去尋找教育目標，主要是因為工業革命之

1　本文介紹的四個課程發展模式，模式本身並不限於幼教領域使用、也不限於針對發展幼兒使用的課程，為了忠於原作，且擔心使用「幼兒」一詞會窄化了這四個模式的應用範圍，因此，第三章中多數處是用「學習者」而不用「幼兒」；讀者閱讀時，可以將課程發展服務對象——「學習者」，想成是「幼兒」、「幼兒教師」或是「幼兒的家長」都可以。

後，知識大量增加，使得學校難以完成其所背負的任務所致。當學校方面發現再也無法將教學者認為重要的所有事物包含在課程內時，便開始有人思考有關某種特定知識、技能與能力的時代意義，試圖要解答「何種知識最有價值」的問題。最常用來支持從當代校外生活分析中獲得教育目標之提示的主張有二。

　　第一種主張是認為當代生活是複雜且持續變化的，因此教育的重點應放在此一複雜生活的重要部分，以及對今日生活最重要的部分，以免學習者一方面忽略了目前最重要的知識，另一方面亦耗費太多時間去學習過去曾被視為最重要但現今已不再重要的事物之上。例如：四十年前，書法是日常書寫的方式、工具，因此學生皆要學習書法，學會運用毛筆書寫的方法；隨著各種方便的硬筆、電腦等工具相繼問世，以及藝術形式的多元後，學習書法不再是現代學校課程的必修內容，反而應學會如何運用硬筆書寫、學會鍵盤打字等的方法，以及提供多樣藝術課程之選擇，提供除了書寫以外的溝通方式，才更能適應與貼近學生生活中實際的需要。

　　第二種主張則與「訓練遷移」有關。根據「訓練遷移」的觀點，教育的重要目標即在發展心靈各部分的官能；隨著生命的發展，學習者自會運用此一受過訓練的心靈，去應付其所面對的各種情境。因此，當學習者察覺「生活情境」與「學習情境」之間的類似性，以及學習者能在校外生活中實際應用學校所學時，才能真正做到「學以致用」。上述兩種主張支持了從當代校外生活去尋找教育目標的論點，藉以提供課程發展者擬定課程目標的參考。

3. 從學科專家的建議去尋找教育目標

　　學校所使用的教科書多為學科專家所撰寫，所以教科書所呈現的教學內容，多半反映了學科專家的觀點。此外，政府和學校的課程綱要或是教學大綱也多是學科專家負責擬定，而這也反映了他們所認為學校應朝何種目標努力的看法。從學者專家身上可獲得兩種尋找目標的提示：第一種是

「有關某一特殊學科所能達成一些廣泛性的功能之一系列建議」；第二種是「有關該科對於非屬主要功能之其他功能所能做出的特殊貢獻」。以幼兒教育來說，針對第一種建議，幼兒教育學者專家便會指出幼兒教育的範疇及主要焦點；而針對第二種建議，幼兒教育學者專家便會指出幼兒教育對於個人、社會、國家等的特殊貢獻。沒有目標是恆常不變且永久適合所有情境與脈絡的，社會在變、潮流與需求在變，學習者的發展與成熟程度有異，教師的教學與方法也會推陳出新。因此，必須依主客觀條件適時的修改目標，以決定目標是否對課程發展具有價值。

（二）教育目標的篩選

從上述三個來源所獲得之「暫時性的教育目標」，需要透過哲學和學習心理學的過濾，刪除不重要或是有矛盾的目標，才能確定其為「精準的教育目標」。

1. 利用哲學選擇目標

為了選出一些具有高度重要性及一致性的目標，便需要對已經蒐集到的目標做一番過濾，以便將不重要且相互矛盾的目標加以刪除。此時，學校所秉持的教育哲學便可作為第一道的過濾網，「學校教育的主要目的，是知識取向還是知、情、意兼顧之取向的教育？」「學校教育是培養學生適應社會的能力？還是培養學生充分發展自我的能力？」「學校教育是強調本土文化、強調國際文化，還是兼有之？」等，這些教育目標便取決於學校認為何種知識最具價值性？秉持的教育哲學觀是什麼？檢視該信念下之教育目標是否與學校辦學的方向相互吻合？是相互衝突或是毫無關聯？如此一來，那些與學校哲學／辦學理念相互吻合的目標，便可被當作學校的重要目標。

2. 利用學習心理學選擇目標

學習心理學是選擇目標的第二道過濾網，也就是目標的「可行性」。

教育目標是教育的終極任務，它們是經由學習所達成的結果，如果教育目標無法與學習者的身心發展條件配合，便會失去價值。所以，學習心理學的知識可以幫助我們區別對於某一特定年齡階段的不同學習者，哪些目標可以用哪些方式去達成的？哪些目標可能要花很長的時間才能達成？甚至是根本無達成之可能？例如：幼兒階段乃是培養良好生活習慣的重要時期，如果將此目標延緩到高中時再去強調，不僅所花費之時間會較長，同時就發展任務之階段性而言，那已經不是高中階段的主要學習目標了。此外，學習心理學也提供「要達成一個目標所需花費的時間為何？」以及「哪個目標在哪個年齡階段是最有發展潛力？」之資訊，讓教育目標的擬定，能與學習者的年齡、身心發展相互配合，以發揮最大效能。利用學習心理學選擇目標時，最好能先釐清理論的重點以及帶給教育目標何種啟示，當二者相互對照後，便能發覺某些目標因為適合該階段學習者之需求而被採用，某些目標則因對某一年齡不太恰當，或太過籠統、太過容易，或是與學習者的身心發展相互衝突等，而被刪除。

（三）選擇教育目標的原則

　　了解目標產生的來源與過程，可以讓我們知道目標產生的依據、方向與程序。而在實際制定目標時，Tyler 也提出了幾個選擇目標時的重要原則。

1. 明確性

　　目標可用來指示活動與內容選擇的方向，因此在制定教學與活動目標時必力求明確，不可含糊籠統，例如：「了解環境變化與它們的生長過程」的目標，便未清楚標示是了解何種環境變化（生態環境？社會環境？）以及是哪種生物的生長過程（動物？植物？）。若將此目標分為兩個目標「了解四季變化」以及「認識植物的生長過程」，便較先前的目標來得更為明確，教師也較容易從目標中準備教學內容。

關於認知學習目標的分類與敘寫方式，Bloom 的分類方式（Anderson et al., 2001; Bloom, 1956）值得大家參考應用。

2. 可行性

目標雖然是課程實踐後欲達成的方向與理想，但必須可行才具意義，甚至可產生激勵的作用。因此，在設定目標時，除了考量學習者能力，也需考量學習者的興趣與需求，讓學習者能在能力範圍下達到目標，例如：「認識火車不同構造的功能」的目標，對於學齡前的幼兒而言，一方面脫離幼兒的生活情境（幼兒平日搭乘火車的經驗不多），另一方面認識火車不同構造的功能對於幼兒亦過於複雜、困難且缺乏意義。另外，像是「在搭乘交通工具時能禮讓老弱婦孺」的目標，便未考量到學齡前幼兒在乘坐交通工具時，並不會有需要讓座給別人的經驗，反而多是別人讓座給他們。類似這樣的情況，是教師或課程審閱者易疏忽、需審慎之處。

3. 周延性

指的是制定目標時，應注意範圍與層次的周延。目標的制定包含了認知、情意、技能三個領域，而這三個領域各有其不同層次，課程發展工作應掌握這些要素，制定目標時力求涵蓋各層次目標，讓學習者能藉由其後衍生的活動與內容獲得更進一步的發展。例如：以活動名稱「均衡營養」為例，若活動目標設為：(1)認讀字詞：食物、健康；(2)認識不同食物的營養對健康的重要性；(3)重溫健康飲食的口訣，便顯得太過於偏重認知領域的目標，而缺乏情意、技能領域的目標。

二、學習經驗的選擇

有了適當的教育目標之後，就以下述七大原則來選擇出可以達到教育目標之合宜的學習經驗：

1. **練習、操作原則**：即提供給學習者的經驗必須要使學生有達到目

標所需的練習機會。學習者只有在真正面對待解決的問題時，才能獲得真正的知識，因此教育經驗的選擇必須給予學生有練習、操作的機會，以切實達到教育目標。

2. **興趣原則**：學習經驗的選擇必須顧慮到學習者的需要與興趣。

3. **準備原則**：學習經驗的提供必須顧慮到學習者的能力與程度。

4. **多樣性原則**：一般而言，能達成某一課程目標的內容，並不限於單一的特殊課程。「多樣性原則」指的即是欲達成某一課程目標時，應盡量提供多樣的課程內容，不局限於特定的單一經驗，例如：要培養幼兒的創造力，可以提供音樂、舞蹈、繪畫、說（編）故事等課程內容，而不是只選擇其中一種。

5. **經濟原則**：經濟原則指的是所選擇的某一課程內容，可以同時達成數項課程目標。課程發展人員應充分掌握欲達成的課程目標，如此才能適當選擇能同時達成數項既定課程目標的課程內容，例如：配合農曆新年安排幼兒以小組合作的方式進行大串裝飾用鞭炮創作，一方面可達到認知目標：了解鞭炮的由來；在技能目標部分，製作炮筒的過程可訓練小肌肉發展；在情意目標部分，可與他人共同完成作品以培養合作能力。因此，在選擇課程內容時，應盡量選擇具「多元目標」的課程內容，以符合經濟原則。但值得注意的是，由於單一課程內容會產生不只一種的結果，也許有好有壞，因此在選擇時，應做更審慎與全面性的考量。Tyler 除了提出選擇學習經驗的五大原則[2]外，他還指出在暫時性的教育目標下，應選擇：(1)有助於學習者發展思考能力的學習經驗；(2)有助於學習者取得資訊的學習經驗；(3)有助於發展學習者社會態度的學習經驗；(4)有助於學習者興趣發展的學習經驗。

---

2 選擇學習經驗的原則除了上面 Tyler 提出的五點，為了內容整合、讀者整體性的了解目的，筆者將個人閱讀歸納的其他點一併在此陳述。

6. **適切原則**：包含了人、時、地三個部分：

(1)「人」的部分，指的是內容的選擇必須適切於學習者的能力與興趣。在學習者能力範圍可及的課程內容，才能真正被實行與吸收，具有效性，例如：對幼兒來說，運用實物了解加減概念，比直接進行紙筆符號運算來得適當。而活動內容能適切於學習者的興趣時，能引發其學習動機，增加主動參與的機會（亦即前述第 2、3 點）。

(2)「時」的部分，指的是選擇的內容必須適切於季節和時代之需要，例如：與種植及綠色植物相關的課程，選擇在植物冒新芽的春天進行會比在落葉紛飛的秋冬裡進行來得適切；而在強調男女平權的現代社會中，依然宣導男尊女卑或男主外、女主內等刻板男女角色觀念的課程內容，即不符合時代需求。

(3)「地」的部分，指的是適切於本地或本國的風土民情、歷史文化及宗教信仰需要，例如：不同地區的主要交通工具因為地理環境的差異而有所不同，有的靠機器動力交通工具運輸（如汽車、火車、船），有的則是靠動物勞力運輸（如馬或駱駝），因此在選擇課程內容時，便須配合該地之特色，將此融入課程中。

7. **符合原則**：指的是課程內容與課程目標相互符合，並能依據課程目標選擇課程內容。每一個課程目標都應該藉由選擇適當的內容來達成，而目標也一直都是選擇內容時的效標之一，例如：為了達成「培養與人互動能力」的課程目標，在內容選擇上，可以多安排能增進互動的機會，如小組合作、討論等活動。

三、學習經驗的組織

依據上述原則決定課程內容後，應適當組織課程內容，如此方能更有效率的達成目標。課程內容組織原則包括如下幾項：

（一）繼續性原則

　　指的是適當安排課程內容，使其在不同時間階段或不同領域重複出現，如此可以讓學習者重複學習某一些內容，並隨著其成熟度與經驗的進展，而對該內容有更佳的掌握，建立長期累進學習的效果，例如：閱讀技巧需有不斷重複與持續的練習機會，才能良好發展。課程內容的繼續性組織原則，可分為「直進式」、「循環式」與「折衷式」三種方式：

1. **直進式**：指的是將課程內容依其深度與難度，詳盡的分配在學習年限中，使學習者能循序漸進的學到該內容的不同面向，例如：幼兒園裡教導天氣的概念，中班時先對不同的天氣變化有所了解，包括出大太陽的晴天、雨滴落下的雨天、白茫茫的霧等；到了大班，除了探究這些天氣變化的原理與成因，還可將天氣變化的型態做更精緻的區隔，如雨有雷雨、陣雨等。直進式的特色主要是在將課程內容的「深度」範圍內以垂直組織，使學習的內容都以前一個課程內容為基礎，並對同一要素做更深、更廣的處理。

2. **循環式**：指的是將課程內容採螺旋循環的方式，先後數次隨著幼兒的成熟度、興趣、能力與需要呈現，例如：幼兒學習 1～10 的數字，可在語文角放置數字讀本或相關繪本，在積木角放置數字拼圖或積木等，讓幼兒在不同的領域重複練習認識數字。

3. **折衷式**：則是融合直進式與循環式，一方面以直進式的方式編排課程內容，另一方面則較能兼顧幼兒本身，以循環的方式讓課程能獲得較具彈性的呈現。

（二）順序性原則

　　順序性原則指的是將課程內容中「深度」範圍內的垂直組織、學習內容以先前的課程內容為基礎，並對同一要素做更深、更廣的處理。當教師或課程發展工作者考量組織課程內容的順序性原則時，他們必須決定如何

有效處理課程要素，使課程能促進學習者累積與持續的學習，意即適當的呈現與再現課程內容。Smith、Stanley 與 Shore 曾提出四個原則（方德隆譯，2004a，2004b）：

1. **從簡單到複雜**：將課程內容依據順序性加以組織，由簡單的成分或要素，到複雜的成分，循序漸進，並顯示要素間的關係。

2. **先備知識**：在學習某些新的內容前，即已具備一些必需的資訊或能力，以方便了解即將學習的新知識，例如：在學習數字 1～10 的加減時，便需要先認識數字 1～10、具備數字 1～10 的數量概念、知道加／減法的意義。

3. **整體到部分**：先提供學習者一個概括性的、整體的樣貌，有了整體的概念後，再分別對各部分有更進一步的了解與認識，例如：先介紹水果的外形與名稱，再探討水果的構造（如果實）以及嚐起來的味道，最後再介紹製作果汁的程序與步驟，並分組進行打果汁的活動。

4. **按年代順序**：按照發生時間來排列課程內容順序，通常運用於歷史文化課程或世界大事件等，例如：在介紹關於郵差主題，便可先讓幼兒了解古代信件傳遞的方式（如馬、飛鴿傳書），隨著科技進步，改以車子、飛機，甚至現在以電腦的方式傳遞電子郵件，便是以時間順序來安排課程內容的一個例子。

（三）統整性原則

繼續性或順序性原則考量的是課程內容「縱」的組織，而統整性原則則是在各個課程內容間做「橫」的、水準的連結。每一套課程內容都有其結構與系統，然而過於分化的學習，易導致孤立的思考方式，甚至與社會、周遭環境脫節。統整性原則即讓各種不同的課程內容彼此之間建立適當的關聯，使個人能理解整體的知識，將所學更靈活運用在所有實際生活經驗中。

（四）銜接性原則

銜接性原則指的是課程各面向間的相互關聯性，包括了垂直銜接與水準銜接：

1. **垂直銜接**：指的是課程內容、主題先後順序的安排，包含年級、階段間內容的順序性。這個部分強調的是學習者先備知識的程度，以作為後續學習的準備與基礎，例如：幼兒在中班時先擁有數字、數量、增加、減少等概念，大班時進行實物的加減活動就會較為容易。

2. **水準銜接**：指的是課程內容同時出現的各種要素間的關聯，像是科學課程中的實驗步驟便可與語文課程產生連結。

（五）平衡性原則

平衡性原則指的是考量各領域課程內容比重的適當性，讓幼兒能獲得適合個人、社會與智慧等發展的知識，以及將知識內化與應用的機會。追求完全的平衡性僅能說是一個理想，因為「平衡」的本身就是個動態的過程。今日的平衡，也許明日又得因環境的變動而必須重新調整，因此在外在環境與潮流趨勢、壓力等影響下，課程會特別強調某個領域（例如：數理、語文），而輕忽其他領域課程內容的比重（例如：藝術、生活教育）。因此，教師或課程設計者對課程應有清楚的理念及遠見，能洞見學生現在以及未來的需求，盡力在不同課程內容的調配上維持平衡，同時也應依學習者的發展、興趣、需求與社會脈動，隨時檢視及調整。

四、學習經驗的評量

旨在測定教育目標於課程與教學方案中，究竟被實現了多少。Tyler 指出，評量的種類應有三種：

1. **前測**[3]：行之於教育方案實施之前，藉以了解學生在開始學習新經驗前所具備的能力和狀態，作為日後比較之用。

2. **後測**[4]：行之於教育方案結束之時，將此項評量結果與前測結果相比較，就可了解學習者進步的程度。可將此項評量結果與預定之目標比較，方可了解教育目標被實現的程度。

3. **追蹤評量**：行之於教學完成了一段時間後，藉以了解學習者所一度獲得的學習效果是否仍舊存在。

Tyler 認為，凡是能協助教師測知教育目標達成程度的任何方法，皆為適當的評量方法，可包括紙筆測驗、觀察法、晤談法、問卷調查法、蒐集法、紀錄的參考等。

至於評量的程序，依 Tyler 的理論，可歸納成如下的四個步驟：(1)界定目標；(2)識別出可提供機會，讓學習者表現良好行為的種種情境；(3)決定所用的評量工具（若無適當的、現成的評量工具可用，則應自行編製或設計評量工具）；(4)評量結果的分析與解釋（Tyler, 1949, 2013）。

從上文對 Tyler 課程發展要素與步驟的闡述可以了解到，Tyler 課程發展模式並未將教學列入論述範圍裡，圖 3-1「教學」那部分就沒有多做說明；但在本書裡，「教學」被視為實施、運作階段，為整個課程發展的一部分。Tyler 課程發展模式專注的是「方法」（how）方面，而不在課程「內容」（what）本身。

3　此為筆者借用測驗領域中之名詞，以傳 Tyler 之意。「測」的本意為測驗，此處借來表示一切評量的方法。
4　同註 3。

第二節　逆向模式的課程發展程序與內涵

　　Wiggins 與 McTighe（2005）認為，傳統課程發展通常缺乏對於「課程目標」的重視，使得課程發展出現的問題是：以活動（activity）設計來思考課程的發展，以為課程設計就是活動設計，縱使設計了許多有趣、好玩的活動，可能可以達到該活動的目標，但或許無法讓學習者得到系統化且有意義的學習，無法得到真正的、較持久性、預期的教育目的，因而提出了「逆向課程發展模式」（Backward Design model）。此模式將課程設計分為三個主要階段（如圖 3-2 所示），說明如下：

1. 建立欲達到的學習結果

2. 提出令人信服的學習證據（評量指標）

3. 計畫學習經驗及教學活動

圖 3-2　Wiggins 與 McTighe 的逆向課程發展階段圖

資料來源：Wiggins 與 McTighe（2005）

一、確立欲達到的學習結果

　　此階段的首要工作乃是確定課程的目標，以及該目標需符合國家、政府各層級對於課程的標準與期望。何種課程是學習者需要知道？需要知道，但其發展是否能夠做到？哪些內容是值得被了解的？學生所被期待的學習結果為何？這些問題皆是此階段需要釐清的重點。

　　第一階段有三個目標層次的決定，首先是決定一般性的教育目標，包括檢視與國家、縣市政府的課程標準間的契合性；再來就要將課程目標更落實化，課程發展者根據上一層決定的目標來判斷、決定可能選擇的學習內容，幫助學習者達到設定的學習結果。此時課程發展者思考的是：如果某些內容沒有提供給學生、沒有涵蓋在課程裡，學習者是否能達到預定的學習成果？最終層次是老師決定落實在班上，提供給學習者的學習經驗。

二、提出令人信服的學習證據

　　第二階段的重點在決定評量的相關問題，目的在了解課程實施後是否能達到預期目標，思考內容包括：可以採用哪些方法以及蒐集哪些資料來評鑑課程的實施是否成功？如何知道學習者學到與否？學生學習是否達標？希望教學者能從教學評鑑者的角度去思考教學成果的問題。

　　此階段的重點在提出令人信服的證據，以證明學習者的學習已達到預期的課程目標。如何知道學習者真正學到課程內容了？Wiggins 與 McTighe（2005）認為，當學習者能說明、能詮釋、能應用、能有自己觀點、能知道重點、具有自我的意識時，才是真正的學習。在此階段，他們鼓勵教師以及課程設計者在發展課程時，應如同自己就是評鑑員般的思考（think like an assessor），如此換個角度的思考方式，將能幫助教師或是課程設計者設計出讓學生能真正得到預期學習目標的課程。

三、計畫學習經驗及教學活動

　　在澄清了課程目標，以及決定檢視學習者展現學習成果之證據的指標後，此階段的重點乃是開始著手擬訂最適合的教學活動計畫。在此階段，需要澄清下列幾項關鍵性的問題：

1. 什麼樣的知識、概念及技巧是學生真正需要，以及符合預期目標並可有效展現的？
2. 什麼樣的活動能夠整合學生需要的知識、技能與情意態度？

3. 什麼是最值得教的？為了達到預期目標，該如何教才是最好的方
式？

4. 什麼是最適合用來達到預期目標的教學資源？

第三階段的重點在：當教育工作者清楚課程給學習者的終點目標，以
及如何評量學生是否達到終點目標的方法後，他們就可以開始準備設計教
學活動。這時候課程發展者及老師在發展課程時，會問的問題應如：

1. 什麼活動能使學生理解需要學習的內容？

2. 應該透過什麼工具或步驟可以促成學習者成功的學習？

Wiggins 與 McTighe 針對學習經驗的組織與發展，提出課程發展時應思
考的「WHERE TO」要素，各要素的說明如表 3-1 所示。Wiggins 與 McTighe
認為，一個完整的課程設計、單元活動設計應將此七大要素包含進去。

表 3-1　課程設計之「WHERE TO」要素表

要素	內涵
W（Where & What）	幫助學生了解此單元欲往的方向，以及什麼是被期待的。幫助教師了解學生來自何處（先前知識及興趣）。
H（Hook & Hold）	吸引所有的學生以及保有他們的興趣。
E（Experience & Explore）	使學生有能力，幫助他們體驗與探索關鍵性的議題。
R（Rethink & Revise）	提供學生省思和回顧他們所了解的事物，及所進行之工作的機會。
E（Evaluate）	允許學生評量他們的工作以及此份工作所代表的意涵。
T（Tailored）	因材施教，符合不同學生的需求、興趣與能力。
O（Organized）	組織並持續進行有效學習。

資料來源：Wiggins 與 McTighe（2005）

　　Wiggins 與 McTighe 的模式，與傳統課程設計模式的不同處在於：傳統課程設計的步驟為先設定目標、擬定活動（學習內容），最後才是評量學習者的學習成果；而「逆向」模式則是先確定好學習者該有何種學習成果——即終點目標（預期的學習成果），接下來才是決定可以達到這些學習成果的內容與教學方法。由此可見，「逆向」課程模式相當重視課程對於學習者的「責任」，也就是說，課程的實施應該要能確保學習者能真正了解自己該學什麼、學了什麼，並能用合適的方式表現出來。Wiggins 與 McTighe 的「逆向」模式，擺脫過去課程發展的思維，點出課程發展可能落入重活動而輕目標的泥淖，澄清了課程設計本身應有的特質。

第三節　統整性主題課程的發展程序與內涵

　　幸曼玲等人（2018b）在《幼兒園教保活動課程手冊》（第二版）（下冊）裡，對於幼兒園課程發展提出了具體的路徑與步驟，稱為「統整性主題課程建構」過程。表 3-2，以及圖 3-3 至圖 3-5 為直接引用該資料的表與圖來說明。

一、教育宗旨、教育總目標、實施通則與六大領域的領域目標及各領域的課程目標

　　表 3-2 是部頒的「幼兒園教保活動課程大綱」簡版，內容將教育宗旨、教育總目標、實施通則與六大領域的領域目標及各領域的課程目標都放在一起了（最後一層級的學習目標因為太多了，沒有列進來。讀者如有需要可以查看完整的「幼兒園教保活動課程大綱」，https://reurl.cc/mvOaKV），從中可以很清楚的看到教育部發布對幼兒教育設定之各知識層次的目標。

表 3-2 「幼兒園教保活動課程大綱」簡版

宗旨：本課程大綱立基於「仁」的教育觀，承續孝悌仁愛文化，陶養幼兒擁有愛人愛己、關懷環境、面對挑戰、踐行文化的素養，並奠定終身學習的基礎為其宗旨；使幼兒成為重溝通、講道理、能思考、有信心、會包容的未來社會公民。

總目標

- 維護幼兒身心健康。
- 養成幼兒良好習慣。
- 豐富幼兒生活經驗。
- 增進幼兒倫理觀念。
- 培養幼兒合群性情。
- 拓展幼兒美感經驗。
- 發展幼兒創意思維。
- 建構幼兒文化認同。
- 啟發幼兒關懷環境。

實施通則

1. 根據課程目標編擬教保活動課程計畫，以統整方式實施。
2. 依據幼兒發展狀態與學習需求，選擇適合的教材、規劃合宜的教保活動課程。
3. 配合統整的教保活動課程計畫，規劃動態的學習情境，開展多元的學習活動。
4. 重視幼兒自由遊戲及在遊戲中學習的價值，讓幼兒得以自主的探索、操弄與學習。
5. 嘗試建構學習社群，以分齡、混齡或融合教育的方式進行，在協同合作溝通中，延展幼兒的學習。
6. 教保服務人員須關照有特殊需求的幼兒（包括區域弱勢、經濟弱勢和特殊幼兒），提供合宜的教育方式。
7. 教保服務人員在課程進行中根據目標彈性調整活動多重角色；並在課程規劃前、課程進行中、和課程進行後省思自己。
8. 教保服務人員須進行教學評量，檢視自己的教學；同時也須有系統的規劃和實施幼兒學習評量。
9. 自幼兒園到國民小學是幼兒從非正式教育到正式教育的一大轉變，幼兒園宜主動扮演銜接的角色，協助幼兒面對新情境的挑戰。
10. 建立幼兒園、家庭與社區的網絡，經營三者間的夥伴關係。透過教保活動課程，以培養幼兒對社會、文化的認同；面對多元文化的社會，培養幼兒面對、接納和欣賞不同文化的態度。

六大核心素養：覺知辨識、表達溝通、關懷合作、推理賞析、想像創造、自主管理

身體動作與健康領域	認知領域	語文領域	社會領域	情緒領域	美感領域
領域目標： ・靈活展現基本動作技能並能維護自身安全。 ・擁有健康的身體及良好的生活習慣。 ・喜歡運動與樂於展現動作創意。	領域目標： ・擁有主動探索的習慣。 ・展現有系統思考的能力。 ・樂於與他人溝通並共同合作解決問題。	領域目標： ・體驗並覺知語文的趣味與功能。 ・合宜參與日常社會互動情境。 ・慣於敘說經驗與編織故事。 ・喜歡閱讀並展現個人觀點。 ・認識並欣賞社會中使用多種語文的情形。	領域目標： ・肯定自己並照顧自己。 ・關愛親人。 ・樂於與他人相處並展現友愛情懷。 ・樂於體驗文化的多元現象。 ・親近自然並尊重生命。	領域目標： ・接納自己的情緒。 ・以正向態度面對困境。 ・擁有安定的情緒並自在地表達感受。 ・關懷及理解他人的情緒。	領域目標： ・喜歡探索事物的美。 ・享受美感經驗與藝術創作。 ・展現豐富的想像力。 ・回應對藝術創作的感受與喜好。
課程目標： 身1-1 模仿身體操控活動 身1-2 模仿各種用具操作	課程目標： 認1-1 蒐集生活環境中的數學訊息	課程目標： 語1-1 理解互動對象的意圖	課程目標： 社1-1 認識自己	課程目標： 情1-1 覺察與辨識自己的情緒	課程目標： 美1-1 體驗生活環境中愉悅的美感經驗

表 3-2 「幼兒園教保活動課程大綱」簡版（續）

六大核心素養：覺知辨識、表達溝通、關懷合作、推理賞析、想像創造、自主管理

身體動作與健康領域	認知領域	語文領域	社會領域	情緒領域	美感領域
身1-3 覺察與模仿健康行為及安全動作	認1-2 蒐集自然現象的訊息	語1-2 理解歌謠和口語的音韻特性	社1-2 覺察自己與他人內在想法的不同	情1-2 覺察與辨識生活環境中他人和擬人化物件的情緒	美1-2 運用五官感受生活環境中各種形式的美
身2-1 安全應用身體操控動作，滿足自由活動及與他人合作的需求	認1-3 蒐集文化產物的訊息	語1-3 認識社會使用多種語言的情形	社1-3 覺察生活規範與活動規則	情2-1 合宜地表達自己的情緒	美2-1 發揮想像並進行個人獨特的創作
身2-2 熟練各種用具的操作	認2-1 整理生活環境中的數學訊息	語1-4 理解生活環境中的圖像符號	社1-4 覺察家的重要	情2-2 適當地表達生活環境中他人和擬人化物件的情緒	美2-2 運用各種形式的藝術媒介進行創作
身2-3 熟練並養成健康生活習慣	認2-2 整理自然現象訊息間的關係	語1-5 理解圖畫書的內容與功能	社1-5 探索自己與生活環境中人事物的關係	情3-1 理解自己情緒出現的原因	美3-1 樂於接觸多元的藝術創作，回應個人的感受
身3-1 應用組合及變化各種動作，享受肢體遊戲的樂趣	認2-3 整理文化產物訊息間的關係	語1-6 熟悉閱讀華文的方式	社1-6 認識生活環境中文化的多元現象	情3-2 理解生活環境中他人和擬人化物件情緒產生的原因	美3-2 欣賞藝術創作或展演活動，回應個人的看法
身3-2 樂於善用各種素材及器具進行創造性活動	認3-1 與他人合作解決生活環境中的問題	語1-7 理解文字的功能	社2-1 發展自我概念	情4-1 運用策略調節自己的情緒	
		語2-1 以肢體語言表達	社2-2 同理他人，並與他人互動		
		語2-2 以口語參與互動	社2-3 調整自己的行動，遵守生活規範與活動規則		
		語2-3 敘說生活經驗	社3-1 喜歡自己，肯定自己		
		語2-4 看圖敘說	社3-2 保護自己		
		語2-5 運用圖像符號	社3-3 關懷與尊重生活環境中的他人		
		語2-6 回應敘事文本	社3-4 尊重他人的身體自主權		
		語2-7 編創與演出敘事文本	社3-5 尊重生活環境中文化的多元現象		
			社3-6 關懷生活環境，尊重生命		

資料來源：幸曼玲等人（2018a，頁150-151）

二、課程發展階段

　　圖 3-3 是以學期為單位去發展課程的，基本上是將課程發展分成三個階段：課程規劃階段（學期開始前）、課程實踐階段（學期中）、教／學的評量階段（學期結束），但仔細分析時，實際上只有課程規劃階段與評量階段。

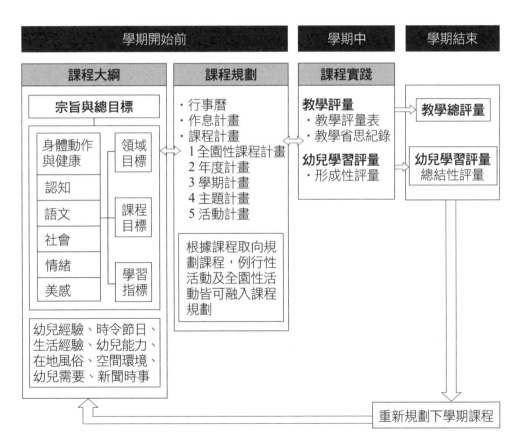

圖 3-3　幼兒園課程發展流程

資料來源：幸曼玲等人（2018b，頁 18）

（一）課程規劃流程

　　幸曼玲等人（2018b）提出「統整性主題課程建構」的建議。從圖 3-4 來看，各幼兒園可以根據自己園所的教學特色、課程取向去選擇新課綱裡各層級的目標？還是要各幼兒園將新課綱裡各層級的目標融入或是取代自己園所原本課程取向已經設定的目標？從圖 3-4 是看不出來的。從圖 3-5 看來，課程的發展並不以目標為第一步，其步驟是：以主題去激發構想→以網絡圖去組織構想→發展可能的活動→整合可能的活動與界定活動的方向→對照概念和學習指標。將圖 3-4 與圖 3-5 合併應用時是不容易的，因為，圖 3-4 左邊的流程是從目標開始；但是，右邊的流程是從主題開始到 E 的步驟時才將活動與學習指標（活動目標）對應。圖 3-4 圓形左邊與右邊之間的發展程序欠缺轉化的說明。

1. **課程內容的選擇**：如表 3-3 步驟 A 至步驟 D2 尋找可能的活動、整合可能的活動與界定學習方向，在有了活動設計後才去對照學習指標的目標。

2. **課程組織方式**：統整性的方式組織課程，做法如上所述。

（二）評量階段

　　這裡包括了課程實踐階段與學期結束階段，談的都是評量的問題——形成性評量與總結性評量。從圖 3-3 來看，這階段主要提供的資料是：(1)課程實踐中的教學評量方式——教學評量表與教學省思紀錄；針對學習者的形成性學習評量。(2)第三階段的教學總評量與學習總結性評量。

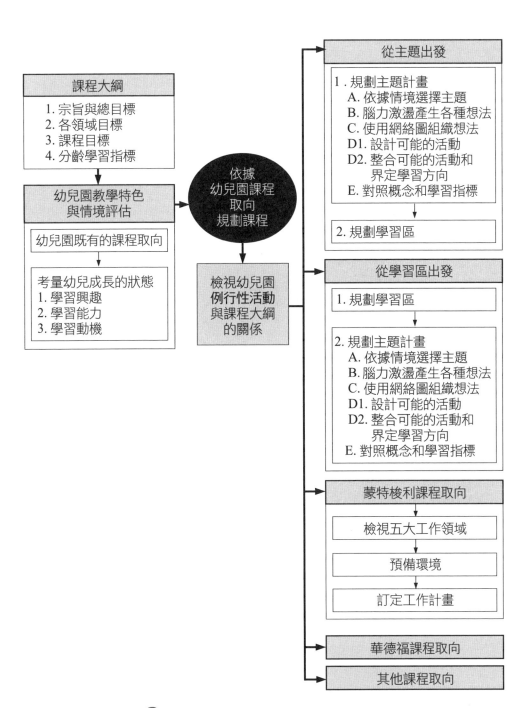

圖 3-4　統整性教保活動課程規劃過程圖

資料來源：幸曼玲等人（2018b，頁 40）

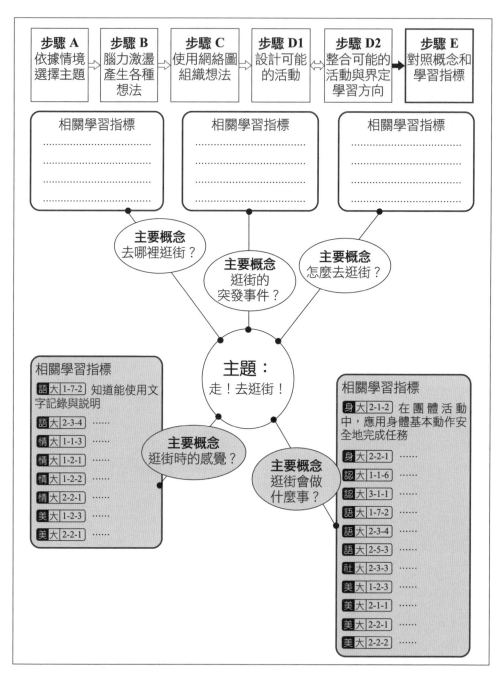

步驟 A
依據情境
選擇主題

步驟 B
腦力激盪
產生各種
想法

步驟 C
使用網絡圖
組織想法

步驟 D1
設計可能
的活動

步驟 D2
整合可能的
活動與界定
學習方向

步驟 E
對照概念和
學習指標

相關學習指標
......
......
......
......

相關學習指標
......
......
......
......

相關學習指標
......
......
......
......

主要概念
去哪裡逛街？

主要概念
逛街的
突發事件？

主要概念
怎麼去逛街？

主題：
走！去逛街！

相關學習指標
語 大 1-7-2 知道能使用文字記錄與說明
語 大 2-3-4 ......
情 大 1-1-3 ......
情 大 1-2-1 ......
情 大 1-2-2 ......
情 大 2-2-1 ......
美 大 1-2-3 ......
美 大 2-2-1 ......

相關學習指標
身 大 2-1-2 在團體活動中，應用身體基本動作安全地完成任務
身 大 2-2-1 ......
認 大 1-1-6 ......
認 大 3-1-1 ......
語 大 1-7-2 ......
語 大 2-3-4 ......
語 大 2-5-3 ......
社 大 2-3-3 ......
美 大 1-2-3 ......
美 大 2-1-1 ......
美 大 2-2-1 ......
美 大 2-2-2 ......

主要概念
逛街時的感覺？

主要概念
逛街會做
什麼事？

圖 3-5 統整性主題課程設計建構步驟——步驟 E（示例）

資料來源：幸曼玲等人（2018b，頁 48）

表 3-3　統整性主題課程設計——建構步驟及操作說明

步驟	操作說明
步驟 A 依據情境選擇主題	• 主題是根據幼兒的發展能力、興趣、生活經驗而產生嗎？ • 主題是根據時令節慶、新聞時事、偶發事件、行事曆或重大活動而產生嗎？ • 主題是根據教保服務人員的專長而產生嗎？ • 主題對幼兒具有吸引力，能與社區資源結合，對幼兒有適度的挑戰力？ • 主題能引發幼兒主動學習、深入探究和多元互動的動機？ • 主題能鼓勵幼兒差異表現或能多方應用以及具有延展性？
步驟 B 腦力激盪產生各種想法	• 是透過腦力激盪或自由聯想的方式而產生與主題相關的各種想法嗎？ • 能列出所有相關的想法？ • 想法是以幼兒的角度出發？
步驟 C 使用網絡圖組織想法	• 是否能將腦力激盪後的想法，歸納出主要概念並命名？ • 歸納的主要概念是否以幼兒的角度出發？是否是幼兒可探究的方向？ • 不同主要概念彼此間是否互斥？ • 選擇哪些概念以規劃課程？
步驟 D1 設計可能的活動 **步驟 D2** 整合可能的活動與界定學習方向	• 是否根據由近而遠、由具體到抽象、由已知到未知、由一般到特殊的邏輯順序來整合所要進行的活動？ • 是否包含各種型態（團體／小組／個別；動態／靜態；室內／戶外）的學習活動？ • 這些活動的先後順序為何？ • 是否能以六大領域課程目標及學習指標，作為活動設計方向的指引，界定幼兒學習的方向？ • 設計活動的過程，是否不斷與課程目標或學習指標來回檢視？ • 需要運用哪些教學資源？
步驟 E 對照概念和學習指標	• 是否回頭對照概念與六大領域的課程目標／學習指標？ • 是否檢視重複性高的領域與學習指標，並進行調整？

資料來源：幸曼玲等人（2018b，頁 44）

第四節　整合取向的課程發展程序與內涵

　　Fink（2013）強調課程發展是要將課程基本要素——教／學的情境、學習目標、評估、教學活動——加以整合形成一個具連貫性、整體性的架構，因此，稱為整合取向的課程發展。Fink強調老師應該要為學習者創造意義深遠的學習經驗（creat significant learning experience）。所謂意義深遠的學習（significant learning）是指：學習是要可以改變學習者的生活方式（如圖3-6所示）。因此，課程發展要：

1. 學習時，能讓學習者參與（engagement）：學習者在學習過程裡積極的參與才會有高品質的成果，也就是高品質的學習；只是聽訊息性的內容就不算是參與式的學習。

2. 課程結束時，能讓學習者的學習可以持續的產生作用：這裡要強調的是「持續的」產生作用，因為很多時候，學習是發生了，但不持久，可能下課後或是過了今天就忘了。

3. 能影響並增進學習者課程結束後的學習與生活價值：學習者目前的學習對他未來的學習與生活要能產生影響，例如：學習閱讀，先是學習如何閱讀（learn to read），這個學習會增進學習者的學習能力，然後要能透過閱讀的能力去學習（read to learn）。

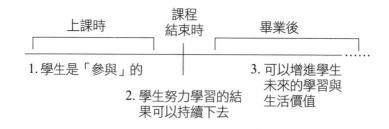

圖 3-6　Fink 的意義深遠學習圖

資料來源：Fink（2013）

Fink 課程設計包括三個階段以及十二個主要的步驟，本書修改、簡化、調整後的步驟與內容如下，圖 3-7 代表了 Fink 整合性課程設計模式的四個因素，接著介紹六個步驟。

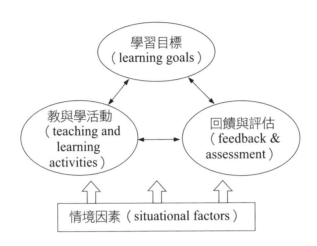

圖 3-7　Fink 整合取向課程發展架構圖

資料來源：Fink（2013）

一、你在哪裡？

指的是情境因素。Fink 強調在開始設計課程時要對教學情境有所了解，其中包括：

1. 這個課程的屬性（類似第一章提過不同的課程類別）、現在要設計的課程屬於哪一個層級、哪一種功能、教室環境狀況等的了解。

2. 該領域／科目／項目的屬性：所要設計的課程偏社會性知識、邏輯性知識或是物理性知識？要強調一些基本知識的記憶與理解，還是要強調創造問題解決的應用面等的了解？

3. 一般性的學習情境：學生所屬之社會／家庭文化對學生學習的期待是什麼？學校對教／學、課程、兒童觀、學習觀的信念與主張

是什麼？

4. 學習者的特性：學習者較優勢的學習方式是什麼？已經有的根基在哪裡？發展狀態如何？愛好是什麼？等個別化的訊息。

5. 老師的特性：老師的教育／教學信念與價值觀是什麼？老師的愛好與課程／教學間的關係是什麼？等的了解。

二、你希望帶學生到哪裡？

指的是教育／學習目標的問題。Fink 是「以學習為中心」取向（learning-centered approach）去發展課程的，不是「以學習者為中心」的取向（learner-centered approach）。老師要思考：對學習者而言，什麼樣的學習是重要的？

發展課程時，設計者要做的三個重要決定（亦即圖 3-7 的三個圓形裡的元素）之一就是：學習者於課程結束時應該得到的學習是什麼？也就是學習目標的確立。針對這個問題，Fink提出決定課程目標過程裡可以用的一個工具，就是不同學習的「分類」。最有名的教育目標分類是Bloom所提出（1956，Anderson 與 Krathwohl 於 2001 年加以修改），Fink 覺得有些需要的學習無法被包括在 Bloom 的類別裡面，並且他認為「意義深遠的學習」是指學習者所學習到的事物要能影響到他未來的學習與生活，因此他提出如圖 3-8 的分類方式。學習經驗的安排要能得到這六種學習，包含的類別愈多，學習者愈能得到意義深遠的學習。

設計一組學習目標時，老師可以問這句話：

「學習者學習完一年後（或是更久），我希望他們能_____？」

老師可以運用圖 3-8 意義深遠學習的類別來問自己下面的問題，以協助自己回答上述問題：

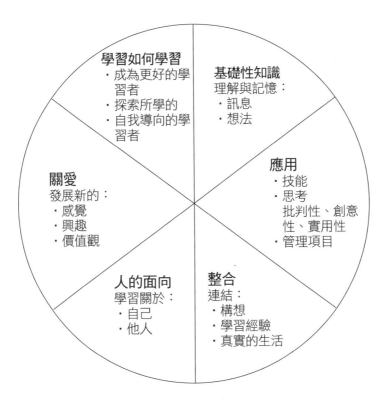

圖 3-8　Fink 的意義深遠學習分類圖

資料來源：Fink（2013）

(1)基礎性知識：

・對學習者未來而言，哪些關鍵的訊息是重要的、需要去理解與記憶的？

・對學習者未來而言，哪些重要想法（或是觀點）是需要去了解的？

(2)應用：

・對學習者未來而言，需要得到哪些重要的技能？

・學習者應該學習哪些種類的思考：

批判性思考：學生能做分析、評鑑類的思考。

創意性思考：學生能想像、創造性的思考。

實用性思考：學生能做決定、解決問題式的思考。

・管理項目（managing projects）。

(3) 整合：

學習者是否能將所學習到的與自己已經有的訊息、想法、思考角度、自己真實的生活產生連結（相似的以及互動的）。

(4) 人的面向：

學習者對自己、他人以及彼此之間的互動關係，應該學到些什麼？

(5) 關愛：

你希望學習者在感覺、興趣、價值觀等方面有哪些改變／成長？

(6) 學習如何學習：

你希望學習者學到如何讓自己成為一位更好的學習者？對所學的樂於繼續探索？學習成為一位自我導向的學習者？

三、怎麼知道學習者是否達到預設的目標？

指的是回饋與評估問題。這個步驟的工作就是了解如何讓學習者與身為老師的我們，知道學習者是否達到了我們預期的學習成果？這表示老師要為不同之預期的學習成果設計各種評估活動，如觀察法、真實性檔案、訪談等方式。Fink 強調「教育性的評估」（educative assessment），如圖 3-9 所示。

Fink 指稱的「教育性的評估」有四個重點：

1. **向前看／前瞻性的評估**（forward-looking assessment task）：Fink 強調不要用往回看（backward-looking）學習者學了什麼的方式去評估，而是向前看（look forward），看學生在未來真實生活裡應用所學的能力方式去評估。老師在設計評估方式時要問自己：學習者將來會在什麼情況下需要／能運用到這些所學到的，然後設計能反映或應用在生活真實情境下的問題。

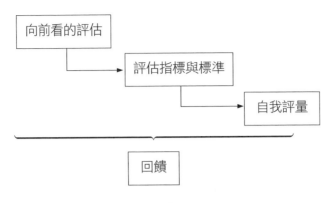

圖 3-9 Fink 的教育性的評估主要元素圖
資料來源：Fink（2013）

2. **評估指標與標準**（criteria and standards）：要讓學習者知道老師會用哪些指標以及標準去看他們的學習。這對學習者目標的意識感、自我檢核的方向是有幫助的。

3. **自我評量**（self-assessment）的機會：要讓學習者有參與自我評量的機會，剛開始的時候可以用小組評估方式，透過小組的互動、練習與回饋，去培養學習者對自己學習狀態的意識，然後再慢慢進入到自我評量的階段。

4. **回饋**：學習者需要來自於老師、同儕、身邊成人的回饋，才能得到學習。要達到意義深遠的學習，回饋要具備幾個特點：

   (1)高頻率（frequent）：每學期或是每個月給一次回饋是不夠的，每天、每週的回饋，對學習者的深入學習會很有幫助。

   (2)及時（immediate）：盡可能及時的給學習者回饋。

   (3)區分（discriminating）：避免含糊籠統的回饋，要根據評估指標與標準給予明確的回饋。

   (4)關愛的給予（lovingly delivered）：給學習者回饋時，要注意傳遞回饋時的方式、要能理解學習者的感受、對學習者要有同理心等，才能產生回饋的效果。

四、你要如何到達預設的地方？

指的是學習內容／教與學課程架構以及活動的選擇、設計或是發展的問題：

1. 先建立課程的架構／結構，如同蓋房子，先決定要蓋何種性質的房子（高樓大廈型、獨棟別墅型、連棟別墅型等），課程類型是方案式的、主題單元式的、科目式的、領域式的、蒙特梭利系統式的、華德福系統式的或是前述結構的複合型架構／結構（如蒙特梭利課程架構＋方案式架構）。多數幼教課程模式／取向以及坊間教科書是有自己已經建立好的課程架構，這時，老師只要在已有的課程架構裡去進行下述的步驟即可；對於不用坊間教材或是不屬於任何已有的課程模式／取向的課程，要自己發展課程的園所，就要先發展出自己一套課程的架構。

2. 根據前面圖 3-8 所分類之各類學習目標、季節時令、學校一學期裡可能會與課程互動的大型活動等因素，去選擇、設計、發展合宜的學習活動；然後用是否可以促進「主動學習」（active learning）的概念大致定下要安排的學習活動。Fink 強調的主動學習整體觀如圖 3-10 所示，課程／活動設計要能讓學生學習者真正的、主動的參與學習，就要包括：(1)動手做、觀察以及豐富的學習經驗；(2)基本的訊息與想法；(3)反思性的對話。

3. 學習內容／教與學活動的選擇、設計或是發展選定後，就需要思考會運用的教學策略／方法。

4. 學習內容／教與學活動的選擇、設計或是發展還要思考可以協助的資源在哪裡：為了執行所選擇、設計或是發展的學習活動，學習者會需要哪些資源（人、物、地點、媒體資源等）來協助他們的學習？表 3-4 可以作為這個步驟中的協助工具。

圖 3-10　Fink 的主動學習整體觀

資料來源：Fink（2013）

表 3-4　設計活動之彙整表

活動編號與名稱 ＼ 課程元素	活動目標	評估方法／程序	活動設計	資源（來源）
1 好玩的冰水				
2				
3				
4				
⋮				

資料來源：筆者自製

五、確認主要課程要素間的統整性與協調性

　　接著就是整合圖 3-7 四個要素間的關聯性。可以用表 3-4 作為工具，以橫向表格去檢視設計的活動目標、評量學習的程序／方法與學習活動三者間的統整與協調性。

　　圖 3-11 長方形裡的文字是評估課程發展的指標，指標包括：

・深入的情境分析（in-depth situational analysis）。

・意義深遠的學習：學習目標不僅僅是理解與記憶而已，要包括不同類型的學習目標。

・教育性的評估。

・主動學習：主動的教與學活動。

　整合與校準：四個課程設計元素間要整合並校準彼此間的互動與支持的關聯性（圖裡的粗箭頭就表示一種支持的關係）。

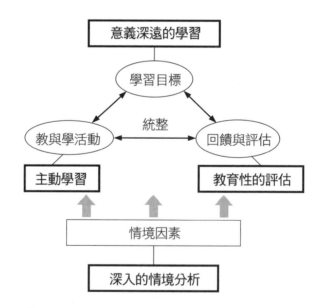

　　圖 3-11　Fink 的評估課程設計啟動階段指標圖

資料來源：Fink（2013）

六、開始時間與空間因素的處理

　　配合學校行政行事曆可以將發展出來的課程鑲嵌到學期、月、週／日的時間表，形成教學行事曆，以及上課時，依學習活動的需要做各空間的規劃。

　　根據上面六個步驟發展出來的課程，執行結果的程序如圖 3-12 所示。

①第一步：設定一套期待的、預設的、重要的學習目標、學習成果。
②第二步：將第一步設定出來的目標放到三欄表裡的第一欄。
③第三步：依據每一個特定目標設計出該列的學習活動與評估活動。
④第四步：將第二、三欄的資料依合宜的順序移到教學時間表裡。
⑤第五步：理論上而言，照著第四步的時間表授課後（教學的歷程裡，老師具教學品質的條件下），學習者應該能得到意義深遠的學習。

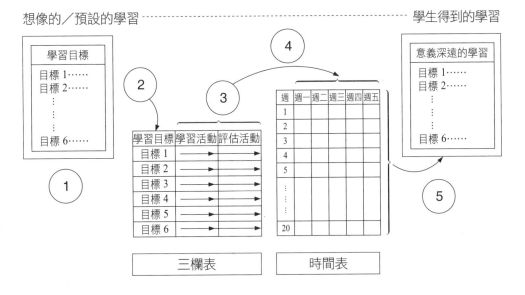

圖 3-12　Fink 的整合式課程設計程序圖

資料來源：Fink（2013）

第五節　四種課程發展模式／取向之評析

前面四節所介紹的四個課程發展模式／取向，雖各有其體系，但若詳加分析，則不難發現其實有許多相同之處，也有相異處，茲分別從幾個角度分析、評論如下。

一、就構成課程之基本要素而言

Tyler 理論中所提出之課程要素是：目標、學習經驗的選擇、學習經驗的組織與評量等四項，其中學習經驗的選擇與組織，筆者認為都屬於學習內容的元素，因此，Tyler 的課程元素只有三個：目標、內容、評量，對達到目標的方法較少著墨；Wiggins 與 McTighe 的逆向課程發展模式提出的「WHERE TO」（可參見表 3-1）則包含了目標、內容（活動）、方法與評量等四項；從幸曼玲等人的分析來看，也可以看出課程的要素有目標、內容（活動）、方法與評量等四項；Fink 是將內容與教學方法統合成「教與學活動」元素，在不同階段裡，他提出不同的原則與方法去確認課程元素間的一致性、符合性、平衡性、轉化性與協調性；他的理論中除了目標、內容、方法、評量外還多了一個「情境」因素。「情境」因素是前面三個課程發展模式／取向沒有提到的要素，而情境因素在課程發展中的確是個很重要的元素。

二、就目標的來源與特質而言

Tyler 指出教育目標的三個來源，即：(1)對學習者本身之研究；(2)有關當代校外生活之資訊；(3)學科專家們之意見，由此三個來源所獲得暫時性的目標，需再透過教育哲學和學習心理學的過濾和審查，才能成為確定的教育目標。事實上，所謂「對學習者本身之研究」與「學習心理學」這兩項，就是課程發展所必須依據的心理學基礎；第二項所指的就是課程

發展所必須依據的社會學基礎；第三項所指的就是課程發展所必須依據的知識基礎；而所謂透過教育哲學的過濾，就是課程發展所必須依據的哲學基礎。Wiggins 與 McTighe 兩人相當重視課程目標的釐清，其中特別強調學校學習活動目標與國家教育目標的符合性與銜接性、課程目標對於學習者的關聯性，以及意義性。幸曼玲等人提出之新課綱課程目標是從幼兒六大領域的發展角度去設計課程框架，然後再轉化成課程目標與學習指標。其架構是以發展心理學為主的框架，呈現出來的是很具體的學習指標。Fink 決定目標的指標是「是否為意義深遠的學習」，並將之分成六大類的學習內容。歸納而言，Tyler 以及 Wiggins 與 McTighe 是提出尋找教育目標的路徑與程序，提供的是一個較宏觀性的原則，Tyler 主張的原則性與程序性有助於鉅觀思考時之周延性與可行性的注意。幸曼玲等人提出之新課綱課程目標基本上是從幼兒六大領域的發展有系統的從總目標、領域目標到學習指標陳列出來，與 Fink 的模式一樣，偏向於較具體的目標。綜合來看，上述四種模式／取向就課程目標的來源與特質上的陳述，都有可參考之處。

三、就選擇學習經驗的原則而言

Tyler 提出了七項選擇學習經驗的原則；Wiggins 與 McTighe 針對學習經驗／內容的主張，則較考量學習內容對學生的意義與價值。教師在規劃相關的學習活動、安排學生的學習經驗時，應不斷的思考此活動對學生的學習有何意義，學生是否有在活動中運用自己的心智、經驗，內化與轉化學習經驗的機會（minds-on），而非僅是複製教材或是學習活動的內容（hands-on）而已。針對眾多的學習經驗／內容，究竟該如何選擇？Wiggins 與 McTighe 建議教師或是課程設計者，應先根據課程目標擬定學習評估指標，再根據此指標設計學習的內容及方法，也就是將對於學習者能夠學到什麼的期待、如何才能看見學習成果，以及該安排何種活動等，皆具體的擬定在課程計畫中；由幸曼玲等人的十項實施通則（參見表 3-2）可

以分析出其對學習經驗的選擇與組織想法及期待；圖 3-8 是 Fink 主張的學習內容類別，提供了選擇學習內容的方向。

四、就學習經驗之組織原則而言

Tyler 提出繼續性、順序性、銜接性、平衡性與統整性五個組織學習內容的原則；Wiggins 與 McTighe 以及幸曼玲等人，就比較沒有針對學習經驗的組織與設計提出較具體之做法；圖 3-11 與圖 3-12 是 Fink 組織學習經驗的具體做法，筆者認為參考價值很高。

五、就課程發展程序而言

Tyler 的課程發展程序是：敘述目標→選擇學習經驗→組織學習經驗→評量。

Wiggins 與 McTighe 的課程發展程序是：訂定欲達到的學習結果→確定評量指標（提供得到學習的證據）→設計學習經驗與教學活動→評量。

幸曼玲等人的課程發展程序是：從圖 3-4 來看，各幼兒園可以根據自己園所的教學特色、課程取向去選擇新課綱裡各層級的目標，還是要各幼兒園將新課綱裡各層級的目標融入或是取代自己園所原本課程取向已經設定的目標裡？再從圖 3-5 看來，課程的發展並不以目標為第一步，其步驟是：選擇主題→腦力激盪出想法→運用網絡圖組織想法→整合可能的活動與學習方向→對照新課綱的學習指標與概念。將圖 3-4 與圖 3-5 合併應用時是不容易的，因為，圖 3-4 左邊的流程是從目標開始；但是，右邊的流程是從主題開始到步驟 E 時才將活動與學習指標（活動目標）對應。圖 3-4 圓形左邊與右邊之間發展程序欠缺轉化的說明。

Fink 的課程發展程序是：設定學習目標→設定評量指標、方法與程序→建立課程的架構／結構→活動設計→將確認的課程活動鑲嵌到學期、月、週／日的時間表→依學習活動的需要做各空間的規劃。

從這四個課程發展程序可以看出兩個值得探討的問題：

（一）課程發展可以從沒有目標設定開始？

　　上述四個課程發展程序除了幸曼玲等人是將目標放在最後，作為對照用之外，其餘三個都強調目標的重要性，將之放在課程發展的第一步。這牽涉到目標的作用在哪裡？幸曼玲等人的做法（參見圖 3-4）圓形圖左邊的程序是先有新課綱提出的四個層級的目標，然後這些目標體系是要融入各幼兒園原有的課程體系裡，還是各幼兒園以原有的課程體系根據新課綱的目標去增刪已有的目標？該文件沒有做明確的說明；在圓形圖右邊的程序是將活動設計在先，然後到最後一個步驟時去對照新課綱的學習指標。此時，左邊與右邊的程序間沒有建構起原本應該有之關聯性的關係；同時，圖 3-5 呈現的課程設計程序步驟是先有活動後，再去對照目標，此時，活動設計是欠缺指引的，也無法期待教學與學習的成果要能達到圖3-4 左邊程序呈現之教育目的了；老師也無從檢討自己的課程／教學規劃的合宜性等諸多問題。筆者下面舉個例子說明學習目標的有無對課程發展／活動設計結果的影響力（這個例子的重點不在設計內容的完整性與否，而在凸顯目標對課程發展、活動設計的重要性與影響力）。

1. 如果我現在針對幼兒園學習者設定的學習目標是「培養幼兒喜歡體驗運動以及增進體能」，那我的活動設計內涵可能會在下述的元素裡去規劃、組合。
   地點：校園操場、體能教室。
   活動：移動類活動（如，跑步、跨步、側滑步等）。
   　　　操控類活動（如，雙手接球、單手原地運球等）。
2. 如果我現在針對幼兒園學習者設定的學習目標是「培養幼兒喜歡大自然並在大自然中體驗運動」，那我的活動設計內涵可能會在下述的元素裡去規劃、組合。
   地點：學校附近的公園、近郊郊區古道、林道。

　　活動：學校帶學生外出的校外教學活動、結合家長參與的親子大
　　　　自然遊。

　　新課綱裡的宗旨與總目標，在轉化成六大領域與六大核心素養時，似
乎斷了線，教育宗旨與總目標就不見了；六大領域在各領域轉化成該領域
的學習面向、課程目標與學習指標時如何再回扣到六大核心素養的指標？
（參看表 3-2）接著給了統整主題課程設計建構步驟表及表格（參看圖
3-5），此時，「目標」本身不是活動設計時的依據了。不重視目標在課
程發展中的引導力，會導致雖然有宗旨、總目標、六大領域的課程目標與
學習指標，老師也有辦法在已設定的表格裡填入符合期待的活動與學習指
標間的呼應，但是否會在教學過程裡，實踐預設學生應該學到的六大核心
素養等，就是一件需要嚴肅面對的問題。

（二）課程發展步驟的先後順序問題

　　大部分課程發展順序是以 Tyler 的敘述目標→選擇學習經驗→組織學
習經驗→評量順序為主流做法，但 Wiggins 與 McTighe 以及 Fink 為了匡正
傳統課程設計對於「課程目標」的忽視，導致以活動設計來思考課程的發
展，以為活動設計就是課程設計，致使學生無法得到系統性且有意義的、
真正的、較持久性、達到預期教育目的的學習，因此提出了「設定學習目
標→確定評量指標、方法與程序→活動設計→學習評量」的逆向課程發展
程序。在目標確立之後，就要先確定好學習後學生該有何種學習成果——
即終點目標（預期的學習成果），接下來再決定可以達到這些學習成果的
內容與教學方法。這種課程發展步驟的先後順序論點的提出，在國內幼教
實務界裡尚未有案例出現，因此，它們是值得我們深入的、繼續探究的課
程發展程序。

討｜論｜與｜分｜享

1. 請三人一組，分享你們對圖 3-1 Tyler 課程發展模式的理解，如有困惑或是不同意見的，請提出來，全班討論。

2. 請三人一組，分享你們對 Tyler 提出之課程發展要解決的四個問題的理解，如有困惑或是不同意見的，請提出來，全班討論。

3. 請三人一組，先完成一項作業：「共同確定一個目標後，練習分別以 Tyler 的目標取向與 Wiggins 與 McTighe 逆向取向，各自發展出五天的一個小單元課程」；然後小組分享、分析發展過程與結果上的異同。

4. 請三人一組，先完成一項作業：「依幸曼玲等人之統整性主題課程發展方式，發展出五天的一個小單元課程」；然後比較與 Tyler 的目標取向、Wiggins 與 McTighe 逆向取向課程發展過程與結果的異同。

5. 請二人一組，彼此用自己的語言（或是用圖畫方式）說明 Fink 整合取向課程設計模式包括哪些要素？課程發展的步驟？意義深遠學習的定義？教育性評估的重點是哪些？以及課程發展執行程序是什麼？

6. 請分組討論「以學習為中心」和「以學習者為中心」的概念有什麼區別？這兩個不同的概念對課程發展過程與結果的影響是什麼？

7. 請三～四人一組，討論與分享對本章中提到的四種課程發展路徑／步驟／程序的看法、困惑與心得感想。

4

課程發展的理論基礎

本章大綱

　　教育哲學觀點的不一，將促成課程類型與功能的互異；社會結構的不同、社會的變遷等，將促成課程內容的多樣性與變異性的要求；發展心理學、教學心理學、學習心理學與認知學習心理學等學門知識，為課程編製者提供了課程內容的選擇、排列與呈現的原則，以及教學方法的選擇與運用；知識的結構與性質，將影響課程的結構與學習經驗的組織與順序；這些都是影響與決定課程發展的因素與力量。換句話說，課程發展有哲學、社會學、心理學和知識論四個理論性基礎，以下各節將一一說明之。

第一節　課程發展的哲學基礎

一、哲學與教育的關係

　　自古至今，在不同的社會中，不同的哲學派別有不同的信念與價值系統，衍生出不同的教育哲學派典。每一種教育哲學的陳述者或是團體，都自成一套看待社會、教育、課程與教學的思想架構。對教育人員而言，教育哲學是他們思想與行動的核心基礎；基於教育哲學，教育人員能夠賦予教育特定的意義與目的，並將教育目的更清楚地定義出來，判斷什麼樣的學習是有價值的、什麼樣的方法是合適的等等。從應用範圍來說，上至國家層級的教育政策之決定，下到學校層級之教育目的、課程目的之決定，以及教室層級的課程目標、教學目標，乃至師生之間的教學行動之決定，都應該有一套系統性的哲學基礎。

二、哲學對課程發展的重要性

　　哲學是課程發展人員與課程實踐者發展課程時的價值判斷依據，例如：教師認為閱讀文學名著能陶冶學生的心靈，因此將圖書區布置成教室裡最溫馨的區域，並陳列出古今中外的古典名著，鼓勵學生閱讀，此即教師之哲學觀在課程與教學中的具體呈現。Hopkins（1949）提到，哲學之

於課程的發展與決定，是重要的準則與基礎。他曾寫道：「哲學已經深植在以往曾經做過的每一個課程與教學的重要決定之中，並且將繼續成為未來重要課程決定的基礎」，並提到：

> 當學校系統中的教師為教學科目預先準備時，即為哲學之表徵，因為行動是在多種不同價值中選擇而決定的；當教師增加回家作業到學生都無法完成的分量時，或許他們不明白其行為背後所隱藏的哲學信念，但其行為確實反映了某種哲學信念；當教師將體育課的時間用來學習數學時，他正依哲學信念在行動，因為他做了價值判斷與選擇；當測驗專家呈現某些結果給教師的時候，他們是基於哲學觀點而行動的，因為測驗結果只有在特定的假設下才有意義。在學校裡少了哲學引導的情況下，課程與教學的結果只會成為一堆沒有價值的教育經驗。（Hopkins, 1949）

　　對課程領導者而言，哲學在課程發展方面的助益，大略可以分為下列五點。

（一）課程目標方面

　　課程是有目標的，但每一個領導者所定下的目標，會因為基本想法的不同而不同，例如：林老師覺得課程的目標是要使學生擁有問題解決的能力，王老師認為課程的目標在於培養學生精讀名著的能力，究竟是什麼造成兩者間的差異？追根究柢便在於兩個人的哲學信念不同，林老師較傾向於經驗主義，而王老師較傾向於永恆主義。幼兒園裡面的每個班級配有二～三位老師，有時老師之間在課程設計以及教學上會有極大的歧見，導致彼此之間不合的現象是常見的，追究其根本原因之一可能是彼此的教育哲學觀點不同所致。在幼兒園層級裡，園長負有全園課程取向以及教學品質之總責；在縣市層級裡，教育行政單位負有全縣市課程取向以及教學品質之總責，依此類推，各層級之課程管理人員對於課程目標取向的選擇是

會碰觸到哲學上之選擇的問題。在幼兒園裡，二～三位老師在同一個班級任教，如有彼此相處不合的問題，其中可能原因之一就是理念上的不合，這時園長除了要考慮同一班搭配老師間的個性、專長、專業程度等因素外，理念上是否能搭配也是考慮的重要因素之一。

（二）引導教室中學習策略和方法的選擇

在幼兒園的教學活動中，教師是教學中的要角，也是教學層級之課程的設計者、執行者，因此教師的哲學觀也會影響教師教學策略和方法的選擇。持存在主義哲學觀的教師，對於教師的角色設定為協助者，便不會是主動的、強勢的介入者；相對的，學生對自己學習角色的看待也會受到影響，他們會認知到獨立學習的態度是被鼓勵的。因此，存在主義哲學觀下的學生，便被形塑成是主動的角色。

（三）教師與園長等行政人員在學校中所扮演的角色

學生為什麼要來學校？學校要教什麼給學生？作為老師或是園長等行政人員，如果不清楚自己在學校中的定位，很容易產生無能感。所以課程領導者的責任之一，是定義出教師個人在學校中所扮演的角色，是被動的？是主動的？教技能？教知識？哲學想法有助於領導者思緒的整理與想法的澄清。

（四）學校之發展方向與特色方面

哲學除了能夠在課程發展過程中給予方向外，也是學校發展方向與特色的重要指引。近年來所強調的學校／園本位課程，就是希望學校能夠清楚知道該校的發展方向和特色，如此才能夠做近程、中程，甚至長程的規劃。了解自己園所抱持的哲學觀，才不會人云亦云、跟著流行走：現在風行烹飪美語教學，就做烹飪美語教學；現在盛行蒙特梭利教學，也來實行工作教學；現在流行STEM，就積極推動科學課程……。不加以思考、評

估是否符合幼兒園本身的教育觀、哲學觀者，終會失去幼兒園自己的方向。

（五）澄清信念

課程發展是以哲學為基礎，因此在發展過程中，領導者與參與者可以透過哲學觀的澄清來處理學校課程設計的問題；同時，可以藉此讓教育領導階層的觀點更清晰的呈現，進而透過價值和信念的澄清，使課程、教學過程、學習原則、材料之選擇、學校計畫的構成要素等連結在一起。筆者記得曾經訪談過瑞吉歐（Reggio Emilia）學校的家長、老師、教學協調員以及教育局行政人員一個問題：「當你們針對某一個教學問題有不同意見時，怎麼辦？」當時是分別訪談的，得到的回應大致上是：他們會去分析自己的看法及主張與瑞吉歐教育系統裡強調的理念是否一致。大家是以理念為核心來衡量大家意見的走向，以教育信念、教育哲學為決策的基石，即是某些課程模式可以維持年代久遠的原因之一。

總而言之，如果課程缺乏方向，會導致課程的失焦或是實施的可行性不高，或是實施後無法達到預定的教育目的。因此，哲學對於課程領導者來說，是不可或缺的。

三、哲學派典與課程發展

教育哲學派別可簡化為傳統和非傳統兩大教育哲學觀點：

1. 傳統的教育哲學觀點，包括永恆主義和精粹主義。持傳統教育哲學觀點者認為，教育的目的在使人變得更加美好，心智的訓練是教育中最重要的目的，而學校是此學習的最佳場所。
2. 非傳統的教育哲學觀點，包括進步主義和重建主義。傳統的教育觀點行之久遠，強調理性的方向，而非傳統的教育觀點則逐漸轉移到人的本質上，強調經驗的重要性和改變的必然性。教育的重點不再是學科內容，而是加強實際生活中解決問題的能力。

在教學過程中，「應該教什麼」一直是大家所關心的話題，在確定了教育觀點之後，課程內容選擇的取向自然就會應運而生。從非傳統之教育哲學觀點來看，課程絕非是一種自然存在的知識。在教科書中所呈現的知識，是政策、經濟、社會、文化等活動之協調的結果，因此要把教育和政治分開是一種神話（Apple, 2004, 2014）。舉例來說，像是語言的學習，教育本身的理想是希望不隱含任何政治意味在內，但是實際上卻很難做到這一點。當有關單位將某種語言定為社會或學校統一的語言時，是將政治和經濟影響力的複雜性隱藏於被認可的課程組織中，例如：將英文視為國際語言時，其他語文在課程發展時數上的地位就低一級了。因此，以非傳統的教育哲學觀點來看，課程真正的本質是社會和歷史因素所建構，它以特別的方式連結了知識的力量。課程的功用在於對特定歷史和經濟加以認定並給予特權，一旦被納入課程的內容，該知識就取得優勢的形式，會以一種不經意或在特定的狀況下忽視或使次要團體的聲音安靜化的方式進行（Aronowitz & Giroux, 1991）。統整以上非傳統的教育觀點，可以提供我們另一個思考角度，使我們聚焦於一些值得注意之議題上，像是學校的政策是否對優勢文化有所助益，抑或是學校是否成為反抗優勢文化的一股力量，以及教師的角色是否擁有影響改變的力量等。

四、哲學觀點與課程發展

在教育場域裡，教育工作者可能抱持單一的哲學觀點，也可能是持綜合性的、折衷性的觀點。想要了解一個學校或是老師是基於哪一種教育哲學之觀點去實行教育工作，可以透過很多方面來觀察。Wiles 與 Bondi（2014）提出可以透過十五個面向，迅速的觀察到一個學校或是老師的教育哲學為何，其項目分別是：(1)社區參與；(2)學校建築和空間；(3)教室空間；(4)組織知識的方式；(5)學習材料的使用；(6)教育觀點；(7)教學策略；(8)教師組合方式；(9)學生組織；(10)學校與班級的規則和規律；(11)維持紀律的做法；(12)評估方式；(13)行政管理態度；(14)老師角色的自我

知覺；(15)學生角色的自我知覺。透過這十五個面向的觀察，可以看出一個學校或是老師的教育行為背後的信念與哲學觀點，分述如下。

（一）社區參與

藉由學校參與社區活動的情形，可看出該學校所抱持的教育哲學觀。若學校將教育視為是由學校握有最大主導權、決定權去實施教育之時，便會避免讓社區有參與學校活動的管道或機會，如此一來，便限制了社區對學校本身實施教育的影響；另一方面，少了社區的影響，可能也更能確保學生達到學校所預期的學習結果。反之，若學校視教育應提供學生多元發展的機會時，便會設法支持並鼓勵社區有參與學校活動的管道或機會。這樣的做法考量了讓社區的聲音進入學校，讓它有機會影響學校的辦學方向，或是協助學校特色的營造。

（二）學校建築和空間

學校建築與空間的運用是觀察學校教育哲學觀最外顯可見的指標之一，從可以進出的容易度、建築物的舒適度、交通動線的控制型態、空間使用的優先性、校園地面空間等五個項目，來評估、判斷一個學校之教育哲學觀是屬於較為「結構性」的還是較偏「彈性」的。以進出的容易度為例，結構性的學校會限制社區民眾的出入，以作為控管校園環境和人員的手段，這類型學校的特徵在於所有的建築物多半只有一個出口，並通常在放學後鎖住建築物出口、廁所以及備用空間。這類的線索向外來的訪客、教師與學生透露的訊息即是：學校不是下課後該留下來的地方，使用校園建築物要在一定的時間以及規範下才能使用。一般而言，學前教育機構基於管理與安全考量，整個校園規劃會偏向結構性，但教室與教學空間會因哲學與教學理念的不同，而有開放程度與彈性程度上的不同。

（三）教室空間

　　教室空間的組織、動線規劃以及歸屬感通常也隱含了學校的目的。Wiles 與 Bondi（2014）以教室的組織（如桌椅安排）、教室中的行動（如學生自由決定行動的程度）、教室空間所有權（如開放師生自由使用空間的程度）等，來觀察學校的教育哲學觀。以教室的組織為例，教室中的座椅若是排排坐形式者，意味著教室的教學多以講授方式進行，學生是聽講者，沒有太多與同學互動的機會。而教室的組織方式通常也與教室中的行動以及教室空間使用權有連帶的關係，若教室的座椅是以小組（幾個人圍坐一桌）的方式安排，則顯示學生在教室的行動便會較有彈性，能彼此相互討論，或是走動到其他組別進行討論，如此一來，學生的教室空間使用權便會提高。

（四）組織知識的方式

　　Wiles 與 Bondi（2014）將組織知識的方式分為五種：

1. **區塊式設計**：預先決定目標，明確界定每一個基本知識技能的區塊範圍，由基礎區塊循序漸進、按部就班學習更複雜與專業的區塊，學生沒有選擇權，以課程或教師為中心。

2. **分支式設計**：此設計依然強調基礎知識的學習，但提供學生對必須精熟的知識與之後的學習路徑做有限度選擇的機會，讓每位學生的學習經驗不完全相同。

3. **螺旋式設計**：已學過的知識在日後學習過程中，會以較複雜的形式被重新回顧。

4. **任務式設計**：預先決定學習目的，但學習內容與呈現順序可彈性調整。

5. **過程式設計**：知識內容是學習過程的一個媒介，例如：在進行閱讀活動時，不管學生閱讀的內容是什麼，「閱讀」依然能進行。

這個設計不管在目標、內容呈現順序與知識的使用上，皆有高度彈性。

（五）學習材料的使用

不同的教育哲學觀，在學習材料的選擇與使用情形上存在極大差異，這個面向可以從學習材料所提供的感官刺激、媒體種類與放置場所三個部分進行觀察。當提供的學習素材／材料種類少，且其帶來的感官刺激屬性固定、放置場所僅限一般教室，則課程是偏向結構性質的；相反的，如果提供的學習媒材種類多、能讓使用者操作時浸融其中，並將所有物體視為學習材料，則具高度彈性。

（六）教育觀點

這個面向可從教學型態與歧異的接受性兩部分加以說明。在教室中，教師完全控制所有資料與過程，是具高度結構性的教學型態；而開放學生自由交換觀念，是最具彈性的教學型態；另外，愈能尊重與允許學生在外表及行為上的歧異，就愈能顯出該教育觀點的彈性。

（七）教學策略

教室中使用的教學策略也隱含著教育哲學觀的存在，由觀察教師激發動機的技術及師生互動距離便可加以窺探。當教師採取高壓統治、威脅與恐嚇學生的語言，以使其產生順從的學習動機，給學生的限制最大；師生互動的距離，還包括雙向溝通的程度，以及教學是否符合學生多元學習風格，也能反映其教育哲學觀。

（八）教師組合方式

這個面向的指標有二：教師角色與教師組織。以教師角色來說，教師是個只教導特定學科的專家角色或是能跨越學科限制、教導不同年齡階段

的角色？教師是只能孤立的處於單一個教室裡或是能與其他教師進行合作與協同教學、設計課程？舉例來說，當教師被鼓勵能與其他老師進行合作與協同教學時，所反映出的教育哲學觀便認為教師並非知識的權威，知識是可以在共同合作、相互討論的模式下激盪出來。

（九）學生組織

編班的標準與班級人數是觀察學生組織型態的指標。隨著教育理念的開放程度，學校編班的標準便會以興趣、需要、能力、學科與年齡作為編班依據。而對班級應有人數的看法，愈以學生為中心的教育哲學觀，便會以強調滿足學生個別化需求為思考班級應有人數之考量，而非依教室的大小來決定班級人數。

（十）學校與班級的規則和規律

墨守歷史成規的學校最具結構化，規則少且皆可協商者，其溝通上最開放。

（十一）維持紀律的做法

不管學生犯什麼錯，都施予同等懲罰，而不考量情節輕重者，其反映出的教育哲學觀屬高壓型態；沒有繁瑣之衡量違規行為與懲戒辦法的學校或是班級，則屬於較有彈性的信念。

（十二）評估方式

能以多元、創新、貼近學生學習現場的評量方法，取代傳統以數字元號（如，百分等級、80%以上）來說明學生表現情形，可顯示學校在評量上更重視學生的個別性，重視的是過程的學習而非測驗的分數高低。

（十三）行政管理態度

行政風格決定學校氣氛，而哲學觀點則決定行政風格，透過觀察行政人員做決策的方式與溝通媒介可反映其教育哲學觀。當決策的過程是高度集權與獨裁的模式，顯示出學校是呈現嚴密的控制關係；若決策過程中無權威的指示或組織成員能有參與決策的機會，則呈現出較為人性、開放的哲學觀點。在溝通部分，有的領導者從未親臨現場，師生對他的認識僅限於其肖像，則可能反映出其具有權威、階級、有距離的教育哲學觀；反之，若領導者能真誠關懷師生，願意敞開辦公室大門面對面溝通，便多少反映出學校重視人本主義的教育哲學觀。

（十四）老師角色的自我知覺

這裡指的是教師的角色知覺。當詢問教師：「你教什麼」時，其回答是只教授事先處理好、特定的知識內容，或是廣泛的傳達他認為有價值的事物給學生，這種範圍的差異即代表了教育哲學觀的不同。

（十五）學生角色的自我知覺

透過詢問：「你在教室裡怎麼學習」，可以了解學生對自己的角色知覺。機械式的抄寫練習，或是做感興趣的事務，這兩者即顯示結構與彈性的兩個極端。

由上述可知，教育哲學觀可以透過學校教育的不同層面反映出來，身為教育工作者不妨多思考自己所抱持的教育哲學觀，亦可觀察在不同學校環境下所反映出來的教育哲學觀及其對學生的影響。

第二節　課程發展的社會學基礎

一、社會學與教育的關係

　　社會學是研究人類群體生活、團體組織，以及社會的一門學問。廣義而言，社會學的範圍包括政治、經濟、文化（如倫理與價值觀）、社會組織（如家庭、社團等）、社會變遷等領域，分屬各個領域的種種社會現象與趨勢，塑造出社會的形貌，透露出社會的需要。在不同的時代與地區，人們有不同的社會生活，其社會的需要也就不同。由於社會文化是人類心智發展的素材，因此教育的目的、內容與方法往往隨時空變化、社會文化的不同，以及社會需要的不同而有所差異，例如：在農業社會生存需要的是務農技巧與野外求生的能力，因此教育的目的在於使人們能生存於自然環境中；而資訊化社會需要的是電腦素養與價值判斷能力，因此教育的內容便包含各種電腦與網路的使用能力，其課程目標包含學習分辨資訊與知識、判斷資訊的真偽、培養良好的價值觀等。

二、社會學與課程發展

　　社會學對課程發展的影響可由幾個層次來看，最巨觀的是全球社會的影響，其次是國家社會的影響，再其次是地區性的影響，而後是社區與學校的影響，最直接的是班級的影響。課程與學校、社區、國家、全球的社會與文化是緊密相連的，每一個層次都有該層次之社會、文化因素影響著課程。因此，若以學校作為基本的教育單位，則不僅每個學校所處的社會文化不同，甚至學校本身都有各自的文化脈絡，使得每個學校的每個課程都應該是獨一無二的。這就是近年來「校本課程」產生的背景因素之一。

　　由於社會與教育會互相影響，因此課程除了被社會影響之外，它也同時影響著社會。若以學校作為教育的基本單位，傳遞知識與文化、進而形

塑社會，則是學校的主要任務。社會重建主義者更認為，學校是促進社會改革的主要推手。這個介於社會和課程之間的互動關係，便成為課程發展的基礎。

國家教育政策擬定者必須了解社會與文化的現況，以及清楚希望透過教育要將社會形塑成什麼模樣，而訂出國家整體的教育目的。作為學校發展課程的宗旨，學校教育應該符合當時當地人們的生活方式與想法；課程發展者也必須了解，學校對於周遭社會環境之變遷應如何反應。特定時代、特定社會中的教育人員在發展課程時，必須參考社會學理論、社會趨勢以及實際上社會現象之影響，探討當前及未來社會的需要，才能配合社會變化而發展出合適的課程。

筆者提出三項影響課程發展之當前及未來社會發展趨勢，分別是全球化、在地化與資訊化，綜合各趨勢之社會現象，可歸納出各趨勢的特性。

1. **全球化社會的特性**：包括多元化、兩極化、主體與認同的不確定性、矛盾關係與兩難情境的面對。
2. **在地化社會的特性**：因全球化而產生的在地主體性之追求、尋求認同感與歸屬感之定位。
3. **資訊化社會的特性**：開放／解放、多元、瞬間、包容與尊重、創新、缺乏權威性、權威的需要、競爭、不確定性高、大量。這些特性影響了課程的發展。

（一）全球化對課程發展的影響

全球化的社會趨勢是從經濟貿易的全球化開始發展的。國與國之間的貿易往來，使得商品、貨物傳遞於國際之間，文化也隨經濟互動而傳播到其他國家，例如：迪士尼的卡通是美國的產品，但是迪士尼的電影（如《冰雪奇緣》、《海底總動員》等）在幼兒園與小學中，每個兒童幾乎都瞭若指掌，電影情節中所隱含的文化內涵，也就不知不覺的傳遞給兒童。

全球化的影響層面非常廣泛，除了影響經濟、文化的交流以及資訊流

通之外，也促進人口流動（如旅遊及跨國移民等）、政治互動（如歐盟等），以及解決有關全球性的環境、衛生問題之跨國聯合組織（如聯合國、世界衛生組織等）的成立。全球化促發人們產生全球意識，重視全球性的疾病與衛生問題、全球環境變遷與自然資源分配不均的問題等，將視野擴大到全球來思考生活的問題。幾乎所有當前的社會變遷，都與全球化有關。

歸納這些全球化的現象，可整理出幾個特性以及它們對課程發展的影響，一一說明如下。

1. 多元化

全球化促進了全球性的經濟往來、人口流動，使跨國旅遊、跨國移民的人口增加，加上交通運輸的發展與資訊傳播科技的進步，使得人際之間的時空距離縮短、人們接觸異國文化的經驗增加、思想交流的機會與頻率提高，進而促進社會價值觀和信念的多元化。

此現象在教育上的影響之一是形成對多元文化教育之重視。在課程目標方面，包含認識不同的文化、尊重與包容文化差異等；而對課程內容的影響，則是可廣納各國、各地的文化來作為教學素材，內容可含括不同的知識和意見。

2. 兩極化

兩極化的特性主要表現於貧富差距，是經濟全球化所帶來的現象之一。貧富差距的影響牽連到教育上，便成為教育機會的不均等、知識素養的差距等，例如：有錢的家庭可以供給小孩各種學習英文的機會（上全美語幼兒園、參加暑假遊學團、出國當小留學生、請英文家教等），但是窮人家的孩子就欠缺這些機會，導致英文成就雙峰現象。又如：跨國移民人口增加後，所形成的教育問題。

社會的兩極化特性拉大了最極端兩個族群的距離，因此增加了課程發

展的困難度與挑戰性。因應兩極化的社會特性，教育人員在發展課程時，在課程目標上，應更加重視文化、族群、教育機會平等性之提升，以及對多元文化的包容與尊重。在內容上，不能只用一套制式的教材來教所有的學生，現在比以前更需要配合兩極端學生之學習程度來規劃合適的內容，而這部分的工作，大多是落在幼兒園、班級層級教學時處理的問題。在方法上，需以尊重和包容的態度接受處於極端處之學生的需要，非以單一而線性的知識灌輸方法來教學，需要在實際互動過程中塑造情境、提供多元學習方式。

3. 主體與認同的不確定性

　　全球化一方面拉近了不同文化間的距離，逐漸產生一些共用的價值與行為模式，另一方面也凸顯了文化的個別差異，讓人們更依賴某種社群的符號體系，例如：宗教、風俗習慣、民族意識等；個體在這種共用和差異化之符號體系裡擺盪、尋找與建立自己的身分認同（顧忠華，1997）。究竟個體歸屬於哪一個社群？社群與社群之間的界限是如何決定？個體如何跨越界限以進入不同的社群？在全球化的趨勢下，個體對於自己的位置、隸屬的社群等定位，是不確定的。但是在這種不確定的狀態下，卻有一確定的處境，那就是在資訊化的強化下，複雜的互動型態多元化後，文化殖民的問題就成為教育界的認同與定位問題。如同 Bartlett 等人所言：「一般來說，全球化不只是不同國家之間的軍事戰爭，……而是符號、象徵、語言和文化的殖民。最後，它變成了一個認同的課題，意即人們開始進行自我認同的方式，主要是以超越傳統文化疆界的方式為主，並與全球實體進行連結。」（Bartlett, Evans, & Rowan, 1997; Edwards & Usher, 2002, 2008）這個問題也同時引出在地化的認同與定位的問題，如同 Evans 所言，民族國家落入一種兩難的情境，他們想要進入世界，但世界卻會侵略他們（轉引自 Edwards & Usher, 2002, 2008）。這個特性呈現在教育領域時，教育內涵已經無法像以往教育的單純性，意即無法單純的告訴學生其

定位或是主體性應認同的對象。配合著多元性的存在，學生認同與定位問題的教學，是教育工作者需要審慎思考與處理的重要議題之一。

4. 矛盾關係與兩難情境的面對

全球化是全球趨於同一內涵的行動，普及於世界各地，但在全球普遍性存在的同時，各區域或地方又紛紛追求異質性或多元性的展現，而形成在地化的特殊性。全球化與在地化二種特質是同時存在的，因此產生了矛盾的社會特性，例如：社會顯得既具同質性又具多元性、既普遍化又特殊化。

在教育上的影響，以學校教育為例，多元化社會趨勢鼓勵多元文化之體驗與多元思想之交流，但是學校教育是一套制式的知識系統，因此教育人員在顧及學校制式的知識系統之主體性、建立同質主流知識的同時，也必須兼顧學生個別的文化背景、多元需求和個別差異。在這樣的情況下，課程目標既要包含系統化知識的追求，也要納入多元化之教育目標；在課程內容方面，要給予學生同質的學習，也要兼顧個別化的教學；課程的實施方法既強調以分組、合作、討論與分享等方式進行，促進學生之間的意見交流，但也要給學生獨自發展的空間；課程的評鑑不能只用單一的方式，既要尊重學生個別評量方式的選擇，又要在全球化的處境下，以標準化的評量方式去檢驗個體和組織之教育成效在全球裡的表現情形如何。例如：過去，各大學的排行榜多以該國國內各大學間做比較；現在則是以「全球百大」來看各大學在全球大學間之排比的方式去評量。

此外，全球化的社會加上資訊傳遞與交流的便利，各行各業都會有無國界、無障礙（關稅、文化、教室空間）、無學門知識之規範（如強調學術上的創新，不要被既有知識規範住）的解放感；然而，同時還是會有「實體」存在之局限感。既開放又局限的特性展現於教育上的實例有：虛擬學校、虛擬教室、網路學習的開放，使得學生可自由選擇學習的時間，

以及適合自己程度的學習內容，並與全球其他空間的人互動，因此開放了此類課程的內容與實施方式。然而，某些地區受到硬體設備缺乏或不夠進步的影響，或者對世界其他地方文化不夠了解的影響，就形成運用虛擬學校時的局限。課程發展者必須注意到全球化帶來的學習環境、內容、方法的開放性，也必須清楚其局限性，才能發展適合的課程。

不僅如此，在全球化的影響下，人與人之間的交流機會，無論是在實體世界或是在虛擬世界裡均較以往來得頻繁，這使得彼此間的關係拉近了許多、密切了許多；但另一方面，由於知識大量而快速的生產與傳播，人們在追趕新知之際，易忽略了人與人之間實質上的關係，這又使得人際關係變得疏遠。在教育方面，人際關係既親近又疏遠的社會特性引發教育人員深思：到底教育的終極目標是什麼？教育若欠缺了情感與關懷，縱使可以加速生產知識，知識又會如何被使用？如何能達到其造福人類的終極目標？在課程發展時，教育人員應該因此而更重視情感與品格教育的目標與內容。

（二）在地化對課程發展的影響

全球化使社會的範圍擴張到全世界，此時在地化興起，動力來自於希望凸顯地方性之社會、文化、產業的特色。當一個社會只強調全球化的追求，就可能會受到全球系統中的強權思想、文化、經濟等所支配；若能配合在地化之主體精神與自主反省的覺醒與行動，就能在同質化的過程中，也向全球散播在地的特殊價值與在地異質化的象徵意涵。

在地化的影響使得教育方面開始強調在地主體性之追求。以臺灣為例，現在臺灣社會強調臺灣文化、社區與鄉土文化的形塑，因此學校教育的課程目標就增加了認識臺灣多元族群的文化，內容上則納入了鄉土教材以及臺語或客語等鄉土語言的學習等。方法上也有改變，如辦理鄉土語文競賽，鼓勵學生學習與運用母語。

同時，因為在地化與全球化兩股力量相互作用的結果，教育應該重視

學習者所面臨的認同感與歸屬感之定位問題，例如：在新臺灣之子（現也稱「新二代」，即新住民二代或移民之子女）受教育的過程中，夾在學校之主流文化與父母所賦予的家庭背景文化之間，其認同感與歸屬感之定位是必然遭遇的問題。學生在兩個不同文化的影響下，可能建立多重的認同（multiple identities）、雙重的自覺（double consciousness），同時有片面歸屬感（fragmented belonging）的可能性（Suárez-Orozco & Suárez-Orozco, 2001）。

　　教育過程中應注意學生受在地化與全球化的影響，而面臨到認同感與歸屬感的定位問題。因此，在課程上，就需要在制式的主流學校思想文化之外，加上能讓多元族群與文化認同融入課程內容裡；在方法上，教師也要顧及學生們多元的文化背景，營造具有歸屬感的班級氣氛，而不是排拒主流文化以外的其他文化。再以新二代的教育為例，若教師不具有多元文化教育之素養，不了解學生的個別文化背景，不懂得如何發展學習包容、尊重新二代的課程，忽略新二代對班級、學校，甚至臺灣社會的認同感與歸屬感的定位問題，則必然會影響學生之學習成就。

（三）資訊化對課程發展的影響

　　在資訊科技日漸發達、科技產品與生活用品大量使用資訊科技之後，資訊化成為另一個社會發展趨勢。資訊化使得通訊快速方便、不受限於空間距離，而透過資訊網路，訊息交流、跨文化的資訊流通也更迅速、頻繁。由於各種資料的資訊化，使我們能利用網際網路就能查到圖書、文獻資料。人們的生活因為資訊化而產生巨變，案例不勝枚舉，其特性及對教育的影響更是巨大。以下提出資訊化社會的幾項特性及其對教育的影響（Chien, 2007）。

1. 開放／解放

　　相對於傳統社會的緩慢與穩定，資訊化社會的觀念和想法不斷快速的

推陳出新。由於資訊設備的普及，更擴展了不同意義同時存在之發展空間。以線上學習為例，不僅是學習條件上的開放／解放（如不受時間、空間的限制，想學習就上網），同時也是教師角色、學生角色、課程設計、教科書選擇，以及教與學之觀點上的開放／解放。傳統社會裡線性化的文本、傳遞式的教學觀，以及老師是專家的定位形象等，轉變成多元路徑與非線性形式的學習。我們的教室從傳遞資訊的空間變成主動查詢與創始的空間；教師角色從在教室裡由上而下的課程傳授者，轉變為以學生為中心的學習網絡之營造與提供者；學習者可以自主性、開放性地追求學習的目標，並綜合、詮釋、理論化、創造新的知識，使自己變成知識生產者。這種開放／解放的結果，使學習者成為文化快速變遷的主要推手（Edwards & Usher, 2002, 2008; Weis et al., 2002）。

2. 多元

　　資訊化社會帶出無限虛擬世界與世界觀的可能性，實體世界和虛擬世界可以同時且多元地存在之可能性。跨國旅遊、跨國移民人口增加，加上交通工具的發展與資訊傳播科技的進步，使得人際之間的時空距離縮短、人們接觸異國文化的經驗增加、思想交流的機會與頻率提高，進而促進社會價值觀和信念的多元化。未來學習內容是傾向於自己國家的文化？還是跨越國籍的文化？學校是強調混雜文化的創新？還是以傳統文化傳承為重？個人生存環境是否提供學生接觸多元化社會的機會？如何讓在經濟弱勢一端的學生也有接觸多元文化、觀點的機會？這個特性不僅促發學習者在學習方式、學習時間多元的可能性，同時也促使課程與教學上更多元性的產生。

3. 瞬間

　　在資訊化社會中，知識快速地產出，加上開放與多元的特質，社會變得瞬息萬變。學習者吸收到瞬間呈現在其面前的知識，他們也在當下創造

出瞬間存在的知識。

4. 創新

在開放、多元與包容的條件下，創新是被鼓勵與容易產生的特性。

5. 缺乏權威性

當資訊可以開始運作並自由使用時，只要學習者認同即成為學習上的認同，而不易受到傳統外在知識權威的管制或形塑，亦即只論言辭的力量、理念品質，而不論發表者之身分，及以何種媒體為憑藉。在網際空間的虛擬社區內，自我引導和自我監控的實踐，能促使合理或有價值的知識以不同形式來展現與利用，但也破壞了知識與資訊間的界限及權威性（羅曉南，1997；Edwards & Usher, 2002, 2008）。

6. 權威的需要

一方面，因為資訊成長之速度遠大過於人所能提供之瀏覽的時間，因此權威性的指標，可讓學習者快速找到所需要的資料；另一方面，因為資訊化社會帶出各種世界觀的繁衍和無限多虛擬世界或真實世界的並存，使得學習者對何為「真」、何為「是」、何為「好」等問題難以判斷，此時即形成某種程度上對權威性指標的需要，例如：網路上有專門查詢假訊息的管道。

7. 競爭

過去我們的發展是循序漸進的，學業完成開始工作，前五年是社會新鮮人，透過跟著上司、師父、學長慢慢學，慢慢的在職業生涯裡發展與攀爬晉升的階梯；未來的社會則是 20 多歲的人與 30 多歲、40 多歲、50 多歲的人共同工作，在不斷創新的要求下，競爭壓力是前所未有的。孩子未來的競爭者不僅僅是同年代的人，甚至不僅僅是人類，同時會與機器人進

行競爭。資訊化、全球化社會在快速與瞬間的特性下，個體間、組織間、國與國間的競爭更形劇烈。在競爭的過程中，容易落入為達目的、不擇手段的可能性，此時價值觀與倫理道德問題的重要性將更為凸顯。

8. 大量

全球每天出版的刊物不勝其數，要學習的內容大量襲來，學生應該如何在大量資訊充斥的時代裡，去選擇哪一項資訊是對他們有用的？這是目前的課程發展者要面對的問題。

9. 快速

目前的社會發展比以往的社會發展快速許多，孩子如何面對這種快速發展的社會與壓力？是課程發展者所要思考的問題。

10.未知

因為前面分析之快速、競爭的特質，我們對於未來的社會、未來的世界是什麼樣子，是無法想像的。全球氣候暖化會如何演變、該如何因應？機器人取代部分的人類工作後，哪些工作會消失、哪些工作會興起？我們如何去教導「現在」的學生在畢業後投入目前「不存在」的工作？老師、家長、學生將如何面對「學習」這件事？

在教育方面，資訊化的特性使得課程目標更著重於尊重與包容相異的意見和文化，更促進課程內容朝向多元化發展；在課程實施方法上，更鼓勵學生創新和提出想法；資訊化也使課程發展者意識到價值觀的教育，以及思考、判斷力與解決問題能力之培養的重要性。

（四）當前應重視的教育內容

綜合全球化、在地化與資訊化等三項社會發展趨勢的特性，以及它們

對教育的影響，筆者歸納出下列幾項在當前社會中最應強調與重視的教育內容。

1. 多元文化背景知識的學習

在當前的社會中，知識的創新與理解已經走向科技整合的面貌，學習者以單一領域的專長知識去面對快速變遷的社會是不足的，容易在瞬間就被淘汰了而不知原因何在，因此多元背景知識的豐富化是必要的。

2. 素養的教育

對於未來不可知的知識發展方向，以及知識發展量與速度上的增進，以目前只強調「學科知識」（subject knowledge）上的教學與學習是不足的，惟有培養學習者各學科之素養，才能因應社會之需要。所謂「學科素養」（subject literacy）是指抽象程度較高、能代表該學科的核心「概念」，例如：以歐洲的教改為例（如荷蘭、英國），他們希望國民教育中包含兩個基本目標，第一個目標叫做 literacy，也就是「素養」，亦即除了「聽」、「說」、「讀」、「寫」與「使用文字」之外，還要懂得「欣賞」；美國的教改則重視「科學素養」的培養，其核心概念為「探究」（inquiry），意即：「對日常生活周遭的各種現象，能夠去觀察、描述、記錄它，而後主動地使用這種對生活的觀察而發現自己想做的事情，或定出自己的問題來」，接著形成假設、蒐集資料，並做出結論；最後還要把結論與別人溝通，與知識界溝通。探究是建構知識的過程，因此科學素養的教育就是透過探究而培養孩子建構知識的能力（行政院研究發展考核委員會，2003）。

3. 健康的價值觀

當前社會趨勢朝著多元化特性發展，也就產生出許多兩難與矛盾情境，考驗個人的價值判斷。因此，凡是含有「關懷」道德的種種特定價值

觀，例如：「平等與公正」、「權利與責任」、「對弱勢者的保護」、「人性尊嚴」、「人與人連結的重要」等觀念與價值觀，均應在現今教育歷程與內容中占重要之分量（行政院研究發展考核委員會，2003）。品格教育（character education）更成為新顯學，各國都在大力推動，期望從小培養學生良好的品格，提升國民素質，增進國家人才在未來的競爭力，例如：美國大力推動的品格教育，包括道德教育、公民教育、人格成長等三大領域，當年布希總統特別把 2002 年推動品格教育的預算提高三倍；英國從 2002 年 8 月開始在中學裡實施公民教育；澳洲教育當局則要求學校把公民教育放在跟英文、數學同等重要的地位；日本的教改報告書指出：「日本能否培養出在道德情操和創造力上都足以承擔起二十一世紀的年輕一代，將決定未來的命運，當務之急是要加強學校的道德教育。」（周慧菁，2003）這種全球重視品格、公民道德教育的趨勢，已經說明了在現在與未來社會中培養健康價值觀的重要性。

4. 終身學習之觀念與態度

由於社會快速變遷，隨時都有大量新知識、新技術、新產品被創造出來，汰舊換新的速度也很快。資訊科技營造出知識瞬間存有與不斷創新的情境，人們必須不斷學習以適應變化快速的社會，因此人們應積極培養與建立終身學習的觀念和習慣。

5. 家庭倫理的重建與宗教信仰的培養

社會變遷使家庭結構改變，社會道德與價值觀的改變也使得家庭倫理逐漸變化。當前社會趨勢使人們遭遇認同感與歸屬感難以自我定位的問題，惟有透過家庭倫理的重建、社會道德的重整與宗教信仰等教育，以及尊重與包容之胸襟的培養，來尋得自我歸屬感及心靈安身立命的場域（羅曉南，1997）。

第三節　課程發展的心理學基礎

　　了解幼兒如何學習是發展幼兒教育課程重要的一環。探討不同幼兒學習之理論，能有助於教育人員從不同角度去了解幼兒是如何學習，以及如何認知這個世界，教育人員所發展的課程及施予的教育才能符合幼兒的需要，幼兒才能獲得真正的學習。Naughton（2003）提出三個主要的學習理論典範，分別是：(1)學習是順應自然的發展或是文化的形塑（conforming to nature and culture）；(2)學習是從自然的發展與文化之互動所產生的一種變化（reforming through interaction between nature and culture）；(3)學習是從自然的發展與文化互動下所產生的一種轉化（transforming culture and nature）。本節即以此三個理論典範為例，說明不同學習理論之典範對課程發展的影響，以作為心理學與課程發展間之關係的一個詮釋。

一、學習是順應自然的發展或是文化的形塑

　　自然及文化因素在幼兒學習中扮演的角色是無可否定的。幼兒在他們的成長過程中，其本身的身體發展及周遭的環境，皆影響其發展。幼兒為了生存，與生俱來便有學習的能力，例如：會以哭泣來吸引成人的注意、會發脾氣來獲取想要的東西。主張「學習」應「順應自然的發展」者，稱之為「成熟論」；主張「學習」是「順應文化的形塑」者，則強調環境是影響學習的主要因素，認為學習是受環境的形塑所主導，生長於不同的環境，學習成長的結果會有很大的差別。持此觀點者可分為二個派別，分別稱之為行為學派及社會學習學派。

（一）學習是順應自然的發展

　　隨著年齡的增長，在生理上不斷的變化是一種自然定律。嬰兒由爬行到走路、少女乳房發育及月經來潮、皮膚隨著年齡增長而日漸衰老，皆是

人體生理改變的必經階段。成熟論者認為，人一出生便預設一個生理改變的時間表，而這個時間表控制了人們學習的進度，個體的身體要有某種成熟度，才能學習到某種知識或技能。換言之，生理上的成熟促使學習能力上的成熟。

🌿 成熟論

成熟論（maturational theory）之代表人物為 Arnold Gesell（1880-1961），他認為人的生理決定了他們日後的發展，成長過程是毋須經過訓練或實習的，人體內在基因的力量能推動我們不斷學習、不斷成長。

1. 主要論點

嬰兒自來到這個世界便順應一個天然的時間表，這個時間表是三百萬年生物進化的產物。嬰兒出生已擁有與生俱來的智慧，知道自己的需要，以及自己準備好的程度；成人需要從嬰兒身上獲得介入時的指引。

生理的改變對幼兒發展具有重大的意義，例如：幼兒認知能力的成熟是來自生理上的成熟，他們對整體的自我評價能夠影響其行為及與其他人的關係。

成熟在幼兒學習裡扮演重要角色，學習是由先天內在力量而來；因此，成人愈少干預這自然定律，幼兒的學習效果便愈理想。成熟論者鼓勵教育應該順應自然，幼兒的學習能力便能提升。

2. 成熟論對課程發展的影響

成熟論者認為，人體內在的生理因素已決定我們日後是怎樣的一個人，並認為最能夠引領幼兒的教育方法是自然教育法。教育人員透過細心觀察幼兒，了解幼兒的成長需要，從而提供相應的協助。因為早期的經驗能夠提升或降低幼兒的潛能，所以提供幼兒一個愉快的早期學習環境經驗是很重要的事。

　　教育人員應該順應自然的定律，一步一步協助幼兒進入不同的成長階段，當中需要透過不同的方法，包括仔細的觀察探討幼兒與生俱來的學習特質，含身體上、情緒上、思想上及心理上的特性。重視個人的主觀經驗及個人內在歷程，強調幼兒在自我觀念上自覺改變的需要及內在動機，所以學習不應是強迫的；相反的，需待幼兒各方面準備好才施教。因為成熟論者相信人生具有追求自我實現的潛力，所以千萬不要干預這定律，要在適當時候才提供協助。有需要時，甚至要改變環境去迎合幼兒的需要。

3. 成熟論在教學與課程發展上的主張

(1)課程：應依一般正常發展模式為原則，這可參考發展心理學大師之理論，例如：Piaget 或 Erikson，了解幼兒之成長發展，針對幼兒的能力而發展合適的課程。雖然每一個幼兒均依同一成長階梯，但每一個幼兒也是獨立的個體，所以課程必須符合幼兒之個別發展需要，因應幼兒的個別需要而發展課程。尊重幼兒人格，讓他們自由學習及選擇，以他們為教學活動的中心。對於成熟論者而言，學習過程比教授已設定的課程內容重要，例如幼兒在競賽中的輸贏並不重要，最重要的是他們學會與人合作，重視群體生活對個體發展的重要性。幼兒可能被突如其來發生的事情所吸引，這是幼兒學習的好機會，教育人員應依幼兒的興趣及改變而修改課程。

(2)時間：在計畫學習活動時間表時，應順應幼兒本身的生理時鐘而設計，全以幼兒為本。讓幼兒調整自己的睡覺及進食等時間，不要盲目依從已訂的時間表。幼兒可按照自己的步調去發展，而毋須匆忙，應該讓幼兒在一個舒適及安全的環境下自然成長。幼兒有其自願、自由、自動性。

(3)成人的角色：教育人員的工作是細心觀察自然給我們的啟示，依照自然給我們的指引去發展課程，如當幼兒開始長牙，即代表他

們預備吃一些固體食物。教育人員應在幼兒需要幫忙時，才施以援手，避免干預幼兒的主動性。此外，教育人員要耐心等待，直到幼兒準備好才給予教導，不要操之過急，應細心的觀察幼兒，了解何時介入才是好時機。教育人員應一切以幼兒為中心，預備為幼兒改變學習環境，而非改變幼兒去適應環境。

(4)空間：幼兒的學習環境應容許幼兒自由活動、自由探索。環境是幼兒第二個老師，所以環境的設計是不容忽視的。能刺激幼兒的好奇心及滿足他們需要的環境，絕對對幼兒學習有幫助。

(5)內容：學習活動應就幼兒的能力而設計、提問，鼓勵幼兒依靠自己的能力去解決問題，並訓練幼兒相信自己有解決問題的能力。幼兒會依從自然的發展階梯而成長，但若幼兒行為偏離這發展階梯，是需要成人的糾正。

（二）學習是順應文化的歷程

人類與環境息息相關，是不可分割的。環境包括社會文化、地理、人、習俗及語言等，這些因素皆影響幼兒學習。行為主義及社會學習理論兩派認為，人類學習會受到外在環境直接影響：前者認為成人給予的鼓勵或懲罰會塑造幼兒的行為，幼兒會按成人的指引做出相應的改變行為；後者則認為幼兒會透過觀察及模仿其他人而學習不同的行為。

行為主義

行為主義（behaviorism）之代表人物，包括：前蘇聯的 I. P. Pavlov（1849-1936）、美國的 J. B. Watson（1878-1958），以及 B. F. Skinner（1904-1990），他們相信人類學習是受社會及環境影響，例如：透過成人獎賞（如讚美或物質）鼓勵幼兒某種行為，這些美好的回報能夠鼓勵幼兒重複這個行為。幼兒從經驗中了解到不同行為的後果，而學會符合適應環境的行為。所以，成人在幼兒學習中扮演主導的角色，因為他們可以透

過獎賞和懲罰來干預幼兒做出某種行為後的結果。教育人員應明確的訂立行為目標，然後按照計畫提供刺激學習的環境，並且在過程中強化幼兒的理想行為，從而達成學習目標。

1. 主要論點

傳統的行為主義者認為幼兒學習會受到環境影響，當中「人」扮演重要的角色。同時，他們也認為人應該順應社會文化。成人擔當教育幼兒的任務，避免幼兒偏離社會的規範。透過正面的「獎勵」去鼓勵好行為，另外透過「懲罰」去減少偏差行為，例如：當幼兒準時休息，父母即擁抱幼兒，而「擁抱」這個好的感覺（獎勵）鼓勵幼兒重複「準時休息」這行為（目的行為）。

2. 行為主義對課程發展的影響

行為主義對教育工作者有很深遠的影響，教育人員透過正面的獎勵，例如：以貼紙去鼓勵幼兒好的行為；相反的，透過懲罰來減少或消除偏差行為，例如：安排特別座位給情緒不佳或哭鬧的幼兒坐，讓他冷靜下來。教育人員適當地選擇合適的獎勵工具，並給予適當指導是很重要的。不要假設幼兒知道什麼是合適的行為，教育人員有責任建造一個理想的學習環境，如果想要美勞桌每次只能容納兩位幼兒，應該只放兩張椅子、兩枝鉛筆等的具體實物，讓幼兒知道每次只有兩位幼兒可以使用這張桌子。

行為主義認為教育人員須具備以下看法：相信人可以決定自己的前途，不論其出生背景，均有能力掌管自己的生命；外在及社會環境能夠影響人的學習；所有人不論何種年齡均是按這個模式學習；正面獎勵可推動正向的學習；學習是可以控制的；只要有適當的鼓勵，人可以學習任何事物。

3. 行為主義在教學與課程發展上的主張

(1)課程：學習是有順序的，因此課程應由淺至深及按部就班的去發展；學習也是獨立的，每一個幼兒均有他們的學習節奏，不應強迫幼兒依從別人的學習速度。所以，課程的發展應該是可以讓幼兒自學的，如提供正確答案，讓幼兒按自己的學習進度而進行。以獎懲原則強化幼兒好行為，減少偏差行為。

(2)時間：學習的進度與時間需小心的策劃，可遵循既定的時間表去達到某個學習目標；學習目標是按照個別的能力與需要而訂定；時間表由成人決定。

(3)成人的角色：在教學活動中，教育人員控制情境，幼兒是被動學習的。成人主要角色是給幼兒制定清晰的學習目標，首先必須清楚知道學生的需要，以及他們在不同階段的成長任務，從而提供支援並協助幼兒完成任務。教育人員須善用獎懲原則，鼓勵幼兒完成工作，另應多安排學習機會給幼兒。

(4)空間：幼兒的學習環境設計應依從成人訂立的學習目標去規劃。

(5)內容：成人主導整個學習，包括訂立學習目標及學習內容，一般多採用傳統科目。

(6)教育人員與幼兒的關係：此派觀點認為，教育人員是全能、掌握所有知識者，並主導整個學習過程；而幼兒是依賴的、不文明及頑皮的，他們需要教育人員的幫助及引導，學習由教育人員所安排的科目。

社會學習理論

社會學習理論（social learning theory）是行為主義的分支，延續 Skinner 的理論，主要提倡者是加拿大的 A. Bandura（1925-2021）。社會學習理論對幼兒學習社會角色及行為提出具深遠影響之論述。Bandura 認為，人類

的學習是透過觀察，從而模仿他人的行為、態度及情緒反應。他提出三合相互關係（triadic reciprocity）的概念，指學習過程是在環境、認知及行為互動下所形成，即先要細心觀察一個事件，如演繹事件中人的態度及事件的特色等，再配合觀察者本身的想法及過往經驗等（外在環境），經過內化，保留在記憶當中（認知），最後在適當情況時，特別在獎勵的刺激下，觀察者會重演該行為（行動）。

1. 主要論點

行為主義強調獎勵對學習的重要性；社會學習理論則認為學習涉及思想的過程。學習是透過觀察及模仿他人而來的，此行為是有利與他人相處及融入社交圈，這是社會化的過程。學習性別角色是典型的例子，幼兒透過觀察成人的行為，從而模仿被社會接納的性別角色。Bandura 認為，學習新的行為是透過觀察而來，主要有四個部分：

(1) 注意：學習者學習並不是被動的，當他們注意到一些行為，他們只會留意一些重要線索，而忽視那些不相關的刺激／資料。

(2) 保留：觀察的圖像及資料會儲存起來，成為自己的知識，並作為日後使用。

(3) 製造：儲存圖像會轉化成為適當的行為。

(4) 行動：學習者展示的行為可能與觀察的行為有差異，因為經過內化，才將行為展現出來。

此理論說明環境及學習者認知的重要性，因為學習者是需要評估自己做出該行為的結果的。

2. 社會學習理論對課程發展的影響

由於學習不是單純的抄襲行為，當中需要透過獎勵去推動期望行為。這種獎勵是重複所觀察到之他人相同的行為，所以幼兒教育人員需經常示範一些好榜樣，並展示順應社會的行為，例如：透過分享、助人及合作的

行為，給幼兒觀察後模仿。

3. 社會學習理論在教學與課程發展上的主張

(1)課程：課程要帶有社會價值觀念的訊息，如幼兒需要知道什麼行為是社會接納的、模仿的對象不單只從課本裡找到，也可以是生活裡活生生的真人示範，如老師樹立一個榜樣給幼兒，更可以是故事裡、電影裡，或者是遊戲裡的人物角色。但無論是什麼類型的教材，在選擇時皆應小心審查及選擇，因為它必須展示一個模範給幼兒模仿。

(2)時間：給予足夠時間讓幼兒觀察成人，也要提供時間讓幼兒把行為記下及練習，這樣可確保幼兒能夠切切實實的模仿其行為及技術。幼兒愈多機會接觸某行為，就愈有機會重複該行為。另外，教育人員要把握機會，透過活生生的例子，配合解釋，讓幼兒更能理解成人行為的動機，例如：向幼兒解釋今天不外出遊玩的原因是外面天氣很冷，因為我們不想生病，幼兒從而明白行動背後的原因，將來更懂得決定何時重複此行為。

(3)成人的角色：此派觀點認為教育人員的身教是非常重要的，他們應該時時刻刻表現正向的行為，並對該行為做出正面的評價，例如：為強化分享這個好行為，當教育人員分享他的東西時，應表現樂意態度。如果教育人員與幼兒的關係愈深、關係愈好，幼兒愈有機會重複教育人員的行為。此外，教育人員也需要制定清晰的學習目標，而其行為也應與該目標配合，身體力行教導幼兒。留意平日不自覺的行為，確保只展示合適的行為讓幼兒去模仿。總而言之，此理論認為幼兒毋須刻意接受直接的教授，因為環境便是他們學習的老師。

(4)空間：幼兒的學習環境能提供讓幼兒觀察成人的機會，讓他人成為他們的模仿對象。

(5)內容：學習目標是由成人決定的，所以成人能控制學習內容。此
外，由於成人平日的行為也是幼兒學習的對象，所以學習的內容
間接被成人所控制。

二、學習是從自然的發展與文化之互動所產生的一種變化

建構理論

建構主義（constructivism）之代表人物有瑞士的 J. Piaget（1896-
1980）、前蘇聯的 L. Vygotsky（1896-1934），以及美國的 J. Bruner（1915-
2016），他們強調人類心智的發展與學習是人類主動與環境交互作用的歷
程，認為有效的學習是透過實作，實實在在動手去做，體驗學習的過程及
結果，而非單純依靠閱讀或聽課去學習。Piaget 相信人不是一個被動吸收
知識的個體，人的內在具有主動學習的能力，會不斷尋求新知識，然後再
推論、發掘及總結，最後轉化成為自己的知識；Vygotsky 與 Bruner 一方面
認同個體內在求知的力量，同時也強調外在社會及人際互動環境因素配合
的重要性與關鍵性。學習語言便是一個很好的例子，人出生時已有學習任
何語言的能力，但學習某一特定之語言就需視外在環境的配合。

1. 主要論點

Piaget 以「同化」和「調適」兩種作用來說明認知發展歷程。同化是
將新經驗納入原有的認知結構中，意即以原有的認知結構來協調環境中相
類似的新經驗；在遇到不同於原有認知結構之新情境與新經驗時，會以調
適作用來改變原有的認知結構，而發展出新的認知結構，以適應新經驗和
新環境。換言之，人類學習是透過不斷建構的過程，將新知識不斷建基在
舊知識基礎之上。知識的學習是需要透過個體本身內在思維上的運作，每
一個人均有其獨特之內在地圖或固有基模，幫助我們處理資訊。人類需從
社會裡學習，去建造自己的新知識，同時也需要時間做內在建造，整理自

己的資料。所以學習者需要主動攝取知識，與已有的知識結合及選取，將它們化為自己的知識。

　　Vygotsky相信外在環境在幼兒學習中扮演重要的角色，透過外界的刺激及導引，讓幼兒學習新知識及運用新思想方式。Vygotsky所謂的外在環境，指的是社會性（人際互動）環境，而這種外界環境的刺激往往是透過語言作為媒介來傳導的。Vygotsky又提到在成人適當的指導下，幼兒可以達到更好的發展程度，使內在潛力發展得更好。所以，成人需要先了解幼兒的程度，然後把新知識建構在幼兒已有的知識上，這能使學習發揮至最好狀態，在文化與個體認知的互動下，提升幼兒解決問題的技能，從而刺激其認知發展。

　　Bruner強調幼兒學習一定要透過與外界接觸，從外界與內在認知的互動下產生。比如在生活遇到的難題，運用過往的經驗去嘗試解決，可能成功，也可能失敗，但這新體驗已經儲存起來，對日後成功解決問題的機會已大大提升。總而言之，學習是一個主動的活動，幼兒主動追求知識，不斷嘗試，對於他們來說遊戲便是一個最有效的學習工具。

2. 建構理論對課程發展的影響

　　建構理論相信學習是主動的過程，是幼兒自己主動去經歷這個過程、實驗、接觸及操控他們所處的環境。問題解決及從錯誤中學習是認知發展重要的一環，而內在認知的整理則是學習的關鍵。幼兒教育人員應給予幼兒足夠的時間去探索，從而建立自己的知識庫。提供一個鼓勵思考的環境是重要的，特別是多提出「開放式」的問題，以協助幼兒發展。

3. 建構理論在教學與課程發展上的主張

　　(1)課程：採用實物及多元化的教材，讓幼兒更切實的探索世界，例如：認識水果時，可讓幼兒運用五官去接觸真實的水果，包括看、觸及嗅。

(2)時間：給予幼兒時間去探索實物，不但透過五官去探索該物件，更應鼓勵以不同方法去探索及認識該物件。

(3)成人的角色：教育人員在學習過程中應扮演引導者的角色，引導幼兒探究其身邊的事物，而非單純的知識傳授。由於建構理論相信新知識是建構在舊知識之上，所以教育人員在介紹新知識給幼兒之前，應評估幼兒的程度，確保幼兒有一定的基礎，才教授新的知識；同時，定期進行評估，跟進幼兒的進度，確保課程與幼兒程度配合；採用幼兒為本的學習法，以幼兒的興趣及需要出發，並提供刺激及挑戰幼兒，從而誘發其思考，如發問思考性問題；最後是強調與幼兒一起學習，並非單向式教育，是互動的教育。

(4)空間：幼兒的學習環境應支持自我探索及實物操作機會，學校及教室的環境是鼓勵幼兒去主動發掘身邊的事與物，教育人員只需要在幼兒需要時給予指導。

(5)內容：教學內容重視個人的經驗和科學態度與方法；強調針對個人及個別思想發展而設計，針對幼兒個別的需要來發展相關的課程；重視認知發展過程多於內容知識本身；鼓勵幼兒獨立思考問題，主動追尋答案，而非依靠成人提供的標準答案；在課題選擇方面，應以幼兒為中心，根據他們喜愛而發展課程內容；內容應與幼兒的周遭社會以及生活經驗有關聯；讓幼兒學會從探索解決問題的方法過程中去得到學習；課程內容應該是多元化的；提供幼兒選擇、發掘自己興趣的機會；課程的本質要是跨學科的；重視學科與教材在教學互動中所產生的結果與知識。

心理動力學

　　心理動力學（psychodynamics）之代表人物有奧地利的 S. Freud（1856-1939）、英國的 J. Bowlby（1907-1990），以及德國的 E. Erikson（1902-1994）。此派理論認為喜愛、慾望及情緒具有巨大的力量推動人

去學習，例如：Freud 相信人的喜悅驅使人去滿足基本需要。在喜愛原則下，內在需要驅使人去吃飯、去愛及被愛，從而滿足內在需要。由於人在不同階段有不同的需求，這是個永不止息的感到需要的循環，就會主動去尋求滿足，最後因達到需要而感到滿足。需求的滿足與否引致不同的情緒反應，情緒的發展會觸發其他方面的發展，如認知及社交。此派理論詮釋人的「思想生活」與「感覺生活」之間的互動關係是如何影響幼兒學習的。

1. 主要論點

此理論強調情緒在幼兒學習中扮演重要角色，Freud 相信潛意識與意識構成一股巨大的力量，從而影響性格發展。他認為幼兒早期經驗對其日後的性格有莫大的影響，而將幼兒早期發展分為五個階段，每一個階段均有不同的生理需求需要被滿足。若某階段之成長需求未能滿足，這足以影響其日後與他人的關係及成長構成的影響。此缺憾會影響他的情緒，而情緒會直接影響他的思想及性格的塑造，例如：幼兒在肛門期時，若父母過度控制幼兒的用廁模式，幼兒未能達到自我控制的自主權，此缺憾可能促使其日後對自我決策的能力缺乏信心。

Erikson 則較關注外界在幼兒性格成長時期扮演的角色，認為幼兒透過與外界的接觸完成人生八個成長任務。他將人格發展分為八個階段，每一個階段各有一個中心問題（發展危機），個體在每個階段中所經歷的社會心理與自我的發展結果，可能為正向或負向的。Erikson 提出人格發展的基本假設為：(1)人格發展受到先天決定的發展規則與個體之社會經驗互相作用的影響；(2)每一階段的人格發展都會影響其後各階段的發展及個體的一生。他的發展理論為系統性的，每一個階段皆為下個階段的基礎，必須完成才能導入下一階段的發展。

Erikson 的理論帶出一個重要的概念是：當幼兒能成功完成人生任務後，他便能成為一個可靠的、獨立的及有能力的個體，其健康的情緒生活

促使他的思想生活也健康發展。

2. 心理動力學對課程發展的影響

　　幼兒教育人員須協助幼兒完成不同的成長任務，促使他們的情緒得以健康發展並成為一個獨立的個體，包括：協助幼兒安全的與家庭分開，明白自己是一個獨立的個體；給予幼兒信心及安全感，從而建立他們對人的信任；容許幼兒有某程度上的獨立，如提供選擇機會；鼓勵幼兒探索；容許幼兒自我表達；讚美幼兒的成就。該理論者相信只要提供機會，幼兒是可以正面解決他們內在衝突，從而提高學習能力。與建構理論一樣，心理動力學強調遊戲對幼兒學習的重要性。

3. 心理動力學在教學與課程發展上的主張

(1) 課程：教材能夠容許幼兒進行自由遊戲（free-play），例如：他們可選擇自己喜歡的活動及玩具；幼兒也可以自由的表達自己，例如：透過美術及戲劇方式去抒發自己的情感；教材應該是開放式的，鼓勵多個答案；運用不同的方法去解決問題，從而提升幼兒解決問題的技能。

(2) 時間：時間的安排須以幼兒為本，何時學習或學習多久是由幼兒自己決定，例如：幼兒因為聽了一個同學分享聖誕節做的事，突然對聖誕老人產生興趣，這便是幼兒學習聖誕老人及其他相關資料的好時機。此外，應給予幼兒較長的自由遊玩及探索時間，讓他們探索身邊的事物，且按照幼兒的節奏而安排活動。

(3) 成人的角色：教育人員在教學當中，主要扮演協助者的角色，而幼兒則扮演主導角色；須重視學習過程中的人的因素，以尊重幼兒為出發點，認定幼兒是整個學習活動過程的主體；以幼兒為本為原則，事事考慮幼兒的利益。提供充分的機會讓幼兒自由遊戲及表達情感。

(4)空間：幼兒的學習環境應該支持幼兒在安全的情況下，自由的表達自己及自由的活動。並容許教育人員從旁指導幼兒，毋須提供直接的指引。

(5)內容：教學內容是按幼兒的喜好而設計，如幼兒剛參觀完理髮店，對頭髮產生興趣，於是課題便可圍繞頭髮來討論。

神經科學理論

神經科學理論（neuroscience）之代表人物有 D. Hubel（1926-2013）及 T. Wiesel（1924-），他們專門研究神經網絡的運作，認為人的腦部神經網絡是由先天及後天的交互作用發展而成。早期腦部成長及發展非常迅速，所以早期正面與負面經驗，包括營養及情緒經驗等，皆能影響腦部日後的發展，例如：學習的能力、情緒的控制及疾病等。

1. 主要論點

此理論研究神經系統在生命早期的運作，包括神經形成及重整。腦部早期的發展是涉及神經細胞之間的聯繫，這些聯繫是透過感官系統所獲得的刺激下製造出來的。當多個神經細胞聚集在一起時，在腦部裡的某一個功能便形成。

神經科學理論者認為早期腦部發展是神經細胞之間聯繫的關鍵期（critical period），即在出生後的數年內，若腦部沒有接收足夠的刺激，那麼神經細胞日後難以再聯繫一起，腦部功能因而受到限制。專家就早期刺激對腦部發展的影響，在動物及幼兒身上進行很多實驗和研究，其中一項動物實驗發現，被困在一個充滿刺激的籠子內的老鼠，比起被困在一個非常潔淨及無趣的籠子內的老鼠，會展示較複雜的行為。另有其他研究指出，對於沒有獲得玩樂或者與外界接觸機會的幼兒來說，他們的腦部體積會較同年齡的正常幼兒少 20% 至 30%，這反映早期刺激及經驗對幼兒腦部

發展有莫大的影響。[1]

2. 神經科學理論對課程發展的影響

　　由於神經科學理論重視腦部早期發展及其發展對認知發展的影響，所以非常關注早期教育。幼兒教育人員應多鼓勵幼兒主動發問及探索身邊的事物，一點一滴建立自己的知識及智慧，並讓腦部有全面的發展。此外，由於幼兒早期經驗是關鍵的及獨特的，所以應提供一個正面、關懷、充滿刺激及互愛的健康環境，以有助於幼兒腦部發展；相反的，若幼兒在一個充滿壓力及負面的環境下生活，他的腦部細胞及神經細胞之間的聯繫會相繼減少，從而影響腦部功能的發展。神經科學理論認為幼兒的學習是透過刺激，促使神經細胞之間的聯繫，假如幼兒在關鍵時刻接受足夠的刺激，及其處於正面的環境，幼兒的學習能力會發揮得最好。

3. 神經科學理論在教學與課程發展上的主張

(1)課程：按幼兒腦部的發展而設計，提供刺激從而激發神經細胞之間的聯繫，並傾向選擇幼兒熟悉的東西作為教材。

(2)時間：小心計畫幼兒的學習時間表，並將施予幼兒的壓力減至最少，因壓力會抑制腦部的活動能力。特別是幼兒的早期階段是腦部發展的關鍵時刻，應善用這段時間給予幼兒適當的刺激。

(3)成人的角色：幼兒教育人員應與幼兒建立正向及互信的關係，讓幼兒感到安全及開心，能愉快的學習及吸收知識。在日常生活中，幼兒教育人員應減少向幼兒施予壓力，讓他們輕鬆愉快的學習。幼兒教育人員並應多些與幼兒接觸，和幼兒建立安全及互相信賴的關係，在幼兒的關鍵時刻協助其學習。

1　關鍵期概念已經被敏感期（sensitive period）取代了。換言之，幼兒期的學習在敏感期時的學習效能較高，但不會因為錯過了敏感期，該能力就無法學習了，研究證明：人有終身學習的能力。

(4)空間：幼兒的學習環境應盡量將施予幼兒身上的壓力減至最少，並善用幼兒的關鍵時刻，教室及學校的環境設計提供充分刺激，從而刺激腦部發展。

(5)內容：教學內容是按幼兒腦部發展需要，把握關鍵時刻，提供腦部刺激。

三、學習是從自然的發展與文化互動下所產生的一種轉化

此模式所強調的主張是人可轉化或改變自然及文化，而非單向的受自然或文化所左右。學習是從自然與文化的互動中產生的一種轉化，此乃一個新興的思維。相信人是有能力掌握自然與文化帶來的轉化，人的因素在這個轉化過程中扮演主導的角色，所以即使再小的幼兒也有他們獨特的意見與想法，絕對不能漠視。幼兒在學習過程中，扮演積極及主動的角色，他們有能力去建構自己的智慧，所以在幼兒教育過程中，成人需要帶領幼兒從多元角度思考，培養獨立思考的能力。

社會建構理論及後現代理論

社會建構理論（social constructivism）及後現代理論（postmodern theory）肯定社會文化在學習過程中扮演的角色，強調幼兒有需要理解社會文化的建構，及其對人類思想塑造的影響，並質疑現存的所謂真理／專業看法皆只是權力鬥爭的一個工具，好似當某派別推崇的真理被接納，即代表該派別的支持者擁有權力去決定正確與否，也有能力去影響人的行為。

後現代理論嘗試推翻人類現存一般對世界的看法，而提出新角度去觀看世界，例如：後現代理論者認為科學雖然帶給我們真理，但更大程度上它帶給當權者利益。後現代理論就現代人的世界觀，提出種種的批判及質疑，並主張將這種批判思維引入到課程發展，融入現存的課題當中。其認為幼兒與成人之間差異的原因不是先天的，而是後天文化所造成，這個差

異會隨著地點、時間、性別、種族及來自的社會階層而改變，正因這個不穩定性，要建立一套完全理解幼兒的理論是不可能的。所以，教育人員是不可能依賴專家的建議而了解幼兒及幼兒發展。

社會建構理論者及後現代理論者相信，幼兒有能力理解社會的運作及其影響性，而且他們的智慧能夠提供我們另類思想方法。該派理論學者 Burman（2017）更直指幼兒教育裡經常運用「發展」這一詞來形容幼兒是不恰當的，因為她認為「發展」一詞裡暗示了幼兒是弱者，需要成人的協助，顯示幼兒與成人的不平等地位。建議應該視幼兒為一個「將成為成人」的個體，即擁有與成人同等的權利。

1. 主要論點

社會建構理論者及後現代理論者認為，幼兒發展的研究正是社會文化建構的反映，因為當描述幼兒發展時，正是反映我們對文化的理解角度及偏見。幼兒在不同地方和時期成長，以及他們的性別、種族、階級皆會導致其有不同的發展。所以，當描繪幼兒發展特性時，會發現不同研究背景會得出不同的研究結果。另外，該派理論相信幼兒有建設自己知識的能力，以及貢獻社會資源及生產能力，並不是社會上的負擔。

2. 社會建構理論及後現代理論對課程發展的影響

此理念開關人類的思想領域，特別關注對幼兒的看法及趨向更公義的社會。教育工作者的看法應具多元化、彈性及批判性，從而重新檢視現行的世界觀，開關更多思考的可能性給新一代，培養他們追求一個公平公義的社會。

幼兒在與成人的互動及合作下，建立自己的看法，包括權力的關係。教育工作者應重視幼兒的看法，視其為另類思考的方法，而非是種低等級的看法。

3. 社會建構理論及後現代理論在教學與課程發展上的主張

(1) 課程：課程對幼兒來說是有意思的，宜鼓勵幼兒之間的合作。此外，課程應容許不同思考的可能性及方法；開擴幼兒視野並促進其思考；應加強培養批判的思維。

(2) 時間：時間表是與幼兒一起決定的，因為幼兒的建議應被尊重。時間安排須提供幼兒探索及思考不同解決疑難之可能性的機會。

(3) 成人的角色：幼兒與教育工作者的地位是平等的，並主要以合作模式學習。教育人員著重以對話形式啟發幼兒思考，鼓勵幼兒用不同的方式探索世界；非常重視幼兒的看法，鼓勵多向思維式的思考。

(4) 空間：幼兒的學習環境應容許以不同的方法去探索及看世界，如提供不同的工具去探索石頭的特性；鼓勵合作學習法，像是有足夠的地方能容納一整個大班級的學生共同創作。

(5) 內容：課程的內容應是由幼兒與成人一起決定的。探討的課題相當廣泛，甚至社會公義及平等問題也應列入課程之內；內容應該是多元化，提供不同及多元角度讓幼兒認識、看這個世界的機會。

第四節　課程發展的知識論基礎

課程發展時會涉及與知識有關的問題包括：

1. 知識是客觀存在的通則、原理還是一種相對性的觀點：如果知識是客觀存在的通則、原理，課程就會強調經典著作、基本學科的重要性；如果主張知識是種相對性的觀點，課程內容就會強調與生活經驗有關聯的學習如何學習等能力的培養。這個問題在哲學基礎部分有涉及到，此處就不再贅言。

2. 知識是否可以分化成許多各自獨立之邏輯類別的觀點：關於知識
   是否可以分化、分類的看法對教育界處理課程／教學的方式是會
   有影響的，例如：Gagné 等人提過的：

……敘述性知識以命題、心象、時間序列和基模來呈現；它代表了
事件本身的知識；且是靜態的；可以被快速習得的；且因此可以較
容易地被修正。相反地，程序性知識則是以生產法則來呈現；它代
表了如何做事情的知識；是動態的；它的習得速率通常較緩慢、需
要時間與練習；同時它一旦自動化，便很難再去修正了。（轉引自
岳修平譯，1998，頁 155-156）

　　筆者用以下的例子說明知識分類的需要性：如果將知識分成敘述性知
識和程序性知識兩類，因為它們性質上的差別，在課程發展時，目標的設
定會影響內容的選擇與教學方法的決定。比如：要學習做起士蛋糕，針對
要用哪些工具、準備哪些材料、單位如何換算等敘述性知識的教學，與針
對做蛋糕之步驟的程序性知識教法會不一樣的。

　　分析知識是否可以分化、分類的看法會陷入太理論性的探究。筆者認
為：將知識分類有助於課程內容與教學方法的選擇與決定，只要不要將學
習內容分化得太細、將知識分成太多類別，則以能達到提綱挈領的功能為
指標，要做到避免因人為的分化、分類導致變成支離破碎的知識即可。這
表示我個人在發展課程時是會運用分類方式，將知識做大塊狀的方式分
類，依據知識性質上的特性去找合宜的教學方法。

　　知識分類就是根據特定的需要和標準，透過比較，把人類的全部知識
按照相同、相異、相關等屬性劃分成為不同類別的知識體系，以此顯示其
在知識整體中的應有位置和相互關係。知識分類的方式很多，可以從知識
的效用、研究對象、知識屬性、知識型態等方式分類（MBA 智庫百科，
2020/10/30）。教育領域裡常見的分類如：將知識分成程序性知識（know-
how 的知識）、敘述性知識（know-what 的知識）、因果性知識（know-

why 的知識）、情境性知識（know-when 的知識）、關係性知識（know-with 的知識）；內隱知識與外顯知識；Piaget 提出的物理知識、數學邏輯知識與社會成規知識（轉引自高敬文、幸曼玲等譯，1999）。不同的知識類別涵蓋的知識特性不同，課程發展時的考量就會不同。

討｜論｜與｜分｜享

1. 了解哲學對課程發展的意義性，並省思、分享自己偏向哪個哲學派典？為什麼？
2. 了解社會學對課程發展的意義性，並舉實例來呼應本章中所傳遞的意念。
3. 了解心理學對課程發展的意義性，並舉實例來呼應本章中所傳遞的意念。
4. 請分享課程發展過程裡，知識是否需要透過分類方式來設計？為什麼需要或是不需要？
5. 請三人一組討論：實際的課程是否可能結合兩種以上的哲學觀點去設計，為什麼可以？或為什麼不可以？
6. 請三人一組討論、分享、反思彼此對 Wiles 與 Bondi（2014）提到的課程發展所涉及的十五個面向之看法。
7. 請從社會學角度來分析、說明，為什麼現在的幼兒園課程內容應該有環保教育、性別教育、倫理教育、多元文化教育等議題的內容。
8. 請以小組方式分享、討論、反思自己對學習心理學三個派典（Naughton, 2003）的看法，以及提出可能適用的時機。

CHAPTER

5

課程發展階段一：
課程設計階段

本章大綱

設計階段有兩項主要的工作：一是課程目的、目標的決定；二是課程架構之設計。

先選擇課程模式／取向（如方案式課程、遊戲課程、蒙特梭利課程、華德福課程、教科書課程、高瞻課程、IB 課程等課程模式／課程取向的體系），這些課程模式／取向都有其課程及課程發展源流，經過數十年時間獲得現場考驗存留下來的，均具有基本的教育觀、課程與教學觀、兒童觀、兒童發展觀。完全自創課程體系的學校，其教育品質是不是比直接運用某課程模式的系統來得好？是件值得思考與驗證的事。時至今日，自創課程體系是最好的做法，仍是一個未經驗證的信念；強調自創課程體系才能提供客製化的課程，才是一個符合個別化教育理念之做法的本身，也是一種信念。若成為學界、政府宣傳裡的唯一指標與追求時，課程發展與課程的多元性及活潑性就會失去發展的機會了。如果幼兒園決定的結果是完全的自創課程體系，就應該先確立自己園所或學校對教育、課程／教學、學習、發展等議題有一致性的信念後，才進入到下一步──課程發展模式／取向的選擇，可以直接參考第三章介紹的類型去選擇、執行，然後選擇課程發展取向，接著基於上述的決定（信念、主張）進行下面的步驟。以下各步驟都不是獨立存在的，都要與原本課程模式／自創課程的理念相呼應。

第一節　課程目的、目標的決定

一、目的與目標間的區別

在各個領域中，「目的」（goals）是指導該活動或是方案的最高準則，也可稱為是「宗旨」，它提供了整體方案之設計、實施及評鑑的方向。一般而言，目的通常反映了提出者的哲學立場，並在哲學與信念的基礎下，往下發展出不同層次的目標（objectives），例如：課程目標、教學

目標、活動目標。在教育領域中，課程目的與課程目標的具體化程度亦有所不同。Zais（1976；引自黃政傑，1991）認為，「課程目的」（curriculum goals）指的是學校教育的結果，可以代表某一個學校或整個學校系統的目的。「課程目的」要靠長遠的時間才能達成，並非是在教室中以數日或數個月即可評估而得的，例如：培養學生閱讀的興趣；課程目標（curriculum objectives）指的是教室裡平日教學的結果，可以在每日或是短時間運作的課程中評估到是否達成成果，例如：學生能重述聽過的故事內容。Gordon 等人（2018）認為，「課程目的」是以通則的方式所描述的一種課程意圖或是課程結局（end），沒有具體準則，是課程設計者期望學生在學校系統中所實現的最終目的；而「課程目標」則是以特殊、可測量的方式所描述的課程意圖或是課程結局。表 5-1 是課程目的與課程目標的範例，課程目標由課程目的而來，它更具體的解釋了課程目的，並且以可被測量、被觀察的指標描述之。

表 5-1　課程目的與課程目標範例表

	學者	課程目的	課程目標
定義	Zais（1976）	學校教育的結果，可以代表某一個學校或整個學校系統的目的。課程目的是長遠的，並非是在教室中短時間內可以立即評估出成果。	教室教學的結果，可以在每日運作的課程中被發現，能評估出預期成果達成與否。
	Gordon 等人（2018）	以通則的方式所描述的一種課程意圖或是課程結局，沒有具體準則，是課程設計者期望學生在學校系統中所實現的最終目的。	以特殊、可測量的方式所描述的課程意圖或是課程結局。
範例		學生能展現出對家庭、學校和社區的責任感。	90%的學生能夠主動協助父母完成家事。
			80%的學生皆樂於參與學校各項活動。
			70%的學生能夠為社區服務做出貢獻。

　　目的與目標在功能和範圍雖有差異，但在本質上卻沒有不同，其最終任務皆是體現最高宗旨，也就是教育目的。不同層次的目的彼此間乃是連續、延展、互有關聯的，並非單獨、片斷存在的，要達到高層次的目標，必須先達到低層次的目標（如圖 5-1 所示）。

圖 5-1　不同層次目的與目標之關係圖

資料來源：Gordon 等人（2018）

二、總目的之來源與決定

　　基本上，總目的之來源是受社會發展的需求與趨勢、政治氛圍，以及當時之哲學思潮所影響而產生。第二章第三節「課程發展決策的項目」下的「一、目標」以及第三章第一節裡對於總目的之來源均有陳述，可以回頭參看。在臺灣，幼兒教育總目的主要應該是參考 2016 年教育部修正發布的「幼兒園教保活動課程大綱」，惟「幼兒園教保活動課程大綱」是從 2006 年開始承接教育部專案，歷時十餘年針對幼兒發展進行實證研究後，透過諮詢、協商會議，訂定出課程目標與學習指標（幸曼玲等人，2018a，2018b），雖然過程裡有透過諮詢、協商會議，但該課程目標與學習指標

是以認知發展心理學為框架、主軸設計之研究下的產品，「幼兒園教保活動課程大綱」裡的課程目標與學習指標偏向認知發展心理學的特性，自然是可以理解的。

第二節　課程架構的設計

當課程發展人員設計課程架構時，需要考慮以下幾項問題。

一、學校的時間表是什麼樣貌？課程結構是否配合學校的時間表？

課程指的是在一個固定時間裡面安排的學習內容，所以課程有兩個重要元素：時間及內容。在學校裡，時間是以一日、一週課表方式運作的，不同時間安排不同的活動。活動時間的分配與安排是課程發展的關鍵工作，因為投入時間的多寡，會直接影響內容的範疇及呈現的順序。一般而言，學校課程設計的時間表，除了第二章第三節「課程發展決策的項目」提到的資訊外，還需要考量以下幾項因素。

（一）對學生發展的觀點

不同的課程會有其各自的教育信念，對於學生發展與學習觀點有不同的主張，因此其展現在課程時間以及課程內容上的安排，便有所不同。基本上，每一堂課時間長度的安排有兩種觀點：一派是認為幼兒的注意力能維持的長度為 20 至 40 分鐘左右，因此每一堂課的時間以不超過 40 分鐘為宜；另一派的觀點是只要學生感興趣的活動，其專注力是不會受到 20 至 40 分鐘的限制。同時，有的課程雖是大時段時間的安排，但在該時段裡，學生所從事的活動不是只有一個活動，而是由學生決定、選擇且從事相關之學習活動，因此主張課堂時間上的安排不應切割得太細。學前階段常見之課時時間的安排方式有：

1. 短時段式的時間安排

這類型之課程特性是老師擁有較大的決定權，課程性質較結構性，老師在每一個時段應完成的教學內容通常較為固定，常見的是 3 歲班集體教學時間以 10～15 分鐘、4 歲班集體教學時間以 20～25 分鐘、5 歲班集體教學時間以 30～35 分鐘為設計內容量的原則。常見的課程模式／取向有：

(1) 分科式的課程時間：主張應將學習內容分成不同的科目學習，在時間的安排上，認為學生注意力集中的時間不會超過 25～40 分鐘，因此上課時間的切割就以 25～40 分鐘為單位，課程內容常以分科（例如：語文、數學、音樂、自然科學等）的方式呈現，可參表 5-2a 或表 5-2b 的例子。

表 5-2a　分科式的課程時間安排表案例之一

時間	活動內容
08:00～08:30	自由探索時間
08:30～09:00	晨操
09:00～09:40	各科學習活動（語文、常識、數學）
09:40～10:10	點心時間
10:10～10:40	戶外活動＆自由探索時間
10:40～11:20	重點教學（自然科學、唱遊）
11:20～14:00	午餐＆午休時間
14:00～14:30	整理儀容＆戶外活動
14:30～15:00	角落教學
15:00～15:30	戶外活動＆自由探索時間
15:30～15:45	點心時間
15:45～16:00	玩具分享＆幼兒放學

表 5-2b　分科式的課程時間安排表案例之二

時間 ＼ 活動內容	半日作息		
	第一組	第二組	第三組
09:00～09:10	非結構性活動		
09:10～09:30	語文	算術	閱讀
09:30～10:00	點心時間		
10:00～10:20	算術	閱讀	語文
10:20～10:40	半結構性活動		
10:40～11:00	閱讀	語文	算術

(2)華德福的課程時間：華德福課程的內容包含了歌唱、水彩畫、蜜蠟捏塑、手工、故事、創意遊戲等，課程時間的安排由早上入園的晨頌開始，以30分鐘為單位安排一日的課程，表5-3為其例子。

表 5-3　華德福的課程時間安排表

時間	一日作息				
08:00～09:30	入園＆戶外創意遊戲				
09:30～10:00	晨頌				
10:00～10:30	早點心				
10:30～11:00	水彩畫	蜜蠟捏塑	歌謠	烹飪／手工	歌謠
11:00～11:40	創意遊戲				
11:40～12:00	故事				
12:00～15:00	午餐與午睡				
15:00～15:30	下午點心				
15:30～16:00	戲劇		布偶戲		創意遊戲
16:00～17:30	放學／戶外創意遊戲				

(3)高瞻的課程時間：高瞻課程以「主動學習」為教學設計核心，主要的目標在培養學生上小學應有的認知能力。教育的內容包含了十大類：創造性心象、語言和文學、社會關係、運動、音樂、分

類、序列、數、空間、時間。課程時間的安排依活動形式，大致
分為以下幾類（可參表 5-4 之例子）：

①計畫—工作—回想時間：乃一天活動中最長的時段。主要是由
　幼兒思考當天欲進行的事情，擬定計畫並與老師討論精進與澄
　清，將欲完成的工作目標具體化。時間約 1 個小時。

②小團體時間：將幼兒分為 5～10 人，安排讓幼兒透過實務操作
　解決問題的活動。時間約 40 分鐘。

③大團體時間：成人與幼兒一同進行活動，例如：唱歌、律動、
　故事、遊戲等。時間約 20～30 分鐘。

④戶外時間：大肌肉活動。

⑤轉接時間：點心、午餐、休息時間。

表 5-4　高瞻課程時間安排表

時間	一日作息
08:00～09:00	早餐＆自由活動
09:00～09:30	大團體時間
09:30～10:30	計畫—工作—回想時間
10:30～11:00	戶外活動＆點心時間
11:00～11:40	小團體時間
11:40～12:00	大團體時間
12:00～13:00	午餐
13:00～14:30	唱歌＆閱讀＆休息時間
14:30～15:30	點心＆戶外時間
15:00～16:00	故事＆團體時間
16:00～	放學＆和父母計畫—工作—回想時間

2. 大時段式的時間安排

　　這類型之課程特性是學生擁有較充分的學習選擇機會，在這段時間裡，學習什麼是可以在該課程架構中自由選擇的。這種自由度對學生而言，並不是 2～3 小時都只做一件事，他們會依自己興趣轉換學習工作。常見的課程模式如下：

(1)蒙特梭利課程：蒙氏課程主張發展兒童內在主動學習的動力與潛力，一旦學生培養出興趣時，其工作時間是不宜隨便打擾的，因此在時間的安排上是以「大時段」方式規劃，時間的安排是以 2.5～3 個小時作為一個區段，課程內容以蒙氏教具之學習與操作為主，表 5-5 為此類型之例子。

表 5-5　蒙特梭利課程時間安排表

時間	一日作息
08:00～11:00	入園、自由探索、蒙氏教具示範與操作
11:00～11:30	討論＆分享
11:30～14:00	午餐＆午休
14:00～14:30	戶外活動
14:30～16:00	藝術課程＆蒙氏單元活動、自由工作時間
16:00～17:00	綜合活動（玩具分享、故事時間）

(2)方案課程（project-based curriculum）：方案課程是一種目標導向的課程模式，其終極目的在於「解決問題」，培養學生解決問題的能力（簡楚瑛，2016）。在課程安排上，方案教學強調的是「步驟性」的學習過程，由「做中學」以達「培養解決問題能力」的目標。所以，在時間的安排上，方案課程有較大的彈性，一個方案有時可能持續一整個學期，有時則為一週、一個月便結束。在每日作息安排上，則多以一個時間區段為單位（如 2～3 小時），

主要是避免讓師生因為過於片斷的時間安排，影響了解決問題時的思考以及工作，讓師生能在充裕的時間中，有足夠彈性發展與探索問題之活動的進行，可參表 5-6 的例子。

表 5-6 方案課程時間安排表

時間	一日作息
07:40～08:30	入園＆角落探索
08:30～09:20	主題團討、說故事、生活常規、生活分享
09:20～09:40	點心
09:40～11:30	主題探索活動
11:30～11:45	收拾整理＆戶外活動
11:45～14:30	午餐＆午休
14:30～15:00	點心
15:00～15:40	律動／體能／音樂遊戲
15:40～	放學

(3) 河濱街課程（Bank Street approach）：河濱街課程認為，教育的目的在開展自我的表現，主張課程應體現「提升能力」、「獨立個體的認同」、「社會化」、「創造力」、「統整性」等五個主要教育目標。河濱街課程模式重視讓幼兒能有接觸不同活動的可能性，因此，強調提供具不同功能的角落活動是其一大特色。在時間的安排上，河濱街課程每天的作息都有一定的順序，目的是為了讓幼兒有秩序的感覺，表 5-7 為其典型的時間安排方式。

表 5-7　河濱街課程時間安排表

時間	一日作息
08:30～09:00	抵達／集會
09:00～10:00	遊樂場
10:00～10:15	討論
10:15～10:30	點心
10:30～12:15	單元活動（工作、體能、美勞等）＆角落活動
12:15～12:45	午餐
12:45～13:30	休息
13:30～14:30	戶外活動＆角落＆分組工作
14:30～14:45	故事時間
14:45～15:00	放學

（二）學校行政（行事曆）

　　學校除了教學活動的進行之外，尚有不同行政單位在進行不同的活動，例如：許多學校將週三下午訂為教師研習的時間，因此有的學校週三下午是不上課的，或是安排助理老師或科任老師的課程。此外，像是開學、畢業典禮、寒暑假前後、戶外教學等這些固定或非特定的活動，因關乎課程進行的開始與結束、資源的安排等，都須考量在課程設計的時間安排中。

（三）季節、特殊節日

　　課程內容包含不同的主題，如何安排這些主題？每個主題需要安排多久？季節（春、夏、秋、冬）和特殊節日可以是影響因素之一，例如：與水相關的主題較適合安排在夏季；與昆蟲和大自然相關的主題便可安排在春、夏季較合適；聖誕節相關活動安排在 12 月；春節可安排在 1 月或 2 月附近較合適。表 5-8 是可供參考的案例。

表 5-8　一學年課程之季節、特殊假日與學校行政搭配案例表

月份	主題	季節配合	節日配合	學校行政
9 月	學校		教師節	開學
10 月	自我認知	秋	重陽節、中秋節、國慶日	
11 月	家庭		感恩節	
12 月	交通		聖誕節、元旦	
1、2 月	飲食	冬	春節、元宵節	
3 月	健康生活		植樹節、婦女節	
4 月	安全	春	兒童節	
5 月	動物		母親節、勞動節	
6 月	科技	夏	端午節	
7 月	環保／幼小銜接		畢業典禮	暑假

（四）人力分配

　　在課程設計的時間安排上，尚須考量「人力」的分配，例如：活動若接近上午入園或下午放學時間，由於教師可能需要處理接送幼兒、物品整理的事情，便不宜安排需要主教老師負責的活動。另外，通常幼兒園每學期的開學期間，多是園內教師異動、不穩定的時間，此時在課程的安排上，讓幼兒及教師以熟悉的環境與班級的主題是較為適宜的。

二、課程時間架構的最小範圍是什麼？

　　課程設計之架構是以年齡（分齡、混齡）、學期、月、主題，還是一堂課為最小之設計範圍？課程架構有不同層級的架構，最小的架構到整體的架構間的銜接性需要透過討論與協調處理，架構層級愈高就愈需要協調、合作，以及討論的時間。如圖 5-2 所示。

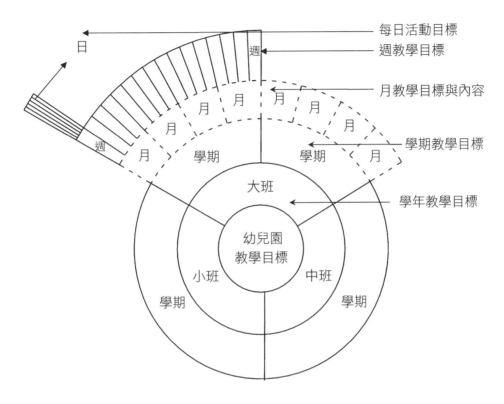

圖 5-2　課程時間架構以單元為例圖

　　以單元課程為例，時間架構多以一週一個單元進行教學活動設計；而方案課程的時間架構便有著較大的彈性，可能是一個學期、一個月或一週進行一個方案。

三、課程架構是明確分科／分領域式的？或是統整式的？

　　通常學前和國小低年級的課程多是以跨學科的方式組織課程內容，國小高年級的課程多較以分科／分領域方式發展，幼教領域則是兩種都有，說明如下。

（一）分科／分領域式的課程架構

　　筆者以圖 5-3（以 2016 年公布之「幼兒園教保活動課程大綱」為例）說明，分領域式的課程架構將課程分為身體動作與健康、認知、語文、社會、情緒、美感等六大領域範疇，每個範疇又包含了該學科所包含的各項學習內容。圖 5-4 則是分領域式課程架構的實際應用範例。

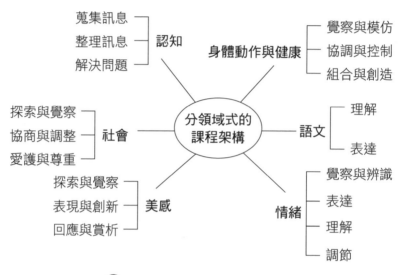

圖 5-3　分領域式的課程架構圖
資料來源：幸曼玲等人（2015）

（二）統整式的課程架構

　　圖 5-5 為統整式的課程架構範例〔架構是以香港教育局（2017）的《幼稚園教育課程指引》以及中華人民共和國教育部（2012）的「3～6 歲兒童學習與發展指南」為本〕，課程分為知（範疇知識）、情（價值觀與態度）、意（基本能力）三個部分，學習者能透過課程，統合此三大部分的知能。

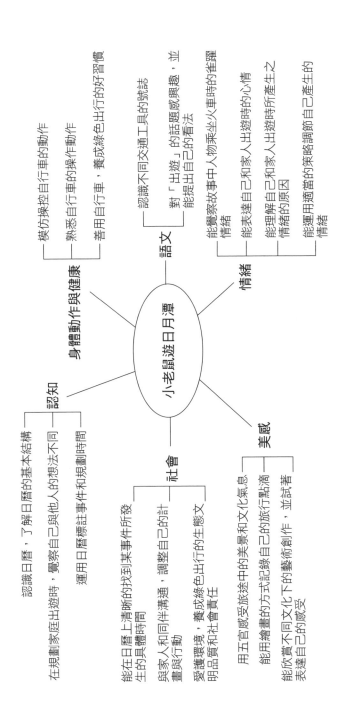

認識日曆，了解日曆的基本結構

在規劃家庭出遊時，覺察自己與他人的想法不同

運用日曆標註事件和規劃時間

認知

模仿操控自行車的動作

熟悉自行車的操作動作

善用自行車，養成綠色出行的好習慣

身體動作與健康

認識不同交通工具的號誌

對「出遊」的話題感興趣，並能提出自己的看法

語文

能覺察故事中人物乘坐火車時的雀躍情緒

能表達自己和家人出遊時的心情

能理解自己和家人出遊時所產生之情緒的原因

能運用適當的策略調節自己產生的情緒

情緒

小老鼠遊日月潭

美感

用五官感受旅途中的美景和文化氣息

能用繪畫的方式記錄自己的旅行點滴

能欣賞不同文化下的藝術創作，並試著表達自己的感受

社會

能在日曆上清晰的找到某事件所發生的具體時間

與家人和同伴溝通，調整自己的計畫與行動

愛護環境，養成綠色出行的生態文明品質和社會責任

圖 5-4　分領域式的課程架構應用範例

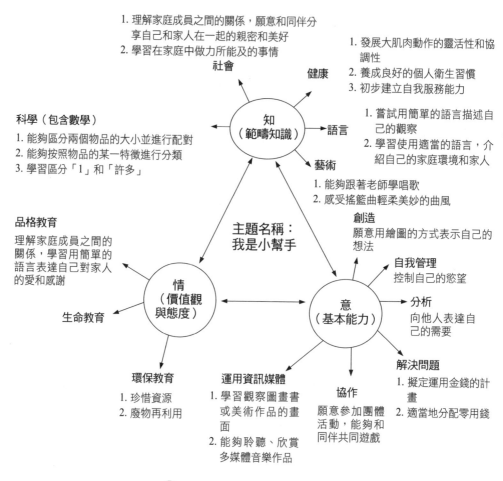

1. 理解家庭成員之間的關係，願意和同伴分享自己和家人在一起的親密和美好
2. 學習在家庭中做力所能及的事情

社會

健康
1. 發展大肌肉動作的靈活性和協調性
2. 養成良好的個人衛生習慣
3. 初步建立自我服務能力

科學（包含數學）
1. 能夠區分兩個物品的大小並進行配對
2. 能夠按照物品的某一特徵進行分類
3. 學習區分「1」和「許多」

知
（範疇知識）

語言
1. 嘗試用簡單的語言描述自己的觀察
2. 學習使用適當的語言，介紹自己的家庭環境和家人

藝術
1. 能夠跟著老師學唱歌
2. 感受搖籃曲輕柔美妙的曲風

品格教育
理解家庭成員之間的關係，學習用簡單的語言表達自己對家人的愛和感謝

主題名稱：
我是小幫手

創造
願意用繪圖的方式表示自己的想法

自我管理
控制自己的慾望

情
（價值觀與態度）

意
（基本能力）

分析
向他人表達自己的需要

生命教育

環保教育
1. 珍惜資源
2. 廢物再利用

運用資訊媒體
1. 學習觀察圖畫書或美術作品的畫面
2. 能夠聆聽、欣賞多媒體音樂作品

協作
願意參加團體活動，能夠和同伴共同遊戲

解決問題
1. 擬定運用金錢的計畫
2. 適當地分配零用錢

圖 5-5　統整式的課程範例圖

資料來源：簡楚瑛、歐陽遠編著（2018）

四、需思考敘寫課程架構時所使用表述的語言

課程設計牽涉兩個問題在內——應該教什麼和如何教的問題。「教什麼」是課程發展時所處理的課程綱要、目的及課程內容、評量等問題。

「如何教」的問題，雖然在課程發展時會將教學方法具體的或是概念性、原則性的提示，但在教室裡，老師就是教學的主要決策者，可以用不同的教學方法去達成目標，比如就「從故事中找出大意」這個目標來說，老師甲可以用講述的方式教導學生學習找重點的技巧；老師乙可以教學生先理解課文，然後要求學生聽完文章後做練習。同樣一個教學目標，但不同老師的教學策略會有很大的分別。所以，課程發展不僅應將「教什麼」寫出來，對於「如何教」的問題，也要思考如何表述出來，既可供老師教學時之參考，又不會限制住老師的教學專業性與自主權。

五、哪些是主學習？哪些是副學習？

為了配合教育目的與發展目標，每一個課程的重點內涵都不會「只能」達到某一特定的目的／目標，在課程設計階段應將主學習和副學習之目的、內容標示清楚。當時間有限時，就可以將焦點多放在主學習上。

六、課程內容與目標間的符合性？

研究證明，課程的內容與標準和目標的符合性，是預測學生學習成就之最佳指標。課程發展人員需發展不同的策略去提高課程內容與目標間的符合程度，以及老師教學時與目標間的符合性。以圖 5-6 為例，課程、教學和評量彼此間應該是互相呼應的。

七、評量扮演什麼角色？

評量在課程發展中扮演重要的角色，它提供課程發展一個參考指標，亦能反映學生的學習成果。在課程發展之設計階段，必須思考要不要設計評量工具，而評量工具的功能主要是用來評量學生的學習成果？學生學習的困難點？學習成果與目標間的差距？還是要用來了解學生間的差異程度？這些都是在設計課程架構時要思考的問題。

```
┌─────────────────────────────────────────┐
│ 培養學生良好的習慣、正確的態度、遊戲與解      │──→ 課程總目標
│ 難的能力、豐富生活上需要的知識                │
└─────────────────────────────────────────┘
                  ↕
┌─────────────────────────────────────────┐
│ 1. 培養主動學習、探索的精神                    │
│ 2. 掌握基本生活知能                           │──→ 年級目標
│ 3. 思考創意的解難方法                         │
└─────────────────────────────────────────┘
                  ↕
┌─────────────────────────────────────────┐
│ 1. 改變食物的樣子和味道                        │
│ 2. 用有趣的方法認識食物，從而喜歡上這些         │
│    食物                                      │──→ 主題：「飲食」
│ 3. 了解食物的營養價值，用含有同樣營養價            之學習目標
│    值的食物代替不喜歡的食物                    │
└─────────────────────────────────────────┘
                  ↕
┌─────────────────────────────────────────┐
│ 1. 了解「避免挑食」的好方法                     │
│ 2. 了解不同的食物生長在不同的地方                │──→ 活動目標
│ 3. 認識蔬菜、水果、肉、蛋、主食等食物的          │
│    種類                                      │
└─────────────────────────────────────────┘
                  ↕
┌─────────────────────────────────────────┐
│ 1. 對不喜歡的食物，會嘗試用不同的方法讓          │
│    自己接受                                   │
│ 2. 了解食物的來源與生長地，並對大自然和          │──→ 評量目標
│    農人懷有感恩之情                            │
│ 3. 能將食物按照種類分類，並評估自己飲食          │
│    的均衡性                                   │
└─────────────────────────────────────────┘
```

圖 5-6　課程各層次之目標範例圖

八、發展小組撰寫課程前後應思考的問題

　　發展小組是撰寫及推動課程的關鍵人物，考慮的問題包括：由誰來撰寫課程？在課程撰寫中會花多少時間？課程撰寫完成後，如何推動（即師資在職進修內容與此套課程間的連結設計）？筆者在為香港與中國設計、發展教材時（簡楚瑛、黃潔薇編著，2018；簡楚瑛、歐陽遠編著，2018），選擇參與的撰寫者經驗是：對沒有參與過教材撰寫經驗的老師而言，有 5 年左右教學經驗的現場老師，會比 15 年經驗以上之老師更適合參與團隊合作的撰寫工作；對有參與過教材撰寫經驗的老師而言，只要具有多元教育理念與觀點，且在撰寫過程裡具有接納主編整體規劃、設計背後理念的老師，就適合參與編寫工作。發展寫作團隊的每一位成員在寫作過程裡，都需要協調遵行該套教材所秉持的信念、寫作策略與工作流程，如此發展出來的課程才具有一體性。

九、如何推動發展出來的課程？

　　每一套課程都有該套課程強調的理念、教學策略，因此當課程推出時，必須搭配有持續性的教師培訓工作，讓使用者對該課程之理念與做法有清晰的概念與可遵循的教學做法。

十、如何督導課程的推行？

　　誰負責監督課程的實施？校長、行政人員、顧問，還是評鑑委員？這些督導人員也需要有督導前的培訓工作。另外，時間也是重要因素，隔多久需進行一次督導工作？每日、每週還是每月？如果有人沒有依照建議改進，應該如何處理？這些相關問題都是在設計之初就要設計、發展出來的內容。

十一、需要多久做一次課程檢討？

　　一般來說，國家層級的課程架構每隔十年左右應檢討一次，例如：香港教育局的《學前教育課程指引》於 2006 年出版，到了 2017 年做了檢討後的微修，定名為《幼稚園教育課程指引》，其時間長度大約是符合理論上提倡的與實務上的需要。學校層級應該每三至五年檢討一次，這就是為什麼香港教育出版社大約每五年會修訂新的教科書版本或是出版全新編寫的教材版本。教室層級應該每學期到每年檢討一次。

十二、政策如何支持課程？

　　一個成功的課程需要有好的政策去支援，例如：家長相當重視在課程中安排讀、寫、算的活動，但政策及教師卻希望依據學生興趣、身心發展和社會發展趨勢，作為課程設計的主要考量；此時，家長的動力、校方以及政府對於課程政策的擬定與決策都會影響課程推動的效果。所以，政策的擬定不僅提供學校課程未來發展的參考方向，更是對課程推動的支持。若缺乏合宜之政策作為課程的有力後盾，所有課程的設計與推行將無所適從並缺乏效能，例如：宣崇慧（2014）以及簡淑真（2010）的研究都指出，學前階段幼兒注音解碼能力與其國小一到二年級時的識字有顯著相關，也有實驗證明對弱勢幼兒而言，大班時學會注音符號，可預防其後期讀寫學習的失敗。美國國家早期讀寫委員會（National Early Literacy Panel）2008 年曾回顧過去數十年的實證研究指出，學前階段聲韻覺知的學習，對幼兒入小學後的閱讀具有顯著的影響力。但臺灣政府的政策至今仍禁止幼兒學習注音符號，現行「幼兒園教保活動課程大綱」裡以及幼教師資培育課程也沒有培養幼兒園老師注音符號教學相關知能的目標，因此學習注音符號對弱勢幼兒特別有利的事實，因為得不到政府政策面的支持，及早協助弱勢幼兒預防學習問題的相關課程就無法實施。由此可見政策面支持的影響力。是否應該在幼兒園時學習注音符號，偏於哲學或是實際需要之

信念的問題、是教學方法的問題、是幼兒園將學習注音符號分量放得太重的問題，不是幼兒園階段幼兒不應該學習的問題；注音符號是個工具，是一個幫助學生學習如何學習的工具，學生要先學會工具才能進行真正的學習。有時候政策的規劃，是需要給學習者／家長有選擇的選項，不宜以地位權威（政府）與專業權威（學界）的角色做出全權決議的事。

第三節　課程發展之順序

發展一個平衡性之課程是有步驟性的，這部分的工作，除了參考以下五個步驟外，建議也可以與第三章提到的幾個課程發展模式／取向的步驟整合後運用。

一、課程的描述

一套教室層級裡的課程，包括以下三個不同層次（Squires, 2005）。

（一）課／主題／科目

統整式課程是以課或主題（course）為單位；分科式課程是以科目／領域為單位，課／主題／科目下有數個單元，每個單元下有數個到數十個學習活動的設計。這樣的層次概念，可以運用到不同課程模式／取向裡。

（二）單元

組織時間及課程內容的方法之一，以單元（unit）的方式為之。單元方式在刻板印象上是：設定課堂開始及結束時間、活動內容及測驗時間表，老師只需依照單元計畫去教學。事實上，它是可以由老師依學習內容來設定時間的，也可以先設定時間長度後來決定內容的。「單元」本身是個中性的詞彙，不代表是傳統或是開放教育的理念在內，它是組織學習內容的一種方式而已。

（三）教學／學習活動

一個完整課程的靈魂是教學／學習活動（significant tasks），透過一個個的教學／學習活動去達到單元的教學目標和教育總目標。老師可依課程發展原則，來決定活動內容的選擇以及實施時的優先順序。學習活動的評估工作是強調學生的表現，老師應把注意力放在學生達到學習目標的學習能力，觀察他們能否進行該學習活動，而非只關心需要教多少學習的內容、是否完全按照時間規劃進度推進、是否完全符合事先規劃好的學習標準而已。教學／學習活動在課程中扮演非常重要的角色，它結合了課程宗旨、綱要、教學目標及教學程序，使課程得以具體實踐。

教學活動設計包含下列特性：

1. 教學以「活動」為單位，每個活動讓老師在最短時間內知道學生在單元裡應學習之最重要知識：課程綱要只能提供一個粗略的指引，並沒有列出該如何寫教學計畫，或是如何進行教學活動。當教學活動依據課程綱要、課程目標被具體寫出時，便成為教師具體的教學行動指引，讓教師在最短的時間內了解學生應學到之重要知識內涵。

2. 20～30 個教學活動便足以描繪學生在該主題（或單元）裡的重要學習內容：一般來說，教學活動的數量是受到教學主題所進行的時間（如一個月一個主題）及課堂時間（如 25 分鐘、30 分鐘、40 分鐘不等）所影響。通常一個主題／單元如果以一個月為實施的時間單位，則 20～30 個教學活動（一天一個活動設計）就可將所欲達到的教學目標涵蓋進去。

3. 教師應該藉由教學活動落實課程目標，學生可透過具備程序性、周延性、銜接性等有計畫的活動的累積得到學習：教師應選擇能符合教學程序又能達到課程綱要與課程目標的教學活動，以確保教學目標的達成及教學品質的維持或提升。一套完整的、合宜的

課程應能有系統的整合課程之不同範疇及順序，協助老師達到課程目標，落實教育理念。

4. 教師可運用專業知能設計教學計畫，教學活動是教學計畫裡的核心：以下就一個單元，展示不同的教學計畫方式，每個計畫安排之教學活動的次序不一定需一致。圖 5-7 是展示三個單元教學活動安排次序的可能性，三條橫條代表三個單元。

(1) 圖 5-7a 顯示，教師在進行教學活動前，先有 2～3 天的單元準備時間，教師可先讓學習者在準備期先具有學習該單元應有的能力與相關經驗，準備期後，再將教學活動依順序排列，先完成第一個教學活動，然後再用同樣的方法教授第二個、第三個教學活動，而後面的教學活動與前面的教學活動是彼此具關聯性，每個活動前皆有幾天的準備期，是此類型課程安排的特色。

(2) 圖 5-7b 顯示，將教學活動安排在單元的最後部分，前面可花很長的時間預備學生學習該單元所需的知能，最後再一起上三個活動。通常此類型的教學活動是彼此獨立不互相依賴的學習內容，所以學習順序可逆次序的排列。

(3) 圖 5-7c 顯示，第二個教學活動中間被分開，反映出原本預計的教學活動無法完整進行，這有兩個可能性：第一，老師以為學生已經有先備知識，但當教學時，學生卻未能應付，例如：進行資源回收物品創作，但沒想到幼兒還不會黏白膠、拿剪刀等；第二，當老師知道如果沒有自己的參與，學生是無法完成該教學活動，例如：進行陶土捏塑，幼兒捏出成品後，可能還需要老師的補強、修邊，並將作品送至窯中燒成成品，最後再與幼兒一同欣賞作品，如此才算是完成一個完整的教學活動。

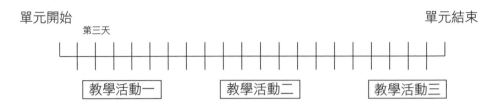

圖 5-7a　單元及教學活動組織圖之一

資料來源：Squires（2005）

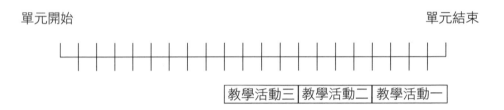

圖 5-7b　單元及教學活動組織圖之二

資料來源：Squires（2005）

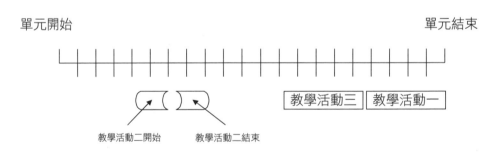

圖 5-7c　單元及教學活動組織圖之三

資料來源：Squires（2005）

5. 教學活動須符合課程目標與教學目標，並依此具體敘述教學內容：教學活動與課程目標、教學目標應具有一致性。教師可試著將課程目標裡的詞彙同樣用在教學活動設計中，藉此反映教學與標準的銜接。Gordon 等人（2018）指出，教學活動應包含下列各要素：

(1) 應與課程目標和教學目標有關聯：課程目標定義出學生應有的一般學習表現；教學目標則是將學生應有的表現以更具體、可測量的方式定義出來。活動設計要先有目標才進行設計。

(2) 應具體呈現學習的三個主要學習層面：認知、情意、技能。

(3) 應盡量將低層次與高層次的學習目標皆涵蓋在內，並隨著年級的增加，提高較高層次學習內容的比例。

(4) 應依循清楚、簡易的教案書寫格式。

6. 教學活動要涵蓋將評量的項目：教師在進行教學活動的過程中，有許多機會與學習者互動，並安排學習者完成某項作業（或是作品），這些師生互動的過程、學生的作品，皆可作為教學評量的依據。當設計評量時，教學活動便是評量程序之基礎，以及代表老師認為什麼是最重要的知識。因此，教學活動中之評量設計須具備以下特性：

(1) 能總結單元中重要的教學目標，包括認知、情意與技能三方面。

(2) 能表現出同級／同科老師們對學生在該單元中應該學什麼知識的共識。

(3) 能提供學習下一個課題的基礎。

(4) 能容許學生用較複雜的方法去展示所學的知識及技術。

(5) 能展現出與內容和標準的一致性。

表 5-9 為教學活動實例，箭頭的連結指出教學過程與評量之間的關聯性。

表 5-9　教學活動與評估之關係示例表

活動名稱：設計風箏

活動目標	活動過程
1. 欣賞風箏的特色 2. 設計風箏圖案 3. 體會放風箏的樂趣	1. 欣賞： 　・欣賞各地風箏圖片。 　・說說這些風箏的不同。自己喜歡哪種 　　風箏？為什麼？ 2. 設計： 　・請幼兒在圖畫紙上設計風箏的圖案。 　・將圖案剪下來，貼在素色的風箏上。 3. 遊戲（放風箏）： 　將完成的風箏帶至戶外，嘗試放風箏。 4. 分享： 　分享過程的心得與感受。 【評估】 1. 樂於欣賞不同的風箏。 2. 能辨別不同風箏的差異。 3. 能設計風箏的圖案。 4. 能樂於嘗試放風箏活動。

二、課程的校準及平衡

　　課程須透過校準的程序，以確保預設之教學目的能符合標準的要求。第三章第四節「整合取向的課程發展程序與內涵」可作為這部分內容的參考。

三、評量的設計

（一）設計評量時應考量的問題

　　一個設計周密的評量需要考量許多不同層面的因素，Marsh（2009）提出了評量設計者在設計評量時，應考量的問題：

1. **評量目的**：首先，必須找出該次評量的目的為何？其訴求為何（如：了解處理情緒的方法、了解老師教學的效能，作為下次教學時的參考、了解學生學習的困難點在哪裡等）？與評量相關之人員是否皆能確實了解並接受該目的？同時也須知道是否有人抱持反對的態度。

2. **評量參與者**：該由誰來完成評量？校長、教育行政人員、教師、學生、家長以及校外的顧問等皆是重要的相關人物，他們可以組成一個專業團隊並召開會議，商討評量相關事項。此外，在評量過程中也應考量是否會對其他的參與者造成威脅，例如：評量的內容造成教師教學的壓力，那麼有無配套措施讓傷害降到最小？

3. **評量者的角色**：參與評量的人員各自有不同的負責工作，例如：(1)主要評量者（如教師），負責參與資料的蒐集與判斷；(2)促進者（如校長、教學組長），負責協助評量工作的進行，但不包括判斷部分；(3)顧問（如課程之學者專家），負責進行教師訓練或是協助諮商與晤談。上述這些不同角色需要在評量當中負責哪些範圍的工作？是否在邀請上述人 a 員投入評量之時，考量到評量的時間、內容、經費等相關因素的配合？也就是三者是否皆考量周全？

4. **預期的觀眾**：這裡指的是，誰是需要獲得評量結果相關資訊的人？是家長、教師、教育部，還是學術研究單位？評量是否已經明確定義出這些「觀眾」？又該如何為不同性質的「觀眾」提供適當且所需要的資訊？

5. **評量範圍**：何種項目需要被列入評估重點，例如：評量何者為適當的學校目標？是評量師生互動，還是教師的教學策略？這些皆是設計評量時應釐清的問題。

6. **資料蒐集方式**：蒐集評量相關資料的方式有很多，例如：觀察法、晤談法、檢核表等。

7. **資料蒐集方法之可行性**：不同的資料蒐集方法，是否能順利被施行？並且考量教師是否有充足蒐集資料的時間？參與評量者是否具備評量的能力？評量的結果被接納的程度等問題。

8. **判斷**：包括分析資料的步驟為何？如何將得來的資料分類？如何確保資料的合宜性？這些都是判斷評量是否具信效度的因素。

9. **釋出資料**：誰來決定何種資料該被蒐集與報告？該透過何種程序蒐集資料以及呈現資料？誰有權利來回覆、修正、判斷資料的正確性或可信度？該釋出全部或是一部分的評量資料？

10.**報告**：評量的內容、風格、格式將以何種方式呈現？關於學校的負面觀點會被報告出來嗎？有關報告的相關資料有被確認過嗎？對於不同的對象會有不同的報告嗎？例如：家長、校方，以及教育部門等。

11.**結果**：可從評量當中預測正向、有意義的結果嗎？這些評量結果是否曾被審慎地賦予意義？何種步驟可用來確認資料是否進入適當的決策過程？參與評量者是否在評量開始前就能知覺到評量的可能結果？是否已建立好評量後的因應措施，以使參與評量者能感受評量的實際意義？

12.**資源**：下列資源是否可使評量更有效率？(1)專職的評量單位／人員；(2)行政管理人員；(3)充足的工作時間與空間；(4)印刷及影音相關設備；(5)給予家長與學生的時間；(6)蒐集其他學校相關的評量案例；(7)設計「評量指導手冊」給教師參考。

（二）好評量所具備的條件

好的評量需要具備下列條件，說明如下。

1. 問重要的問題

評量應反映對學生重要的問題，這裡所謂的「重要」，包含下列三個

條件：

(1)能結合學生的生活經驗：針對學前幼兒的評量項目應能結合學生的生活經驗，否則學生可能會因為難以聯想及想像，而無法展現出預期的表現（例如：能說出形狀與生活的關係），並且將所學應用在日常生活中。

(2)配合學生的身心發展：評量的項目一定要是學生的能力所及，不會太難或是太過簡單。評量應盡量是多數幼兒可達成，但卻也必須考量幼兒個別差異而做彈性調整。

(3)與課程的目標、學校教育目標相互呼應：評量應能配合課程目標及學校教育目標，彼此乃是相輔相成，而非各自獨立、毫無相關。

2. 反映學校的使命與任務

　　一份好評量的目標是與學校使命及任務環環相扣的。教師應以學校辦學宗旨作為設立目標之大方向，並詳加思考教學目標、學生之個別差異等面向後再擬定評量內容，例如：某幼兒園相當重視環保教育，則教師可在評量中加入愛護環境、確切落實垃圾分類等相關內容。

3. 反映課程與學習的目的與目標

　　評量內容應結合教師所擬定之課程目標與學生之學習目標。評量存在的目的是為了清楚的了解學生之能力──起點行為，透過教師在教學過程當中能提升學生達到目標行為的能力。因此，評量內容應能反映課程目標與學生學習目標，例如：若課程目標為培養幼兒創造力，教師所設計的評量項目如能依據樂曲的特性進行肢體創作，便是能將課程目標反映在評量項目中之例子。

4. 具有周延的評估設計

　　所謂嚴謹的評量，即是在充分準備下所進行的評量。因此，在評量

前，教師須決定評量的方式（例如：檔案評量、真實評量、表現評量等），以及評量的內容應能反映校方使命、教學目標與學生能力等。在評量中，須留意學生的個別差異，所提供的環境空間、資源是否足夠等。在評量後，教師應能審慎客觀的評估、分析所蒐集來之資料，以做出正確的判斷。

5. 能連接課程發展的過程

評量是課程發展之一環，教師需依據評量的結果去編製新的課程。因此，在課程發展時，便須將「評量」的所有工作考量進去，包括：評量欲採用的方式、評量的內容、評量需耗費的經費，以及需參與的人員等，若這些都能事先考量到，則在檢視整個課程發展時，便可使課程發展不會偏離原訂的教學目的與目標。

6. 能給予課程決策時的參考

在教學的過程中，同時也是評量的機會。教師可依據評量的結果決定下次的教學內容，透過在教學與評量相互循環之際，逐漸提升學生之能力，例如：教師在教導學生如何利用資源回收物品進行創作的同時，亦在評估學生是否能獨力完成該項工作，假若教師發現學生無法將想要的圖片剪下時，則教師便會調整原本的課程決定，在下次上課時，先加入如何運用剪刀的練習。

7. 鼓勵個人及學校的參與

在評量的過程中，無論是在進行評量的前、中、後期，教師應積極鼓勵個人與校方的參與，例如：教師可詢問校方與學生，對於評量的方式、內容與結果之意見，可將這些建議納入下次改進的方向。

8. 要包含相關的評估技術

好的評量需要具備專業知識的人員與工具。教師須具備足夠的判斷能

力，以決定評量的內容與方式，同時亦能依據所得的資料判斷出客觀的評量結果，例如：教師想要了解學生在藝術角落的學習情況，則教師可利用觀察、學生的作品、與學生對話等方式蒐集所要的資料，藉此了解學生對於創作的感受、使用媒材的方式等。此外，針對正式的紙筆評量而言，該工具之信效度亦是需要考量的部分。

9. 要包含學習的直接證據

評量的方式是相當多元的，除了教師的觀察記錄、晤談以外，學生的模型作品、圖畫、日記、筆記、錄音筆、影片等，皆是學習的直接證據，亦是評量結果的依據來源。

10. 要能反映學生已經學到了什麼，以及如何學習

一份完整之評量包含過程與結果，教師不僅能從評量的結果得知學生學習到了什麼，也可在評量的過程中觀察學生如何學習，例如：學生利用積木搭建一座橋，教師可從中評量學生在搭橋過程中如何與他人合作、其專心的情形，也可從中觀察其如何獲得「橋」的概念（如老師講的繪本）、「積木特性」或是「形狀配對」的概念。

11. 要能提供給多元的觀眾分享資訊

評量資訊若能提供給不同的相關人員（例如：家長、教師、校方等），將更加彰顯出評量的益處。對於家長而言，可了解孩子在校的學習狀況；對教師而言，能更深入了解學生的能力，以設計合宜之教學內容；對校方而言，可列入購買教材、教具之參考。

12. 能引導學生及教師反思以及產生行動

教師可在評量的過程之中，自我省思教學之深淺、講解方式是否清楚，以便作為日後教學之借鏡。此外，學生亦可在評量中思考自己行為背

後之動機，以及無法順利達成目標行為的問題為何。

13. 具備持續性、彈性以及發展性

　　評量是連續、非間斷性的過程，教師不斷的在評量與教學之間循環，以期提升學生之能力，例如：教師將洗碗分成四個步驟（拿菜瓜布、擠洗碗精、擦拭碗、沖水），教師須將每個步驟視為一個教學目標，依序教導學生四個目標，並同時持續進行評量，直到學生學會該項技能。評量的設計要符合學生個別差異、學習目標的多元性、學習情境的變化性等，因此，評量的設計要具有運用時的彈性與發展性。

14. 具備效度

　　評量乃依據課程目的、教學目的與教學活動所設計而成。在設計評量時，教師尚須考慮所設計的評量方法、評量內容是否能真正評量到預期的目的。舉例來說，當課程目的為「培養學生創造力」，評量項目為「學生能將常見的水果塗上正確的顏色」。透過這個評量項目，教師僅可見學生對水果及水果顏色的認知能力及塗色的能力，似乎在創造力的展現上便顯得薄弱，難以達到預期的課程目的。因此，教師在設計評量時，須反覆的檢視目的、目標與評量之間的關係，以確保評量能協助教師看到教學成果，並使學生確實感受到學習成果。

15. 評量應在真實情境中實施

　　評量源自於目的與目標，目的與目標讓評量有了可檢視的範圍（range），而教學活動便提供了評量具體的觀察情境（context）。在學前階段應少用正式之紙筆測驗，而應多用真實情境中之觀察、晤談方式。舉例來說，當課程目的為培養學生基本的生活自理能力，此時評量便以「基本的生活能力」為範圍，透過教學活動（如，我會擦桌子），評量便可透過「擦桌子」這個真實活動，來觀察學生是否掌握擦桌子的方法，進而獲得

這項基本的生活自理能力。

16. 評量所得之結果是否提供修改教學活動或教學目標、課程目的之線索？

　　當完成課程／教學評量後，所得出的結果是否帶給課程研發團隊有意義的資訊？例如：是否預設之教學目標太難？教學方法無法引發學生學習興趣？課程目的是否不符合目前的社會需求？評量的工作並非是形式般的完成成堆的表格、數據或是文字資料，若能有進一步的分析與檢討，將對未來課程發展的工作多所助益。評量是彈性的，目標可視學生之學習能力做適時的調整，例如：學生無法順利說出一個完整的句子（如，我要吃飯），教師可視學生個別差異，將評量改為說出關鍵字（如，吃飯）即可。

　　在評量方式不斷提升之際，評量亦可視為具備發展性特質，例如：傳統的評量方式多為正式之紙筆測驗；直到近幾年來，強調由生活經驗中獲得學習，因此多元的評量方式蔚為風潮，包括：真實評量、表現評量、檔案評量等。

17. 肯定老師的專業判斷

　　好的評量是要能肯定老師具專業知能、專業判斷的能力，包括老師判斷學生對所學知識的理解。評量的作用是在肯定老師判斷的條件下，提供一個客觀評估資料。當評量的結果與老師的直覺不符，那麼一定是評量出現了問題，而不是老師的判斷不正確。這個時候，應將老師的判斷與評量做比較，找出問題所在（Squires, 2005）。

18. 評量是眾所公認、大部分人都認為它是讓學生展示知識的一個好方法與工具

　　大部分老師及家長皆認同評量是一個讓學生展示或應用知識的好方法。由於教學活動反映了最重要的概念，所以當評量依照教學活動而設計，便被認可為展現學生是否學到最重要知識的一個方法與工具（Squires,

2005）。

四、課程的管理

課程發展完成後需要加以推動，領導、促進發展及提供支援是推動課程創新的三個要素。身為課程領導者，本身應具備清楚的教育理念以及課程發展的專業知能，加上團隊工作、人際溝通、資源整合、知識管理等技能，如此才能協助教師落實發展出來的新課程。以下是課程領導者應擔負與執行的任務。

（一）課程發展準備階段的領導：評估情境，奠定基礎

在課程計畫及推行之前，課程領導者需事先針對學校過去的課程發展經驗進行了解與分析，並評估學校當前在發展課程時的環境、所需資源，以及欲發展的特色，找出課程發展的動機與激發校內教師的動力，避免盲目跟從。例如：「STEM課程」是目前教育當紅的議題，身為課程領導者（通常是園長／校長、出版社專案經理與總經理），便需要先了解學校實施STEM課程的條件（如師資、學生、家長需求、經費、設備資源等）、推動此課程是否為必要且重要之需求、過去實施相關課程時的經驗（推動時可能有的困難，解決的方法等）、學校欲在「STEM課程」中發展出何種特色？上述的準備工作乃是課程領導者須先了解的部分，在找出為何要推動課程的原因與動機後，才能真正思考接下來該如何做的問題，包括釐清課程的理念、方向、目標以及組成課程研發團隊，並了解每個人應扮演的角色與該負責的工作。課程領導者應在投入課程發展開始前，事先為課程發展奠定好所有的基礎工作。

（二）課程發展階段的領導

課程是由課程研發團隊，包括老師代表、校長及家長等規劃的，其工作是計畫及推行課程發展計畫，並闡明課程目的。課程領導者應致力協助

課程發展的過程順利運作，讓每個參與課程發展者皆能完成自己的工作。

1. **促進學校內部的發展**：課程領導者應為校內的老師、相關教育人員，設計能促進課程專業發展的機會，並協助他們認識課程且持續地給予支援，以提升校內人員的專業素養與建立課程發展的共識。

2. **整合內外部資源**：校外資源包括：教材製作與設備採買、校外參觀機構的協調、社區活動的支援與參與、邀請學者專家到校進行課程發展工作坊，甚至是媒體的宣傳等；校內資源包括：各處室的協調、人力資源運用、環境設備的調整等。上述工作皆需課程領導者進行有效的整合，發展出有力的課程發展支援網絡。

3. **檢視進度與發現問題，提供充分支援**：在實際進行課程發展時，課程發展者應針對事先擬定的工作計畫表，進行進度檢視，一方面可以了解可能存在或發生的問題，另一方面也可以從進度檢視的過程中，預估實施的成效，針對課程研發團隊目前或未來可能出現的問題，提供課程發展之專業意見或是相關的行政支援。

（三）課程推廣與實施階段的領導

1. **擬定推行課程的策略**：課程領導者需要思考、介紹及推行課程的策略，例如：舉辦家長座談會或教學研習、製作文宣資料、舉辦課程成果發表會等，將資源進行有效整合，以使課程獲得更多人的了解與支持。

2. **建立課程網站**：課程領導者可建立課程網站以介紹課程，並使每個人均能透過瀏覽網頁了解課程推行的進度，進行意見的交流。

（四）課程實施後之檢討階段的領導

1. **檢討課程的平衡性與協調性**：課程領導者應定期帶領課程研發團隊進行課程平衡性與協調性的檢討，並適當的增刪及修改內容。

2. **建立意見交流平臺**：教師可登入課程網頁並針對課程設計的疑問提出意見，這些建議可作為課程檢討之用。

3. **擬定修正計畫**：在課程實施的過程中，仍需再次檢查課程的協調性及平衡性，根據這些資料與實際推動課程的經驗去修改課程與教學活動，以確保課程與標準、目標、評量彼此間達到一致性，課程內容具平衡性，不會有不同範疇內容之比重太多與不足之情形發生。

（五）課程發展暨研究資料庫的建立與管理

1. **建立課程與教學資料庫**：無論是課程的事先規劃、實踐到課程的評估等，都需要將相關的資料建檔，以供未來參與相關工作之人員參考。可以蒐集的檔案包括下列幾項：

   (1) 蒐集課程研發人員、專家學者的經驗及意見：課程發展需要許多人的參與，並蒐集相關的意見。在發展、推動課程的過程中，可能會請教課程專家學者或具課程發展實務經驗的人士等，這些過來人的經驗都可給予課程研發團隊重要的資訊與建議。

   (2) 教師教學檔案：包括課程實施時，教師的教案設計、教學觀察紀錄、教學反省、日誌等。

   (3) 學生學習檔案：包括學生的作品、評量表、學生對課程的回饋意見，以及參與正式測驗的成果等。

   (4) 文獻資料庫：包括發展課程時可以參考的研究報告、書籍、文章、影像等相關資料。

2. **不同資料的交叉應用、比較與分析**：在課程發展的過程中，可以運用國家綱要或是評量的結果等資料，與課程實施的資料進行相互比對，以檢視所實施的課程是否合用？是否符合國家標準或是社會期待？此外，也可運用對學生學習時之觀察與評量，從中了

解學生的需要與特性，決定有否需要修改課程內容。歸納言之，課程管理領導者應擔負與執行的任務內涵，以及資料庫與課程管理間之關係，如圖 5-8 所示。

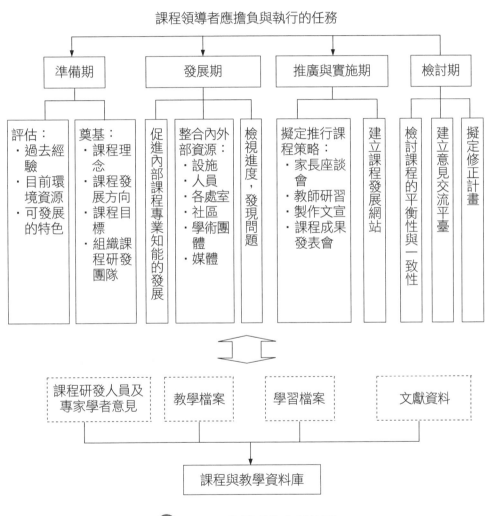

圖 5-8　課程管理整合系統圖

五、提供促進課程專業發展的機會

　　「課程」像是一個懸絲偶，「教師」才是讓課程能真正運作與活動的關鍵，若要將偶玩得好，教師就需不斷進修、學習如何運作課程。以下是幾項促進教師進行課程專業發展的方法。

（一）課程領導者提供諮詢之時間

　　課程研發團隊以及實際進行課程的教學者在參與課程發展工作時，常會遭遇課程與教學理論之選擇與知識的轉化問題、實務運作（例如：該如何引發學習興趣）等不同層面的問題，此時課程領導者便應扮演重要的諮詢者、顧問，甚至是激發思考的提問者。有了這樣的引導，參與課程發展的人員才有進行自我成長與專業發展的機會。

（二）提供專業解讀與課程分析之資料

　　在課程發展的過程中，可能會參考許多不同的資料，例如：其他學校的課程發展範例、課程發展理論、課程發展的實證資料、研究資料（訪談、面談、問卷）、報章雜誌報導等，這些資料多元、龐雜，且提供了不同層面的資訊，故需要課程領導者以專業的角度來解讀、賦予意義，以適時提供教師及課程發展相關人員參考。

（三）籌組讀書會

　　課程研發團隊需要隨時充實自己關於課程與教學的專業知能，課程領導者不妨籌組讀書會，讓大家藉此機會與團體進行專業知能的交流。但由於教師平日工作繁忙，讀書會應以不造成教師太大負擔，能自在的參與、分享以及討論為原則，以免失去籌組讀書會的美意。

（四）鼓勵教師進行行動研究

由教學現場實際找出可深入探究的問題，鼓勵教師以科學的方法進行問題分析、提出解決方案，或是對不同理論進行辨證。

（五）提供教師課程設計或教學演示之發表的舞臺

像是出版學校課程發展的書籍、舉辦校內外教學觀摩、讓教師在研討會有發表的機會等，皆能促使教師精進自身的專業知能。

（六）教學中蒐集及展示學生的作品

蒐集及張貼學生的作品（但需要做加註說明，否則看不到老師的思維）有助於推動老師進行高品質的教學，產生一個良性學習、觀摩的環境。

（七）舉行課程發展會議

在課程發展會議中的討論事項：

1. 當一個單元完成後，便舉行教學會議，開會檢討過程中的優缺點，並提供改進的建議。
2. 分享在課程施行時所遇到的問題，交換心得，包括如何有效率的準備教學資源等。
3. 共同計畫未來的單元或主題，激盪出不同的教學方式。課程領導者可在學期初進行這類會議，提升老師分享的意識，之後部分會議可由老師輪流主持，但課程領導者仍須出席會議，以協調可能產生的不同意見。

討｜論｜與｜分｜享

1. 請討論：設計課程架構時，要考慮哪些元素？

2. 請舉例說明課程設計與時間（一日、一週、一個月、一個學期）的關係。

3. 請以新課綱內容寫出不同層次之目的與目標間的關係圖。

4. 請三～四人一組設計一份一日作息表，並說明設計的理念、時間分配的原則與做法。

5. 請二～三人一組，分享自己喜歡的課程架構是明確分科／分領域式的？或是統整式的？

6. 請找一所學校一個學期的課程，依本章陳述的原理、原則，進行分析與分享。

7. 請訪談一位園長，請他分享他是如何領導全園的課程發展工作。

CHAPTER 6

課程發展階段二、三：
課程運作階段與評鑑階段

🌱 **本章大綱**

第一節　課程運作階段

第二節　課程評鑑階段

第一節　課程運作階段

　　課程運作階段乃是將課程之書面計畫落實的過程，唯有實際去執行，才能有機會將課程轉化為可知、可教、可學的具體課程。課程實施階段即邁入教學的領域，本節重點放在影響課程實施效能的因素上，而不在教學本身的探討上。

　　課程實施是個很複雜的歷程，包含了許多因素與條件的配合，其中包括課程實施的時間、技術、文化、資源、人的合作與溝通、政治觀點等，這些因素主要可分為課程實施的技術層面、政治層面，以及文化層面（方德隆譯，2004a，2004b）。

一、課程實施的技術層面

　　課程實施乃是將課程計畫具體實踐的過程，要能成功的推展課程計畫，需要許多技術層面的配合。

（一）循序漸進

　　課程的發展與實施是個創新、改變的歷程，人們對於這種創新與改變往往抱持著既期待又害怕的心態。當改變來得突然且太快，或是當他們對於這個改變毫無控制或影響力，或是這種改變是會要求他們投入較多時間時，通常人們是選擇安於現狀的。因此，在課程實施時，應是逐步推動且循序漸進的，而非一口氣推翻所有目前正在進行的課程。若能在課程實施之前，讓教師有適當的參與感，並事先試驗課程的可行性，讓教師有時間做好心理準備，對於過去、現在以及未來的課程有反思、討論的空間，如此將能提高課程順利且長遠實施的可能性。在課程實施的過程中，追求課程變革亦是課程實施之動機。當參與者意識到必須進行課程變革之時，通常會以下述四個指標作為思考之方向：

1. **需要性**（needs）：係指教師或課程使用者在眾多需要中排列其優先順序，若某一項的課程實施是較重要的，使用者就會願意花較多的時間、精力投入實施與創新；也會運用討論的方式，讓教師表達課程不足之處，並建議其解決之道以滿足教師的需要。

2. **清晰度**（clarity）：係指課程使用者明白欲實施之課程目標及教學方法的程度，愈明白則課程實施的成功率就愈能提升。因此，有學者建議在推行新課程時，要將教師所扮演的角色以及課程實踐的方法，提供清楚的說明，增加課程使用的可行性。

3. **複雜性**（complexity）：係指新課程對課程使用者的要求度以及實施的困難度。當課程的要求以及實施的困難度愈高時，課程實施的複雜性相對提高，便容易降低課程使用者的施行意願。倘若能將課程實施的步驟清楚說明，並能事先排除課程實施時可預見的困難，將課程實施的目的清楚、單純化，則課程實施的成功機會便會提高。

4. **品質與實用性**（quality and practicality）：是指課程是否具品質以及符合教師、學生、家長等各方面的需求。課程的實施必須要符合實用原則，才能夠引起大家的共鳴，激發改革的動力。而課程實施時，也需有清楚的計畫與步驟，才能確保課程的品質。

（二）溝通無礙

　　無論是課程設計或課程實施，「溝通」的重要性不可言喻。「溝通」是在處理訊息傳遞者與訊息接收者彼此間訊息互相流通的過程，為了確保課程實施的溝通管道是順暢無阻的，課程設計者需建立好正式與非正式的溝通管道。所謂的正式管道就是校內或校外的組織層級，也就是組織垂直與水平的溝通，例如：校長／園長的意見能順利傳達給教師，而教師的意見也能有管道讓校長／園長知曉，這是垂直溝通；教師同僚之間透過教學觀摩、教學會議等管道將意見傳達，這便是水平溝通。非正式管道則是教

師在投入課程實施時的行動、交談、意見交流、資料閱讀、信件、文章、公告等媒介傳達彼此意見，這也是幫助溝通的管道。唯有做好溝通，課程實施中許多需要理解的概念、需要配合的行動，才能順利傳達給大家，提高課程實施的正確性與精準性。

在課程實施的過程中，擔任不同職務者皆有其各自須履行之義務，以及個別之人格特質、素養上的差異，無形中也成為影響課程實施的重要因素。茲將影響人員依序分為教師、校長／園長，以及學校內、外部人員等角色，說明其影響力。

1. 教師

教師是課程實施成功的主要因素之一，例如：教師的參與、投入感、工作的默契、人際互動、教師訓練安排等，都會影響課程實施的成效。教師如果沒有參與課程決策的機會，則會降低課程實施成功的機會。如果課程設計者能夠採取合作式策略並使課程具有挑戰性，則教師投入的意願便會提高。此外，教師對改革的自我動力也是導致課程實施成功的因素，若教師之間彼此交換心得、互相幫助支援，並建立對工作的熱忱，則課程實施成功的機會便會增加。

2. 校長／園長

在課程實施中，教師雖然是重要的角色，但有些環節仍需要其他相關人員的支援與協助才得以進行得更加順利，而校長／園長及行政人員的協助就是導致課程實施成功與否的重要因素。在課程實施的過程中，校長／園長帶領學校教師擬定課程實施的計畫，代表教師參與課程發展的各項會議，並設法爭取經費、資源、人力等，皆有助於課程計畫的實施與推動。因此，校長／園長是課程實施的靈魂人物，在許多關鍵時刻扮演著推手般的角色，需要促成以及謀合各種不同的意見，在推動課程實施時是不可或缺的重要人物。一般來說，校長／園長在課程實施過程中，扮演著三種主

要角色：

(1)回應者：傾聽他人意見，回應教師需求，具有察覺問題的敏感度，並能做出回應。

(2)管理者：建立好課程發展與實施的相關行政程序，確保課程實施的相關決策能清楚傳達，了解師生的需求，保護教師避免在課程實施中遭受不合理的壓力。

(3)領導者：當課程實施之初，校長／園長必須鼓勵甚至率先帶領教師實施新課程，也需要努力將課程的目標與計畫清楚的傳達給教師，讓計畫獲得實踐。讓學校內的教師知道校長／園長對於課程實施有著高度的期望、熱忱與動力，當校長／園長展現熱忱，必能營造良好的學校氣氛，讓全校師生對於課程實施有著一致的共識與動力。

3. 學校內、外部人員

　　學校內、外部人員亦能協助課程實施的推展更為順利。學校內部人員除了校長／園長、教師之外，尚包含了學校的行政人員。學校行政人員能夠協助執行課程實施的計畫，例如：安排新課程的相關訓練、資金、設備申請、協助老師解決困難、支援評鑑等，關於這方面的行政流程與相關注意事項，若學校行政人員能全力支持，則可縮短許多繁雜的行政程序，掌握課程實施的時間性。學校外部人員則包含甚廣，像是家長、社區人士、政府官員、教科書出版商、企業等，他們對於課程實施的意見，也是影響課程實施的因素之一，若能得到外部人士的支持，無論在課程實施的理念、經費、環境、設備等相關配套措施運用上，將能為課程實施達到加分效果。

（三）提供支援

　　在課程實施的過程中，需要行政部門的協助支援，包括以下幾類：

1. **經費**：課程實施需要充足的經費支援，如此在課程研究、教學設備、課程與教材的推廣上，才能順利推展。

2. **在職進修**：提供教師專業發展的管道，希望透過此管道，可以提升教師對所提倡之課程有充分的了解。

3. **情感支持**：課程實施的過程是漫長且富挑戰性的，教師在課程實施的過程中，若遇到教學上的瓶頸，除了給予專業的諮詢之外，情感上的支持也不可少。像是教師同儕之間的彼此打氣、鼓勵，校長／園長若能表達關懷之意，課程實施人員都能感受到精神上的支持。

二、課程實施的政治層面

在課程實施的過程中，各層次的人員與組織間的協調、斡旋、溝通等政治因素，亦是一個影響課程實施的重要因素。課程實施是參與課程實施者（教師、課程專家、校長／園長、家長、學生等）彼此之間的權力平衡、磋商協調、理念交換之下的結果，當彼此的觀點與期望達到平衡時，課程實施才有順利推展的可能。

三、課程實施的文化層面

文化層面指的是環繞在學校及教師氛圍中的學校文化及教師文化。在學校文化中，若學校鼓勵師生以及教師與家長間有平等的權力關係，且學校行政科層化的程度低，則可使教師與其他單位的溝通更加順暢，如此將有利於課程實施。此外，教師、學生、校長／園長之間的互動、語言、信念、價值觀和傳統等也都是學校文化的一環，不同的學校文化會對課程實施造成不同的影響。

教師文化取決於教師的信念，例如：有的教師會嘗試教學的創新，有的教師則會抗拒；有的教師會積極學習新知，有的則是安於現狀。教師之間若能組成合作小組，互相討論分享教學心得，都會對課程實施的成效產

生影響。

　　課程實施旨在將書面的課程計畫在學校教學中具體實踐，上述的技術、政治、文化層面揭示出課程實施的複雜面，卻也暗示了課程設計到課程實施階段是充滿許多變數的，也就是說，我們難以百分之百要求課程計畫被精準的實施，就像同樣一個食譜在經過不同人的烹調後，會有不同的味道一般。課程設計小組人員與課程實施人員應有機會溝通雙方的期望，以及理論和實踐面的差異性。

第二節　課程評鑑階段

一、課程評鑑的本質與目的

　　課程評鑑是教育人員蒐集課程相關資料，以用來決定是否改變、修改，以及排除的過程。身為教育人員必須了解，評鑑不只是在課程結束後或是學期結束後才進行，而是在課程計畫、實施的過程中就可以進行的工作，例如：幼兒園會幫幼兒蒐集平時學習活動的資料，包括照片、作品等；上課時孩子與教師之間的互動回應也是一種評鑑，教師可以在過程中了解幼兒的發展與學習狀況。在單元或主題結束之後，教師可以做一份評鑑表，讓家長知道孩子的學習情況。此外，這也是幫助教師了解自己在課程計畫與實施的過程中，課程內容難易度是否適合孩子，以幫助教師檢討修正教案。

　　在課程評鑑中，Ornstein 與 Hunkins（2016）將蒐集而來的資料解釋歷程看成一個沙漏，沙漏中包括課程、認知、觀察與解釋，如圖 6-1 所示。沙漏頂端包括課程與認知，狹窄的中間部分代表觀察階段，底部代表解釋。

　　1. **課程**：課程是代表學校方案中教材的共同要素，是教師教學與學生學習的內容。在課程發展中，必須考慮教材的價值並做評鑑的

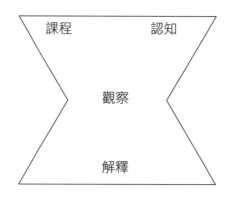

6-1 課程評鑑歷程圖

資料來源：方德隆譯（2004a）

判斷，教育人員要考慮其所計畫的課程價值是否符合學生的需求
以及社會的需求等。

2. **認知**：圖中的認知部分代表蒐集資料的不同認知理論。教育人員
   對於知識是發現的或是建構的哲學觀，都會影響其蒐集資料的方
   法。此外，教學的認知模式會影響教師的教學方式，也會影響教
   師評鑑學生學習的方法。

3. **觀察**：觀察可能包括實施不同形式的活動，以檢視學生的學習情
   況，例如：透過學生的檔案資料、口頭評量，或使用錄影的方式，
   以獲取學生的學習情況。觀察也包括教師獲取資料的方式、對教
   師的觀察、分析教案，以及進行訪談等。

4. **解釋**：透過觀察所蒐集的資料回饋到解釋的階段，在教室中，解
   釋通常可分為量化的與質性的，兩者可以視情況而併用。課程評
   鑑人員會運用到課程及認知的相關假定與模式，將資料轉變為課
   程發展及教學是否有價值的證據。

評鑑人員必須知道他們所要評鑑的層面是哪些？針對什麼樣的學習焦
點做評鑑？如何蒐集資料？這些可以指引教育人員決定課程的品質以及學
生成功學習的判斷。

二、課程評鑑之指標

　　評鑑一套課程之品質有不同的角度，以下從建構一套課程的基本評鑑指標和從老師使用時之角度，分別提出可參考的指標，這也是評鑑、選擇一套教材是否可以選用的指標。

（一）建構課程指標

　　Gordon 等人（2018）提出八個建構課程的概念（concepts），可作為課程評鑑時的參考。

1. 範圍

　　任何課程的內容、主題、活動與學習經驗安排、課程組織元素等，都是決定課程欲達成的範圍，也就是廣度。

　　課程範圍的決定過程就如同目標程序，需要包含教育目標，將這些目標分為較小的一般性目標，這些一般性目標必須適合學校的經營組織，再將這些目標以較具體的形式定義，也就是在各個課程中可以分為好幾個能夠達成的具體目標，例如：幼兒教育目標的其中一項「養成兒童良好習慣」，就可以在各種形式的課程中設定具體目標，如看見師長會打招呼、常說「請、謝謝、對不起」等。

　　在評鑑課程範圍時，通常會考量下列三個問題：

(1)在我們的社會中，孩子有什麼樣的需要？這個課程滿足這個需要了嗎？

(2)當今國家、世界的需要為何？這個課程滿足這個需要了嗎？

(3)哪些是學習者必要學的知識與技能？這個課程滿足這個需要了嗎？

2. 關聯性

課程內容需要與學生的生活經驗相關，才會引起學生的興趣，並幫助學生在日後遇到問題時，可以加以運用，甚至可以培養出問題解決的能力。關聯性並不止於課程內容與學生生活經驗相關，也包括所學內容是否可讓學生運用？是否符合時代需求？是否有助於學生在畢業之後擁有專業知識、技能等，以因應下一階段的學習？這套課程是否滿足上述的條件？是否課程四要素（目標、內容、方法和評量）之間保持了關聯性？

3. 均衡性

均衡係指課程在廣度與連續性上的結構與順序是否可以達到教育目標？以及課程是否包含足夠之各科／各領域的內容？

4. 整合性

課程是否整合了概念／學科知識／知、情、意的範疇？是否整合了身體動作與健康、認知、語文、社會、情緒、美感等課程領域？

5. 順序性

順序性是指課程設計者如何安排與組織課程。課程設計者是否是由簡單到複雜、依時間順序排列、由近而遠或由遠而近、由具體到抽象、由普遍到特殊或由特殊到普遍的原則，來組織課程的內容？課程工作者在發展課程時是否考量學習者的經驗背景、心理年齡與興趣，以及科目的困難度與實用性，並妥善安排內容順序，以利學習者學習？

6. 連續性

連續性是指課程垂直連續的重複。在往後的課程學習中，是否有些課程會一再出現？螺旋式課程就是連續性課程的一個很好例子，在課程內

容、技巧及知識上，都會適度的複習前面的學習，並呈現出目前之學習與前一階段和後一階段學習間之連續關係。

　　經驗會告訴課程發展者，哪些內容是需要再次出現的。新的課程內容是建立在先備知識的基礎之上，而先前所學的知識會一再的於較複雜的課程層級中，以不同的樣貌出現。

7. 銜接性

　　順序性、連續性與銜接性都是相關的概念。銜接性是指學習者在不同的求學階段中，其所學習課程內容是否具有銜接性，而這是屬於垂直的連續性。

　　學校總是在尋找方法以回應學生對不同能力的需求，當學生進入層次較高的領域學習時，有的學生會覺得簡單，而有的學生則不然。這些都是課程設計者在銜接性這個課程概念中會面對的問題。

　　連續性與銜接性都是順序性的其中一面。順序性是指課程、單元內容的安排；連續性是指課程內容隨著層級愈高、愈複雜且重複出現；銜接性則是指在有系統的層級中，必須確保下一層級的內容是承接上一層級，彼此內容是有相關的。

8. 學習遷移之轉變性

　　學生在學校所學到的知識技能可以幫助其日後的發展，帶給學生附加價值，就是一種轉變。情意及認知方面的轉變是較不易察覺的。在情意方面，教師希望學生在其生活中可以擁有倫理觀與正面的態度；在認知方面，學生的表現可以透過各種評鑑的方式而被察覺，如教師透過觀察幼兒或是與幼兒進行口頭評量等，都可以知道幼兒認知的發展狀況。

　　轉變是教育的核心，是會在任何時候發生的，當學習者自己發現知識時，轉變於是產生。轉變性是教學與課程的原則，當談到有關教學方法時，這是指教學的過程；當分析學習者的轉變為何時，指的是課程領域。

課程發展者應確認所實施的課程是否會給學生帶來最大的學習遷移作用。

（二）使用時的指標

在發展課程當中，涉及如何將課程內不同但又互相影響的元素結合成一個整體，是相當具高難度的工作。這些元素包括：時間表、課程內容、課程範圍、描述課程的方式、課程的焦點、達到與各教育層級之標準與方向的一致性、教師專業的發展、課程的監督、課程檢討，以及課程政策之修正或重新規劃等。在如此複雜的情況下，要做一個決定並不容易，下列指標是從老師使用時的角度去檢視一套課程的合宜性。

1. 課程是否能幫助老師有效且適切的運用時間去教學？

課程有著明確的時間架構，無論是從學期、月、週到每日的教學活動，皆能層次分明且時間充足，讓老師能從容的安排教學活動並完成預設的課程目標，避免因為課程內容太多、太難而使得教師超出既定的教學時間，也不會因課程內容太少而增加教師另外準備其他教學的負擔。

2. 課程是否能幫助老師平衡他們的教學內容？

平衡課程的方式很多，例如：學科的平衡、知（範疇知識）、情（價值觀與態度）、意（基本能力）的平衡等。「平衡」的目的主要在協助教師安排課程時，內容不會太多或不足，清楚的課程設計架構將可協助教師達成此目標。

3. 課程是否能讓老師及行政人員將教學與綱要標準及評量配合，以使學生表現達到高水準？

課程設計需與課程標準、課程目標，以及課程評量相互校準，當彼此相互吻合，課程才能發揮其最大效能。

4. 課程是否能引導老師們一起合作設計課程及擬定教學計畫？

當一間學校想要發展具該校特色的校本課程時，課程是否能提供適當的教學活動選擇或是教學設計的點子及資源，以供學校發展該校的特色。例如：想以「生命教育」作為特色的學校，在教學活動的選擇上就可以多選用與生命教育有關的活動設計。而特色的決定、課程的選擇、教學活動的選擇等討論的過程，便可由學校教師利用教學會議共同參與。

5. 課程是否具有架構，以監督學生及老師有無完成課程？

(1)時間架構：協助老師掌握該何時完成課程，是一年？一學期？一個月？一週？每個活動需時 20～40 分鐘，此時間的安排是否符合老師需要的時間，以及學校的一日活動時間表？

(2)評量架構：透過評量架構，課程發展人員或教育行政人員可檢視教師是否在該時間點讓學生獲得了應有的學習內容？

(3)內容架構：課程包含學生在該階段所應學的所有內容，不會太多或是不足。

上述的架構一方面能讓教師依循，按部就班進行課程，另一方面也可以後設的觀點，檢視教師是否完成依據不同架構所發展出的教學內容。

6. 課程內容是否具架構性，能讓老師清楚的教導，以及成為教學方法的指引？

課程是否備有教師手冊，提示主題之重點、重要的概念與教學內容。此外，是否亦有充足的教學活動設計（教案），提供老師進行教學時方法上的指引。

7. 課程是否具有讓老師發揮創意去設計具個人特色之教學計畫的彈性？

課程應有清楚的架構，並有充足的教學活動設計以及教學資源供教師

選擇，以妥善做好事前教學準備，擬定屬於具有教師個人特質的教學計
畫。

8. 課程是否能引導老師之教學，以符合學校和政府所訂之教育目的？

課程需依據國家、地方政府、各級學校等不同層次所訂之教育目的、
課程目的、課程目標、教學目標擬訂，並逐漸發展，如此課程才能有由上
而下的依據。有了這個依據，教師所設計的教學便可逐級而上，由每日的
活動目標向上溯源，讓每天在課堂所從事的教學活動都能符合教育目的。

9. 課程是否提供充足的資源，好讓教師方便搜尋相關補充資料？

課程是否提供與教學主題相關之參考書目、網站、影音資料、教具製
作等資訊？讓教師在準備課程時，能迅速在所提供的參考資源中，找到想
要的教學資料。

討｜論｜與｜分｜享

1. 作為一位幼兒園園長，要推動一套新的課程或是課程理念時，要注意的重點包括哪幾個層面？請訪談一位園長，聽聽看他的說法。

2. 當園長要推動一套新的課程或是課程理念時，作為一位幼兒園教學主任，要注意的重點包括哪幾個層面？請訪談一位教學主任，聽聽看他的說法。

3. 當幼兒園要選一套好的、符合自己幼兒園使用的教材（或教科書）時，有哪些指標可以幫忙選出合宜的教材？

4. 請依據本章提供的選擇教材指標，選兩套教材來分析、比較二者間的優缺點。

5. 請依據本章提供的選擇教材指標，選一套教材來分析該套教材給老師創意發揮的空間及彈性程度。

7

課程發展從事人員的角色

　　課程設計需要學校或社區方面的人才，包括不同的計畫層級：教室層級、學校層級、學區層級、國家層級，甚至國際層級。學者專家都會對某些課程形式或內容持有某種看法，有時彼此會為了利益、資源而產生爭論。

　　課程的參與者，無論是教育人員或是非教育人員，都必須以學生利益為優先考量，決定哪些課程是學生所感興趣的，哪些是對學生有益的，以及如何在這些課程中做選擇。課程發展過程中涉及到的人員或組織甚多，本章僅就幼兒園層級課程涉及的人員角色略做說明。

一、校長／園長

　　一所學校若沒有具良好品質的課程，就像一部車失去引擎無法走到任何地方一樣。身為一位校長／園長，他（她）的工作就是要確保課程的品質。

　　校長／園長也必須將其目標和計畫以某種形式讓參與課程發展相關的人員知道，尤其是學生與老師，讓大家參與計畫並執行以達到理想目標。校長／園長在課程發展的過程中必須表達關懷，而不只是扮演學校管理者的角色。

　　校長／園長在課程發展中，可以主動擔任課程創發者、發展者與實施者，也是課程的促進者：提供課程活動的時間、安排在職訓練、參與課程發展討論會，以及改善學校的任務並採取直接或間接的行動，以了解目標是否達成和發展，以及維持良好的工作關係。

二、課程專家

　　課程專家對課程的本質具有廣博的知識，但未必具有學科內容的專長。課程專家的責任在於確保方案能夠構思、設計與實施，這需要對課程有相當程度的了解，需要課程發展與設計的知識，使得課程理論能付諸實施，還要視導與評鑑教學。課程專家必須有敏銳感、耐心，以及在人際關係上有技巧，還需要有做決定與領導的能力。

在課程發展上，課程專家能提供教師意見，包括如何計畫課程、安排課程並將計畫付諸實施，在課後進行評鑑的工作等。

三、教師

教師是具備反省性思考的實務工作者，在課程設計中扮演著核心角色。教師是課程最終的決定者，許多的日常決定都取決於教師的經驗。教師亦需要在新的課程設計中、教學實施或新的發展中，決定發展學生的基本思考能力、技能所需要的時間，或者讓學生超越自己，以不同的觀點來看待自己。

在課程計畫中，教師需要做很多不同的判斷，例如：決定適合的活動、教材以及學生在課堂中的反應。同時，網路也提供豐富資源，教師可以查詢資料、圖片，也可藉由影片播放來達到教學效果。

不同教師所扮演的角色具有很大的差異。他可以是一位教導事先處理好之事實性知識的教學者，或是一位與學生及其他教職員互動的多元角色。在大多數的情況下，教師對於自己應扮演的角色，其看法通常都是自我選擇與自願接受的。

四、學生

在教育的歷程中，學生通常是處於被動的狀態，教育人員常忽略學習者的想法與感受。目前的教育以學生為本位，教師尊重孩子並讓孩子依其興趣自由發展，學生可以表達他們自己的想法、感興趣的議題，也被賦予機會參與學校的活動。

五、學生家長

家長擁有不同的技能、才能以及興趣，理當可以豐富課程。家長會關心學校的事務以及孩子的學習狀況，而老師也會提供機會與家長對話，尤其是面對面的訪談。家長可在參與活動中觀察孩子所學到的技能，並提供

與老師之間的互動。另外，家長樂見學校將資金運用於學生身上，通常用來購買課外讀物、運動器材及電腦設備等。有些家長並沒有參與此階段學校事務的意識，但其實讓家長參與課程發展的過程，對他們了解自己可以如何創造家庭環境以刺激孩子的學習是會有幫助的，例如：為孩子說故事或陪孩子畫畫；家長有特殊技能可增進課程的多樣性、參與擔任學校義工的工作；家長也可成為學校委員並參與決策、檢視提供發展所需的意見等。

六、教育出版商

在大部分的學校中，課堂上使用的教科書就幾乎決定了課程。目前，市面上出現各種教材供教育人員選擇，而這些教科書對教室層級之課程影響力甚鉅。學生所知道的，通常反映自教科書的內容。出版社的願景、主編／編製者、作者、總編輯、責任編輯、文字編輯，以及美術編輯等人對幼兒的了解、對教材影響力的理解、對課程設計的理念與經驗等背景素養，都會影響幼兒教材的品質。

討｜論｜與｜分｜享

1. 在學校層級的課程發展過程裡，誰的影響力會最大？請分別訪問一位幼兒園園長、一位老師、一位家長，聽聽看他們的說法上有什麼異同？對你有什麼啟示？

2. 請訪問一位幼兒園園長，園方請教授或是輔導專家到學校給予指導，受邀者的角度與觀點會不會有與園方不一致的時候，這時候園方如何處理？

3. 請訪談有經驗的幼兒教育出版社總編輯或責任編輯，了解一下他們在課程發展過程中的角色、工作內容與挑戰。

4. 請訪談學校裡負責課程與教學的老師，分享他們在學校層級課程發展的角色上，所做的是哪些事？帶領學校老師發展課程的難處在哪裡？自己的收穫是什麼？

| 第二篇 |

實務篇

　　本篇主要目的在將第一篇的概念與理論基礎，透過實例的分析與分享讓讀者理解課程發展的複雜樣貌，也希望藉此提供一些範例以及對話的起點，期待透過幼教課程發展的探索，可以看到課程可能之多元面貌，進而帶來幼教品質與學生學習效果的提升。

　　不同課程模式／取向之課程發展實務是奠基於其基本的教育信念，包括：對兒童觀、兒童發展觀、課程與學習觀以及課程基本架構的信念，根據這些信念才展開課程發展歷程中各階段要做以及要完成的事。本篇涵蓋的各章包括：蒙特梭利教育取向的課程、主題式方案取向的課程、學習區遊戲取向的課程案例，各章均先簡要闡明該園的基本教育信念，然後分享課程發展歷程各個階段以及各階段包含之內容。因為蒙特梭利教育取向的課程框架具有比較和諧一致的傾向，不同學校之課程面貌的差異性不大，在第八章裡所分析、描述的很大部分是蒙氏教育／教室裡的共相，因此，文中比較不會特別凸顯、強調是本章案例樂仁幼兒園的課程設計，而是強調蒙特梭利教育裡的課程發展；而第九、十章提到的方案取向以及學習區遊戲取向之課程發展就不具備普遍性與共性，因此，文中有時會加上了學校／班級的名稱，以凸顯個案的性質。

　　即使有著相同的基本教育信念，也會因為師資培訓過程裡強調重點的不同、師資生的理解狀況，或是自己秉持的信念程度上的不同，使得培育出來的老師對同一套課程的理解與運作的過程和結果會有不同。本篇各章內容會有筆者本人的觀點與立場的元素，因此，文中會出現一些筆者觀點的說明或是定義上的說明，以避免讀者以一些「以為是」或是「約定俗成」的定義、角度去看文本，形成解讀上的困擾。

CHAPTER **8**

蒙特梭利教育課程模式／取向的
教保活動課程發展案例與反思

🌱 **本章大綱**

蒙特梭利的課程理念、架構、教育目的與教學目標、教學內容、教具與評量方式屬於一個完整性的系統，但因為每位老師自身的素養、對蒙氏教育與課程體系的理解角度與程度的不同，在教室現場裡看到的學生學習歷程、教室環境的狀態以及學生學習後的素養與成果也就會有不小的差異性存在。

早期蒙特梭利幼兒園初創的時候，學校是以蒙特梭利的課程為唯一的學習內容；現在很多幼兒園是將蒙特梭利課程列為學校課程的一部分，有的是達到蒙特梭利課程要求 2.5～3 小時的時間長度；有的是以特色課程概念出現的，每天 1 個小時的時間長度。本章以半天或是一天（兩者均可）的課程以及混齡方式呈現蒙氏學校教保活動課程發展的課程框架、課程發展的程序、相關內容與反思。本章實務上的案例是以高雄市私立樂仁幼兒園為例。

高雄樂仁幼兒園是由聖功修女會之德籍白克滿修女於 1951 年成立。最初，白修女引用德國幼兒園教育方式，1957 年幼兒園改用單元教學以及張雪門之五指教學法，1963 年開始以自編教材為主要的課程內容，1978 年開始實施學習區的活動，1983 年吳昭蓉修女於日本修畢蒙特梭利證照課程回國後開始師資培訓工作，1984 年開始幼兒園裡全面推動蒙特梭利教育理念與課程，至今已長達三十多年之久的歷史。

高雄樂仁幼兒園每日上午以及每週有 2～3 天的下午是蒙氏課程，另外有 2～3 天會提供美語（很多詩歌都是英文的且教會有現成的師資）、台語（本土語言）、音樂（不同樂器的課，學生自行選擇，配合教會學校的文化、傳統組織了樂隊，才會有這個特色課程）、藝術欣賞等特色課程。每日上午工作結束後會有約 10～15 分鐘的信仰感恩時間，這時間裡，老師帶著孩童唱詩歌（有台語的、英文的、國語的）、說聖經故事，以及為父母、老師、同學、自己、社會事件做感恩與祈求的禱告等活動。

第一節	設計階段：預設的教育目標、課程框架與評量策略

蒙氏教育目標有層級之分（本節「一、教育目標」的部分會做說明）、課程框架是年齡與學習領域雙向式、具體性的框架（本節「二、課程框架」的部分會做說明）、評量方式是以觀察方式為主，蒙氏課程體系也提供了評量的基本格式與做法（本節「三、評量」的部分會提供實例）。蒙氏老師在課程發展設計階段時，不需要每年重複地花時間從整體、宏觀角度去新設定課程目標、框架或是評量表單；而是可以直接從課程運作階段開始（亦即本章第二節的主要內容。每學期開始時，依照學生發展的年齡、學習的進度去診斷起始點，然後在既有的課程目標、框架下規劃每個學生一學期、每月、每週、每日的課程。在每日的教學觀察後，確定是否需要調整每個學生的課程進度）。筆者認為這種體系（老師是受過課程體系專業培訓與一年實習過程的。當然，這未必保證老師的教學品質就一定是具一致水準的，但因為蒙氏教育體系強調每年參加學會的研討會、平時地區分會論壇的聚會等在職進修機會，老師對蒙氏教育以及蒙氏課程體系的理解會不斷的提升），老師花比較多的時間在運作課程的工作裡的做法，可能比花很多時間去發展所謂多元的活動內容，但沒有時間觀察與實際教／學、未強調目標是否達成的檢驗、沒時間深入了解學生需要哪種協助等情況，更能提升學習的品質。當然，關鍵點是整體的教育目標以及各階層的領域目標、活動目標不僅僅是符合學生的發展階段，也要能符合時代、社會的需要。

一、蒙特梭利教育教保活動教育目標

蒙特梭利教育目標具有的特性以及目標內容如下。

（一）強調符合幼兒的發展特性，也強調為未來進入社會做好準備

　　這表示蒙氏教育的目標不只是要配合幼兒的發展，同時也要對幼兒未來的學習與生活能產生影響力。蒙特梭利五大領域課程的設計、教具的準備、老師的角色都會注意配合幼兒的年齡與發展狀況；同時，學習的目標都會有三個層次的目標——長遠的目標（亦即對幼兒未來的學習與生活能產生影響力的目標）就是要培養出一個能獨立自主、有秩序感、有協調能力、專注力以及完整人格的個體；具體目標就是該領域以及該教具的目標（即配合幼兒在五大領域裡的發展而設計的領域與活動目標）[1]。下面以蒙氏教育五大領域課程內容分述其領域目標與具體目標。

1. 日常生活的領域目標

　　養成良好的學習習慣與生活習慣。

　　日常生活的具體目標是：(1)透過站、走、坐、搬等動作，培養幼兒的基本動作；(2)透過打招呼、道歉、道謝、用餐的禮儀等動作，培養幼兒的社交行為；(3)透過美化環境、整理房間、照顧動植物等活動，培養幼兒關心環境的行為與態度；(4)透過學習穿脫衣物、梳頭、穿脫鞋子、刷牙等活動，培養幼兒獨立自主生活所需的能力與態度。

2. 感官教育的領域目標

　　促使幼兒與生俱來的感官能力能得到充分的發展，進而透過感官能力去促進心智的發展；培養敏銳的觀察力以因應實際與未來的生活。

　　感官教育的具體目標是：(1)透過視覺辨別大小、顏色、形狀的能力，

1　這項特性的說明，無法將目標兼顧幼兒個人的發展需求與為進入社會做準備，以及課程目標的層次性分開來說明，因為分開來說明時，舉例會重複。因此，這項說明裡包含了蒙特梭利教育目標的兩個特性。

進而習得大小、顏色、形狀等抽象概念；(2)透過觸覺辨別溫度、粗細、輕重等的能力，進而習得各種觸覺的抽象概念；(3)透過聽覺辨別聲音的強弱、高低、種類等的能力，進而習得各種聲音（音樂）的抽象概念；(4)透過味覺辨別酸、甜、苦、辣等的能力，進而習得各種口感的抽象概念；(5)透過嗅覺辨別臭、香、酸、甜等的能力，進而習得各種嗅覺的抽象概念。

3. 算數教育的領域目標

0～6 歲的數學教育領域以算數為主，這領域的目標有二：一是讓幼兒了解邏輯性的數與量的概念，奠定未來學習時的基礎；二是透過算數教育培養幼兒的理解、判斷、推理、想像等高端的認知能力。

算數教育的具體目標是：(1)透過數棒、砂數字板、紡錘棒與紡錘棒箱數字與籌碼等教具，學習認識數、量與數字；(2)透過金色串珠、數字卡片等教具，學習十進制的基本結構；(3)透過串珠與數字卡，學習十進制的加減乘除概念；(4)透過郵票遊戲、彩色串珠棒、金色串珠棒加強加減乘除的練習；(5)透過塞根板 I、II、1～100 數字排列板、100 串珠鏈、1000 串珠鏈等教具，認識連續數概念；(6)透過正方形與立方體彩色串珠，認識平方、立方的概念；(7)透過幾何卡片與幾何卡片訂正表，加強基本四則運算的練習。

4. 語言教育的領域目標

培養幼兒獨立學習、生活溝通所需的基本能力；可以用閱讀目標的「學習閱讀（learn to read），好在未來可以透過閱讀學習（read to learn）」來說明。

語言教育的具體目標是：(1)透過分類卡遊戲、語言遊戲、說故事等方式，培養聽、說的能力；(2)透過注音符號砂紙板、書寫練習本等教具，培養書寫的能力；(3)透過閱讀故事書方式，培養閱讀能力。

5. 文化教育的領域目標

培養幼兒寬廣的世界觀與本土文化素養。

文化教育的具體目標是：透過天文、地質、歷史、地理、植物、動物等內容，培養幼兒對自身生活環境（從自己、家庭、社區、都會、國家到洲際間的地理與人文環境）裡的位置、物產、交通、氣候、山脈、河流等的了解。

（二）敘述性知識與程序性知識兼顧

蒙氏教育除了會強調「命名」外，也很注意學習的過程與步驟。幼兒透過各種活動、教具的認識與操作，就同時學到做一件事的步驟、將步驟組織起來，最後達成學習的目標。例如，學會切香蕉，並會與同學分享，步驟包括：(1)去皮；(2)切塊；(3)放置到果盤裡；(4)端到桌上；(5)招呼同伴享用，然後就是一步一步的將每個步驟組織成一個完整的行動，達到一個特定的目標。各領域每個教具的學習過程都包括了敘述性知識（知道是什麼，know what）與程序性知識（知道如何做，know how）。

不論是哪個培訓中心設計的蒙氏課程，每個活動都有教學指引，內容包括：提示方式（個別、小組、團體）、合宜學習的年齡層、老師應做的準備工作、引導時的方法與規定、教學提示語、孩童會感興趣的趣味點、錯誤是如何被訂正的、該項活動的直接目的和間接目的等，這些指引的目的就在協助老師能將三級教育目的、敘述性知識與程序性知識、知情意教育目的落實在孩童的學習上。

（三）兼顧以及整合身體動作潛能、心智潛能與具意志力之人格發展的教育目標（知、情、意目標的整合）

蒙氏主張：幼兒心智的發展是經由其動作而來，動作幫助心智的發展，透過雙手的工作所得到的經驗使幼兒智力提升到更高的層次；也只有

透過雙手的操作工作，才能建構幼兒的人格（紀律與意志力的養成）（李崗、楊淑雅，2016；岩田陽子、南昌子、石井昭子，1991；Montessori, 1967, 1972），例如：「穿、脫衣服」的工作，就「穿外套」而言，包括了六個步驟（岩田陽子等人，1991）：

1. 把掛在掛鉤上的外套連同衣架拿到桌子上，前襟向上平放。
2. 解開鈕扣、打開衣襟，取出衣架放回原處。
3. 左手提右邊的衣襟，讓右手先穿過袖子。
4. 右手穿過袖子後放開左手，然後右手伸到後面，把衣服披到左邊肩膀上，右手提左邊衣襟讓左手伸到袖子裡。
5. 把兩邊的衣襟對齊，扣好鈕扣。
6. 一邊看鏡子，一邊整理衣服。

「脫外套」的步驟是（岩田陽子等人，1991）：

1. 用雙手解鈕扣，打開前襟。
2. 先用右手將左肩上的衣服褪下，然後兩手轉到背後，右手捉住左袖口，讓左手從左袖中抽出來。
3. 雙手伸到前面，左手抓右邊袖口，讓右手抽出。
4. 衣服的前襟向上平放在桌上，撫平上面皺紋，整理好。

蒙氏課程裡將穿脫衣服之複雜動作予以分解成不同的小工作（穿、脫衣服），每個小工作又分成清晰的步驟，每個步驟間具有連續性關係。乍看之下，覺得是行為學派理論的應用，是的，若是老師教學過程裡沒有強調做每一個工作時應有的態度以及長遠的教育目的，學生所學的就只會是一種技能而已。在練習的過程中，幼兒是透過自由選擇方式選擇要做的工作，透過專心的、反覆的、依循的、手腦並用的方式，完成老師示範過的穿脫工作。工作過程裡，幼兒需要不斷練習並調整自己手眼協調的能力，每一項工作都需要高專注力、毅力、順服的態度搭配著有意識的用心，才能去完成它。穿脫衣服的動作練習可以增強肌肉與神經的發展，在反覆練

習、調整過程中也就有機會同時培養出幼兒良好的技能、習慣，以及發展出良好的人格。也就是說，蒙氏課程的教育目標除了有立即可見的讀、寫、算能力的培養外，還有動作技能與情意、態度的培養（人格教育、專注力、協調合作能力、意志力等情意、態度的目標），最終是培養一個完整的個體，為進入社會做準備。

二、蒙特梭利教育教保活動課程框架

蒙氏教育體系裡，課程框架是很清晰的，是依照領域與發展年齡雙向度呈現的（如圖 8-1、圖 8-2 所示）；課程內容就是各領域裡的學具／教具為其內容。透過蒙氏師資培訓系統將已經設計好的課程框架與各領域的學具／教具以及理論整合在一起，讓老師知道如何具體的運用學具／教具，將蒙氏理念與教具間之關係的教導（了解為什麼），以及將蒙氏教育的理念與實務結合，落實在學生的學習裡。

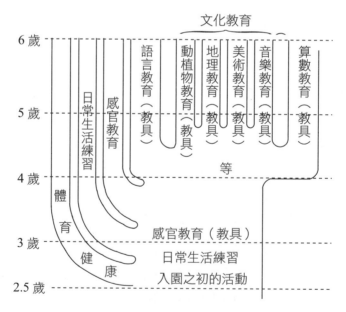

圖 8-1　蒙特梭利教育課程圖

資料來源：岩田陽子等人（1991）

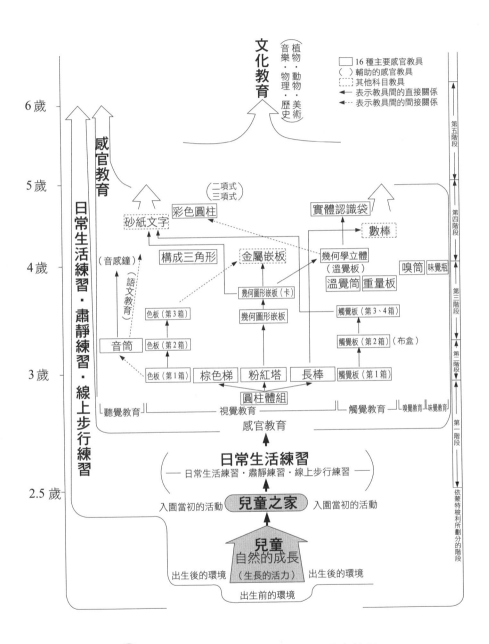

圖 8-2　蒙特梭利教育系統課程架構完整圖

資料來源：岩田陽子（1991）

　　圖 8-1 可以讓老師大致了解蒙氏教育課程體系依序呈現的內容，從日常生活練習開始，逐漸進入感官教育，然後以感官教育為基礎，進入算數與語言教育內容，然後包括音樂、美術、地理、動植物等的文化教育逐漸加入。幼兒即根據這些基礎性的教育，繼續其小學的學習旅程。

　　圖 8-2 是圖 8-1 裡感官領域課程的 16 個主要教具／學具與其他領域教具／學具間的關係圖，看圖可以了解蒙氏課程體系裡的教育目的、教學與教具／學具目標、透過教具／學具展現的學習內容以及各領域之教具／學具間的關聯性。

三、蒙特梭利教育教保活動評量

　　本段提到的評量，將從兩個角度來分享：

（一）從老師上課觀察、記錄學生學習與老師指導、引導之角度看

1. 學生每日學習的紀錄與評量

　　蒙氏老師每天除了大團體、小組、個別教學外，很多時間是在觀察並記錄班上每個孩子進行的學習活動。表 8-1 是將每個領域下的活動依當時課程規劃，將學生要學習的工作內容列出，評量分為：老師是否教過、學生是否在練習中、是否學習精熟了三個層次（老師也可以將精熟程度分成五等、七等量表方式表述），在紀錄表上畫記號（每二～四週變化教室各領域的學習工作內容，則此紀錄與評量表的工作內容就會隨之調整），老師從這張表不僅可以看到每個學生個別的進度與需要，也可以了解到全班整體性的進展。對老師給家長的回饋、教室環境的變動（定期增加或收起來工作用的教具／學具）、個別化教學的指引都是很重要的參考依據。表 8-1 只是一個範例，老師可以自創新的，也可以根據此加以修改，這些都不應該視為對老師的限制，而應該視為對老師的協助、支持系統裡的一部分。

表 8-1　學生每日／週學習記錄表

學年度：　　　；第　　週；日期：　　　　　記號：／老師教過了；＼學生練習中；△學生熟練了

座號	學生姓名	日常生活																	感官														語言		
		照顧自己				照顧環境					優雅與禮儀					動作控制			插座圓柱體				形狀		顏色			聲音		觸覺		文化		
		洗手	穿衣、脫衣	梳頭	…	掃地、拖地	擦桌子	給植物澆水	餵動物	…	教室裡說話音量	打招呼	說再見	不打岔	…	端盤子	拿地墊	跑跳	…	插座1	插座2	插座3	插座4	形狀配對	圖形命名	色板(一)配對	色板(二)配對	色板(三)命名	聽覺筒	環境中的聲音	布盒	神祕袋	…	…	…

對老師規劃觀察每日、每週學習紀錄表或是學生學習進度的評量表而言，都是根據課程目的、領域目標、每個工作目標來設計的。這可以縮短理想課程與運作（實踐）課程、學生的經驗課程間的距離。

2. 學生每半學期、一學期的學習紀錄、評量

表 8-2 是以學生每半個學期、一個學期之個別評量的歸納、總結為導向設計的。表 8-1 是全班每個學生在同一個時間裡之學習狀態的紀錄，到了期中、期末時，老師根據表 8-1 的資料可以加以轉化成表 8-2，以每個學生一份報告的方式呈現。表 8-2 評量的項目會比表 8-1 抽象些、宏觀些、長遠些。這份紀錄或報告可以作為整個學期課程與教學設計上的反思、檢討和修改。表 8-2 的運用，可以讓老師不至於在課程與教學時只見樹不見林；每一項工作的目的都是在培養學生邁向更獨立、自主、合作、和諧、自信、具備能力的個體及社會人的道路而行。

3. 學生三年學習紀錄

根據表 8-1 轉化成表 8-2，每一年學習結束時就可以將表 8-2 轉化成表 8-3。老師可以每年看到學生的發展，看到學生的強項／弱項、需要支援的地方，最後從表 8-3 可以看到學生連著三年的學習、發展紀錄，這對學生的學習、老師的課程設計與教學方向、工作項目的加強、延伸等決定，都是很重要的參考資料。

（二）從管理者、評鑑者對老師教學之觀察角度來看

當我們談到教學活動評量時，直覺的就覺得是評量學生，但一個學生學習成果是什麼以及學得如何，老師的角色具有絕對的影響力。表 8-4 是針對老師執行課程時的角度來觀察評量的一個紀錄表。蒙氏教育透過對老師課程與教學的設計與執行的監督，得以保持其理想課程的落實。

表 8-2　學生每半學期／一學期學習紀錄表

學生：_____　　老師：_____　　學期：_____

代號意義：1＝經常；2＝偶爾；3＝很少

社會、情緒與執行力的發展

社會與情緒的發展	期中	期末	執行力的發展	期中	期末
能用口語表達自己的需要			能獨立工作		
能參與團體、小組式的儀式活動			能選擇挑戰自己合宜的工作		
能參與關懷環境的活動			能跟進多步驟指令的工作		
有需要時，懂得尋求協助			能堅持完成一件工作		
與人說話時，會眼睛看著對方說話			能靜靜地觀察別的同學的工作		
承擔責任			能用不同方法去解決問題		
⋮			⋮		
⋮			⋮		
⋮			⋮		
描述性陳述與建議： 期中： 期末：					

興趣代號	技能發展代號
1＝熱情	1＝可以擴展、延伸學習
2＝還好	2＝符合發展程度
3＝沒興趣	3＝需要提供額外的時間與支持

五個領域的發展

領域內容	興趣		技能發展		目標／建議	照片
	期中	期末	期中	期末		
說					語文教育：	附上代表性的照片（活動的、作品的、對話的）
寫						
讀						
對自我的照顧					日常生活練習：	
對環境的照顧						
優雅與禮儀						
動作控制						
視覺的分辨					感官教育：	
觸覺的分辨						
聲音的分辨						
嗅覺的分辨						
味覺的分辨						
數字與操作					算數教育：	
模式與關係						
問題解決與推理能力						
地理					文化教育：	
地球科學						
生命科學						
藝術與音樂						

表 8-3　學生三年的學習紀錄表

學生：_____　老師：_____　學期：_____

代號意義：1＝經常；2＝偶爾；3＝很少

社會、情緒與執行力的發展

社會與情緒的發展	1	2	3	執行力的發展	1	2	3
能用口語表達自己的需要				能獨立工作			
能參與團體、小組式的儀式活動				能選擇對自己挑戰合宜的工作			
能參與關懷環境的活動				能跟進多步驟指令的工作			
有需要時，懂得尋求協助				能堅持完成一件工作			
與人說話時，會眼睛看著對方說話				能靜靜地觀察別的同學的工作			
承擔責任				能用不同方法去解決問題			
⋮				⋮			
⋮				⋮			
⋮				⋮			
⋮				⋮			
描述性陳述與建議： 期中： 期末：							

興趣代號	技能發展代號
1＝熱情	1＝可以擴展、延伸學習
2＝還好	2＝符合發展程度
3＝沒興趣	3＝需要提供額外的時間與支持

五個領域的發展

領域內容	興趣			技能發展			目標／建議	照片
	1	2	3	1	2	3		
說							語文教育：	附上代表性的照片（活動的、作品的、對話的）
寫								
讀								
對自我的照顧							日常生活練習：	
對環境的照顧								
優雅與禮儀								
動作控制								
視覺的分辨							感官教育：	
觸覺的分辨								
聲音的分辨								
嗅覺的分辨								
味覺的分辨								
數字與操作							算數教育：	
模式與關係								
問題解決與推理能力								
地理							文化教育：	
地球科學								
生命科學								
藝術與音樂								

表 8-4　師生互動的觀察與軼事／照片紀錄表

帶班老師：_____　日期：_____　觀察者：_____

以軼事／照片方式記錄
記錄、分析以下四種師生互動過程（總共四個軼事紀錄）以及整體性的觀察教室、學生、老師
場景、地點的描述：_____

情境的描述：_____

1. 感人的事件
　(1) 尊重的
　(2) 粗魯的
2. 語氣、聲調
　(1) 敏感的、輕聲細語的
　(2) 急促的、苛刻的
3. 溝通的品質
　(1) 對孩子的需求敏感
　(2) 對孩子的需求不敏感
4. 紀錄的保存／班級經營
　(1) 幼兒方面
　(2) 成人方面

整體性的觀察
1. 教室的氣氛（硬體設備與人文環境）
　(1) 安靜的、穩定的
　(2) 嘈雜的、不穩定的
　(3) 自由的
　(4) 制式化的
　(5) 有秩序的
　(6) 有美感的
　(7) 錯誤的運用自由概念的
2. 學生的狀態
　(1) 專注的、有目標性的、自主的、自律的、獨立的
　(2) 遊蕩的、不清楚要做什麼的
　(3) 喜悅的、和平的、感恩的
3. 老師的狀態
　(1) 理解學生何時需要何種支援
　(2) 欠缺自信的、不夠清楚如何處理個別學生當下需要的支援
　(3) 注重觀察的
　(4) 自信的、謙卑的

觀察者的詮釋：

對老師環境的預備與教學之總結、評估與建議：

第二節　運作階段：程序與案例

　　本書第一章「課程與教學的關係」一節提到，課程強調的是「教什麼」的問題，教學強調的是「如何教」的問題；圖 3-1 裡，筆者將課程發展分成三個階段：課程設計階段、課程實施／運作階段（這階段強調的是在有學生情境下實施課程的階段，本書定義此時是教學階段）、結束時針對實施後的課程做評鑑、修改，屬於課程評鑑階段。

　　筆者發現：蒙特梭利教保活動課程發展三階段的工作，不是都由老師承擔的。基本上，課程設計階段，包括整個課程體系（如圖 8-1、圖 8-2）都是蒙特梭利當年設計，以及後續各個蒙氏學會（如 AMI、AMS 等協會）陸續根據蒙氏理論延伸、發展成今日的面貌（這部分是本章第一節的內容，偏於預設課程的屬性）；老師主要工作就在第二階段──課程的實施／運作，偏重在教學時的決定，以既有之課程框架，根據孩童的年齡、能力、興趣點去安排個別的學習時間、進度，確定每個孩童的學習課程。這時候，差別的不是學習目標或是學習內容，而是每個孩童有各自的學習歷程與學習進度、每個工作之學習時間與工作選擇的順序；然後根據學校已經設計、修改好的觀察紀錄表去記錄每個孩童各自之學習檔案。老師根據每個孩童的學習檔案來訂定、修改每個孩童接下來的學習課程，不是去修改整個蒙氏課程體系（這部分是本節的主要內容，偏於生成課程的屬性）。這樣看來，老師主要的工作就是確實的將第一階段──設計階段發展好的課程體系落實出來，也就是將理想課程變成實踐的運作課程，並且觀察孩童經驗到的課程是否與理想課程、運作課程間形成一個一脈相承的體系，落實蒙氏設計時的理念與每個工作期待達到之直接性與間接性的教育目的，確認每個孩童都得到符合他們發展所需的協助、引導。因為這些協助與引導是與情境脈絡息息相關的，因此，「在預設課程框架裡的生成課程」就應運而生。這個工作，直接影響孩童的學習品質。下面舉幾個例

子說明蒙氏老師主要的工作內容與方式、蒙氏老師在課程發展中的角色、為什麼蒙氏的課程既有生成的成分卻不會流於目標的不確定性與教學品質達成與否的擔憂、既有預成的成分卻不會失去因材施教的教育理想，以及老師在這個階段裡不只是支持個別的孩童發展，同時也在形塑一個具備學習型文化的教室。

❖ 案例一：開學前、開學前一週、開學初（前二週）、開學第一個月（後二週）與後續的課程發展

（一）開學前：教學主管參考當地教育主管單位對各年齡段發展的綱要以及各年齡階段（3、4、5歲）的蒙氏課程順序，完成學期教學進度表[2]。

（二）開學前一週：老師根據教學主管預備好的教學進度表預備環境，這時候投放的學習材料以無須示範的材料與日常生活活動為主。

（三）開學初（前二週）：孩童陸續到園時，老師一對一的帶領、教導孩童衣物放置的地方、物品整理的方式，以協助孩童對環境的熟悉度與建立秩序感為主；這時老師也會安排比較多的團體活動，例如：音樂活動、語言遊戲、繪本分享等小組或集體活動來舒緩孩童面臨新環境時的壓力與提升孩童的學習興趣。

（四）開學第一個月（後二週）：老師會從一些不需要材料的日常生活活動的引導，開始培養孩童的專注力、獨立性、秩序感以及協調性。通常會從日常生活的優雅與禮儀活動開始（優雅與禮儀活動是培養孩童與社會性互動有關的活動，也是生活中、教室裡需要遵守的規矩。優雅，指的是對自己的尊重，亦即如何用尊重自己的方式呈現自己；禮儀，指的是對他人的尊重，亦即如何用尊重他人的方式與人互動）。舉兩個例子：

2　即使每個學校用的都是蒙特梭利教育體系的課程框架，但每位主管、地區文化與需要等的不同，學校教學主管會在蒙氏教育體系的課程框架裡做微調的工作。

1. 一開學老師會透過孩童行為的觀察來決定需要優先示範之優雅與禮儀的活動。如果老師觀察到前兩天孩童們開、關門的聲音很大，打擾到教室中其他孩童的活動，老師就會示範如何輕輕的開、關門而不發出巨大聲響，進而幫助孩童運用尊重自己和尊重他人的方式在教室中生活。

2. 如何觀察他人工作而不影響他人：很多新入學的孩童對新環境中的材料非常好奇，當他們看到有其他孩子在使用一樣自己沒有操作過的材料時，就會急著要去碰別人手中的材料（每一間教室裡，每一樣蒙氏教具只有一套）。這時候老師就可以示範如何把手放在背後並安靜的觀察他人工作。開學初期（一個月內）需要介紹的其他常規包括：如何尋求幫助（新生比較容易有的問題）、如何提供他人幫助（舊生比較容易有的問題）等。

（五）後續的課程設計：老師觀察孩童的情緒、常規、專注力、獨立性、秩序感以及協調性漸漸進入狀況時，就可以調整並豐富化教室環境，提供一個符合孩童發展的學習環境。繼續優雅與禮儀活動、日常生活教育，同時，開始加入其他領域由簡單到複雜的工作。

❖ 案例二：個別化教學在課程實施／運作階段展開與實踐——以「線上靜走」工作為例

為了培養孩童步行時的平衡感、意志力與獨立感，因此設計了這個「線上靜走」的活動。

老師參考「線上靜走」活動教學指引後進行示範，然後帶著孩童或是讓孩童自己去線上靜走。精熟線上靜走活動的孩童，就可以選擇難度更高的線上遊戲活動。

為了增加線上靜走的難度，讓孩童練習專注力與平衡感，右手臂呈直角，手上同時持有遊戲用具（如圖 8-3 所示）輕輕緩步前行。遊戲用具特性由簡單到難度高依序如下：

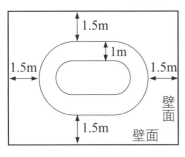 

圖 8-3　線上靜走橢圓形圈及遊戲用具照

1. 易傾斜的物品，例如：旗子。
2. 易滾動的物品，例如：珠子。
3. 易掉落的物品，例如：乒乓球、花冠、小沙袋。
4. 易破碎的物品，例如：玻璃杯、酒杯。
5. 易發出聲音的物品，例如：鈴鐺。
6. 易熄滅的物品，例如：點上火的蠟燭。
7. 易崩倒的物品，例如：書籍。
8. 易翻倒的物品，例如：裝了水果的花籃。

　　關於環境的準備老師要準備上述的材料，並設想培養孩童有選擇材料的能力，這些都屬於老師課程發展設計階段的一部分。蒙氏老師的時間與精力花在整體課程架構的研發時間較少，多數時間是花在如何布置教室環境以吸引孩童的學習（如圖 8-4 所示）、觀察孩童學習的狀況，進而針對個別孩童的工作（孩童可以依個人興趣去選擇線上靜走遊戲材料），思考介入與否或是如何介入的問題，這是將焦點放在因材施教、個別化教學以及對學習品質的關注上。

圖 8-4　一天工作前期教室環境照片
（孩童到班人數還不多，在地板上工作的也不多）

❖案例三：預設課程在流動與互動教室環境裡落實時（也就是在 運作課程發展階段時）產生了生成課程

　　教室裡有擺置好學具的硬體環境、老師、孩童，這三樣元素在時間的流動中也在不斷的流動以及互動。老師／孩童／環境（空間／工作項目）間的流動與互動、老師在流動與互動、孩童在流動與互動、環境在流動與互動、工作在流動與互動；教與學間的流動與互動、孩童自我內在與環境間的流動與互動。圖 8-4～圖 8-6 是某個上午筆者陸續拍攝的照片。三張照片一起比較來看，可以看到教室、老師的流動以及與不同孩童的互動，孩童在教室裡的位置也是會隨著他們的工作選擇、完成、再選另一個工作的流動以及與老師、同學間的互動，原來架子上的材料也因為被孩童選擇後放在地上或桌上被運用。就在「自由與自律」的思維下，老師建構出一個「流動與互動」的教室環境，讓預設好的課程在落實層面時（也就是教

圖 8-5　一天工作中期教室環境照片

（孩童到班人數增加，地板上工作增多了）

圖 8-6　一天工作後期教室環境照片

（孩童工作的複雜度增加了，原本做語文學習的孩童做完且收拾後
去做別的工作了；照片裡這位男孩童正在做形狀辨識工作）

學時），產生了生成課程（老師針對每個孩童之需要，未必是事前可以預測的，老師當下的回應內容就成為生成課程，前述「線上靜走」工作的例子，可以看到預設課程與生成課程發生的時間點）。這就是蒙氏課程在實施階段時的樣貌。

　　生成課程產生的原因是老師配合每個孩童在老師預備的環境裡，尊重了孩童在平行學習內容裡的選擇、學習的節奏、學習與休息時間等因素的不同而做出之不同的決定，所形成的學習內容（稱之為生成課程）。

❖案例四：老師透過環境的預備與使用，建構班級的學習文化，進而達到教育的目的

（一）環境的預備

　　蒙氏課程發展工作包括了環境的準備工作。

1.整體性、系統性、程序性與邏輯性的環境預備工作

　　乍看之下，蒙氏教室似乎是全球每間教室都大致雷同，但仔細觀察後可以發現，每間教室都有它的獨特性。

　　所謂教室環境的整體性與系統性，不只是一個一個工作材料而已，還包括個別性的工作材料與整體性的櫃子間的關係與設計。圖 8-7 與圖 8-8 是一個單獨的工作材料與一個櫃子工作材料間的關係，它們都是「日常生活」工作的一部分。圖 8-7 準備的是：可以剛好擺置入所有材料的一個方型盆子，裡面有切蛋器、蛋、砧板、夾切好之蛋片的夾子、放置切好之蛋片的容器、洗砧板用的海綿；方型盆子外面有圍裙、餐墊（這樣的擺放，對孩童而言，他專心學習的是「切」的工作；但每個工作都是這樣的擺設，慢慢的孩童會學會，做一樣工作需要「準備材料」這件事）。在圖 8-8 裡可以看到圖 8-7 之切蛋工作材料在其中，那個櫃子裡有十幾組材料都屬於「日常生活」的工作。圖 8-7 呈現的是一個小系統，是「切」工作

圖 8-7　用切蛋器切蛋材料

圖 8-8　「日常生活」材料櫃之一

這個小系統；圖 8-8 是「日常生活」系統裡的部分工作系統。

　　再舉「倒」（倒水、倒米、倒豆子等）工作為例，圖 8-9 與圖 8-10 都是「倒」工作的材料櫃，兩個櫃子的材料展現的是跟「倒」有關的工作，是一個整體性、系統性之「倒」工作的（各種細項的）規劃、準備與呈現。

　　所謂教室環境的程序性與邏輯性，是指每個工作、每個櫃子材料的擺放都有其邏輯性，透過此邏輯性，呈現了工作的程序性[3]。舉「刷洗」（刷洗桌子、地板等）工作為例，圖 8-11 是「刷洗」工作所需的材料，其擺放方式是依材料被使用時之先後順序從左到右、從上到下順序排列的。工作時，圍裙是第一個要穿戴的材料，因此，它放在托盤的最左邊或是右邊；然後是取水壺、水盆、海綿、刷子⋯⋯。孩童工作結束時，也要依這個順序方式將材料依序放回原有的位置，在多次取用與放回的練習下，孩童不僅僅會記得每個材料擺放的位置，也學會「順序」、「程序」、「規矩」等抽象的概念。透過「回憶」與「練習」的方式，慢慢的了解「刷洗」工作的「程序性」與「邏輯性」。

3　平常生活裡，做一件事的程序不必然只有一種程序，但對蒙氏教室的孩童而言，可以透過不同工作去學會工作前要「準備材料「與「做事的程序」這個概念。

圖 8-9　「倒」工作的用具　　　　圖 8-10　「倒」工作的用具
　　　（不透明的材料）　　　　　　　　　　（透明的材料）

圖 8-11　「刷洗」（桌子）工作的用具

　　整間教室依五個學習領域，每個學習領域依工作難易度而有2～4個櫃子，每個櫃子裡會有4～5層的層板，放置一套套自成體系的托盤（裡面有某個工作所需的材料），整間教室呈現的就是小系統（一個工作、一個托盤的材料）、中系統（一個領域或是一個領域下分支系統的數個工作的教材托盤、材料盒、材料架子）、大系統（五大學習範疇）的學習環境。

2. 美感環境的預備工作

　　蒙氏課程沒有將美感教育特別分出一個學習的範疇來，不表示不重視它，而是在環境中、工作中強調「美」的感覺。蒙氏認為孩童最初的學習活動是因為「美」引起的，因此，環境裡的材料要注意其色澤、顏色、形狀等的美感。尋找美的材料，是蒙氏老師的工作之一，也是課程本土化、特色化可以著墨的地方。在圖 8-7～圖 8-11 可以從每一個工作材料與托盤、盒子、架子的選擇、擺放方式以及每一個櫃子不同工作材料的擺放中看到整齊的美，視覺上顏色、色澤、形狀設計的美，以及秩序感的美。

（二）環境的使用

　　蒙氏環境指的不只是教室裡依孩童發展秩序所設計的設備、學習材料而已，讓這些設備、學習材料產生作用的是老師，老師是預備好之環境的一部分。教室裡的設備、學習材料是讓孩童依其發展進程去學習與準備進入未來社會（即社會的一切文化）的方法與手段。操作與熟悉材料的操作本身不是終極目的，熟悉材料的操作本身只是一個手段、一個過渡而已。老師運用教室裡的設備、學習材料去協助孩童建立起自己內在生命的動力與環境間的關係（教室文化的建構是以真實的文化世界、真實的生活為藍本的）。這階段裡，老師的做法原則如下：

1. 提供孩童可以按照自己節奏與步調工作的環境

　　有的孩童性子急、有的慢；有的學習興趣點在材料本身，有的在同儕

關係裡；有的孩童需要較長時間才會去探索新的事物，有的就很容易對新的事物感興趣，由於這些個別差異，老師必須有耐心的觀察、引導、協助孩童工作的選擇，並專注於工作。

2. 提供適合每個孩童可以各自自由走動、選擇工作之場地與材料的環境

預備好的教室設備與學習材料，要允許孩童在工作的三個小時裡擁有符合其發展與學習條件之走動、選擇工作場地與材料的自由。

3. 提供孩童一個自動自發、自律的學習環境

蒙特梭利是透過觀察「自由活動時的孩童」所得的心得與科學性研究而完成其教學法、教室設備與學習材料的。蒙氏教室設備與學習材料的設計是依「秩序」製成的（除了前面提到的系統性、完整性的秩序外，教具如「粉紅塔」＝大小概念的秩序、「長棒」＝長短概念的秩序、「色板」＝顏色概念的秩序、「幾何圖形嵌板」＝幾何學形體的秩序、「音感鐘」＝音階的秩序等）；教室裡教材的選擇與使用順序也有其一定的程序與規則。老師的任務就是引導孩童透過工作的滿足感而邁向自動自發、自律的途徑。如同蒙氏說的：

> 教室並非要教導些什麼，而是要成為孩子自動去學習的媒介，使
> 孩子能與環境直接接觸、溝通。教師就是孩子和為他們所準備的
> 環境的橋樑。（相良敦子，1991，頁 115）

4. 建構孩童與整體文化（班級文化、社會文化）連結的學習環境

蒙氏視老師為協助孩童的引導者，依著孩童內在發展動力，在「兒童之家」的環境裡，透過工作建立現實生活需要的獨立、專注、合作、自律、秩序以及讀寫算等能力，培養出愛、喜悅、和平、寬容、仁慈、善良、誠實、溫和、節制品格的個體。這樣的學習環境是透過老師的身教與

言教形塑出來的。

第三節　評鑑階段

本章第一節已將蒙氏課程體系針對學生學習評量方式與紀錄表單做過說明，也提供了對教學者教學效能的評量方式與紀錄表單說明。蒙氏老師在這個階段通常花比較少的時間不斷的研發評量方式，而是透過每日的觀察，每週、每月、每學期資料的整理，看到孩童學習的發展，進而調整孩童每週（或每二週）的學習進度表。

學校管理階層也會透過觀課、教學會議等方式提示老師教學上需要反思之處，以提升教學效能。

第四節　關於新課綱、課程手冊實踐之反思

「幼兒園教保活動課程大綱」（簡稱「新課綱」）、《幼兒園教保活動課程手冊》（上、下冊）（簡稱「課程手冊」，文件的法律地位與新課綱的法律地位是不同的）是目前政府極力推動的方針並倚重的，因此本節嘗試探索與分析蒙氏課程原有體系與此方針互動搭配的可能性與做法。以下分三個方面來探索、分析。

一、理論方面

蒙氏教育是從「生命」角度開始的；從「觀察」孩童的生活、生活中的孩童開始的。蒙氏曾經看到一群被關在空無一物的智能障礙收容所的孩童，在一看到食物時就爭先恐後的衝過去。蒙氏觀察分析後認為，這些孩童爭先恐後的衝過去不是為了食物，而是房間裡沒有任何的設備可以提供孩童運用雙手去做事情的機會；送來的餐具與麵包成了他們可以動動手的物品。透過類似這些的觀察，蒙氏開發出她所謂「生命糧食的教育」。理

論裡很重要的一部分就是要提供、滿足孩童能「用手」「去做」的需要，當孩童所做的事是「日常生活」需要做的事，孩童就會「專注」「思考」去完成它，因而得到滿足，這個滿足感就成為孩童願意繼續工作的動力。

蒙氏師資培訓課程裡，不是從材料的使用方式開始，而是從老師對孩童發展階段的敏感度、尊重，透過環境的準備、觀察等內容開始；材料是一個手段、途徑，老師透過這個途徑與手段，協助孩童發揮內在的生命力，逐漸養成進入成人社會時所需要的生命品格、生存與生活能力，包括：自律、獨立、和諧、合作、學習讀寫算前的準備能力。雖然理念、理論是抽象的，但透過教室環境與材料的預設及規劃，老師可以具體的、個別化的用在孩童身上。

「新課綱」總綱裡面雖然有提出基本理念，但落實到課程發展的時候（如圖 3-4 所示）就直接從課程大綱各領域的學習指標出發了。進修研習與輔導工作對基本理念與落實到課程發展間的銜接、轉化工作較無著墨，基本理念也就退隱了，課程發展於是成為一個過場而已。寫出來的活動設計，重點直接放在是否符合「新課綱」的「學習指標」，而不是孩童本身的需要，不是「新課綱」的理念如何轉化落實的處理；從「以幼兒為中心」的理念掉入了「以新課綱為中心」的形式主義了。

二、課程目標與課程架構方面

從圖 8-1、圖 8-2 可以看出蒙氏整個課程的體系，其長遠的目標（亦即對幼兒未來的學習與生活能產生影響力的目標）就是要培養出一個能獨立自主、有秩序感、有協調能力、專注力以及完整人格的個體。

「新課綱」的宗旨是：仁的教育觀，陶養幼兒愛人愛己、關懷環境、面對挑戰、踐行文化的素養，並奠定終身學習。總目標是：維護幼兒身心健康、養成幼兒良好習慣、豐富幼兒生活經驗、增進幼兒倫理觀念、培養幼兒合群習性、拓展幼兒美感經驗、發展幼兒創意思維、建構幼兒文化認同、啟發幼兒關懷環境。課程透過總綱、六大領域的領域目標、課程目標

與學習目標去培養出六大核心素養，包括：

1. **覺知辨識**：運用感官，知覺自己及生活環境的訊息，並理解訊息及其間的關係。
2. **表達溝通**：運用各種符號表達個人的感受，並傾聽和分享不同的見解與訊息。
3. **關懷合作**：願意關心與接納自己、他人、環境和文化，並願意與他人協商，建立共識，解決問題。
4. **推理賞析**：運用舊經驗和既有知識，分析、整合及預測訊息，並以喜愛的心情欣賞自己和他人的表現。
5. **想像創造**：以創新的精神和多樣的方式表達對生活環境中人事物的感受。
6. **自主管理**：根據規範覺察與調整自己的行動。（教育部，2016）

　　從「新課綱」的宗旨、總目標、六大領域的領域目標、課程目標、學習指標到六大素養能力間的銜接關係，可以如何落實，應該如何進行活動與課程的設計與實踐？回顧第三章所述，從表 3-2、圖 3-4 與圖 3-5 來看，老師發展教保活動的時候，「新課綱」的宗旨、總目標、六大領域的領域目標並未出現。是否有其他什麼方法、在什麼地方達成？這樣的工作是每個老師都要經歷的嗎？

　　蒙氏教育、課程系統的課程目的著眼於孩童面對生命與未來學習所需的能力，強調孩童面對現在與未來之日常生活能力的培養——包括讀寫算的準備工作、學習所需的專注力、獨立、合作、自律以及完整人格等精神層面的能力；「新課綱」與「課程手冊」的教育目的偏認知取向的思維。

三、課程發展階段方面

　　從圖 3-3 可以看出幸曼玲等人（2018b）提出的課程發展階段是分成三個階段：課程規劃階段（學期開始前）、課程實踐階段（學期中）、教／學的評量階段（學期結束），但仔細分析，實際上強調的是課程規劃階段

與評量階段，對老師實際教學的實踐階段著墨甚少；而蒙氏課程發展三階段裡，老師主要工作是在第二階段——課程的實施／運作上，偏重在教學時的決定，以既有之課程框架，根據孩童的年齡、能力、興趣點去安排個別的學習時間、進度以確定每個孩童的學習課程，老師主要的工作就是確實的將第一階段——設計階段發展好的課程體系落實出來。

　　兩套系統（「新課綱」、「課程手冊」與蒙氏教育、課程系統）從理論層面、課程目標與架構方面到對老師角色與老師在課程發展中之角色的看法上，其所強調的重點完全不一樣。但從圖 3-4 來看，幸曼玲等人（2018b）之研究結果，透過研習活動、輔導活動全力推動全國幼教老師與幼兒園（不論是主題取向課程、學習區取向課程、蒙特梭利取向課程還是華德福取向的幼兒園）之課程規劃方向與做法要用「新課綱」與「課程手冊」的內容。邱志鵬於 2013 年提出「專業霸權主義」的警告（翁麗芳，2017，頁 29），「超過百頁的暫行大綱[4]，亦可能成為統一課程，而壓迫到幼兒園的草根性及多元化的課程發展」（邱志鵬，2013，頁 34）。

　　翁麗芳（2017）文中的結論與討論時提到「獨尊一支，不許他顧的現象，未免箝制過度」（頁 29）、臺灣七十年社會變遷，對幼教的關注愈有高漲，但在課程方面卻是「多元奔放到一綱獨大」（頁 29、30）。

　　蒙氏教育、課程體系以及「兒童之家」成立至今（1907 年成立）已百年以上。當這個逾百年之久的教育、課程體系與 21 世紀的「新課綱」與「課程手冊」碰觸時，我們應該以什麼姿態對待它？——是取代它？改造它？還是讓它在思想根基上與成熟的系統裡有繼續開花、結果、創新的機會？

　　綜觀大地，不論是有生命的動物、植物、人類或是無生命的物質世界，都是多元的呈現；教育的體系、目的、教學策略、方法等在合於教育

4　邱文發表於 2013 年，所以稱為「暫行大綱」；後來大綱已於 2016 年公告後執行。為忠於原文，因此還是用暫行大綱。

原理下，給予場域內之人士一個自律與自由的空間是海納百川的胸襟與素
養。

第五節　相關問題之問與答

　　有人對蒙特梭利教育／課程體系提出一些問題，筆者列出於下，並嘗
試回應，也是填補這節內容無法完全表述的部分（在臺灣，研究蒙氏教育
者以及實務經驗豐富專家不少，針對可以豐富化提問或是回應的部分，請
不吝與筆者聯絡）。

> Q 問題一：
> 蒙特梭利教育系統的課程偏於結構性、整體性的設計，屬於預設課
> 程偏重的課程，這樣是否會剝奪了老師的專業自主性？

【回應】

這個問題，可以從三個角度來思考：

1. 蒙特梭利教育系統的課程會提供課程目的、教學內容、教具／學
   具以及評量方法互相連結的、體系性的、具完備性的教／學教材
   資源（也可以視為一套教／學材料資源，內容包括：教師手冊、
   教案、教具／學具、環境布置手冊等資源以及師資培訓制度，與
   坊間幼教出版社所出版帶有教具／學具之產品的形式是雷同的）。
   受過蒙氏師資培訓的老師（包括在蒙氏學校實習一年的經驗）會
   了解蒙氏體系課程的理念、內容、教具／學具的運用與評量的設
   計，他們是花時間去「運用」這個完整的課程體系──亦即「教
   學」（資深的老師就不只是「運用」層次了，而是會開始在已有
   之蒙氏課程理論、目的、框架與教具／學具基礎上去創新，但不

會無中生有或是重起爐灶式的創新）——在運用過程中依學生的個別差異而調整課程內容、教學方式（給學生更多自我建構的時間，包括反覆的練習，這也是處於自我建構過程中的一部分動作），不會讓自己或一個園所花大部分的時間去「建構」「開發」一套完整的課程體系。光是教室裡的教學過程就需要老師長時間經驗的累積，才能充分理解蒙氏課程體系的精髓，也才能充分展示出老師的專業自主性。蒙氏老師的專業性與專業自主性是需要老師沉浸在蒙氏理論與教學中去延伸、拓展出來的。

2. 專業自主性不是只放在老師一個人的身上，而應該是放在那門專業裡的專業人士、組織裡：從第二章第一節裡的說明（參見圖2-3）可以看出，蒙特梭利課程的管理系統是從國家級的官方政府與協會、地方上的師資培訓機構到師培講員的條件、資歷等都有一套上下銜接、顧及生態環境之管理的規範與程序。專業自主性除了表示專業人士對個人領域事項具有決策的自主性外，也包含了專業自律性與倫理性的元素，不宜只強調自由而不談自律的部分；不宜只要求老師個人，而沒有整個支持系統的設計與監管。

3. 一定要老師完全自創的課程或是強調園本課程才算是教師擁有了專業自主性，才算是個有品質的幼兒園嗎？這段的回應是將問題擴大來處理，也算是第二點說明的延伸。筆者認為蒙氏幼兒教育的課程體系（0～3、3～6歲）就是一套教／學資源教材（也可以視為廣義的教科書），幼教領域學者、各級政府對教科書以及教／學資源教材是特別的反對；雖然對於蒙氏幼兒教育課程體系沒有特別禁止，但也沒有認可它的價值性與可研究與應用性。

　　筆者認為課程設計與教學的主體是學生，教師擁有了專業自主權不等於學生就可以得到受教應有的品質。針對教科書或是蒙氏體系預設性的課程是否會降低老師的專業自主性的問題，有兩派觀點：

一是「去專業化」（deskill）：早期學者如 Lawn 與 Ozga（1981）曾指出，在工業社會下，已有愈來愈多的工作者在雇主的領導及管理下，逐漸失去自己在工作過程中思考的空間；也就是說，工作者僅需藉由一套運作良好的機器及清楚詳細的操作程式，便可達到工作目標。有關工作上的所有步驟都已事先被設定好，工作者只需按照一定的程序完成工作即可，不必用心去思考或是設計達成目的之方式與內容，這樣的情形也包括了在教室裡的教師工作。Apple（1989）指出，一個事先設計好的套裝教材將會控制住教師的心智、削弱其專業能力，並會影響教師用心設計符合情境與學生需求的課程。此觀點認為，教師若完全倚賴教科書進行教學，就如同是工廠生產線上的工人，只要負責執行上級的命令，毋須參與課程的發展、設計與相關決策，使得教師成為只需勞「力」不需勞「心」的工作。使用教科書將使教師失去專業性，也剝奪了學生得以有學習適合自己與符合自己興趣之課程的機會。

二是「增強專業化」（reskill）：針對上述的論點，有些學者重新檢視了教科書存在的功用以及必要性。Westbury（1990）指出，教科書主要的功用為提供某主題相關的知識內容，並且加入邏輯順序的安排，以及許多的教學支援，例如：活動設計、問題設計、學習單、課程與行政管理軟體等。Squires（2005）認為，教科書的內容可反映出當代的主要議題，也可顯示出何者為當代重要的、該教的，以及值得學習的內容。一套完整的教科書包含了學生用書、教師教學指引，以及相關的輔助教材，這些教科書的內容乃經由清晰的教育理念架構以及有系統的課程研發程序所發展出來，因此 Smyth 等人（2000）便指出，教師可能會因為過度倚賴教科書而失去其專業性，但其實教師也有可能在使用教科書的過程中，重新建立並增強其在課程發展上的專業知能，進而可以延伸、開創自己在該課程到該系統內的創見，或是另創系統性的課程體系。

除了去專業化和增強專業化兩派觀點外，Stoffels（2005）以南非為脈絡，以及 Chien 與 Young（2007）以香港為脈絡的研究指出：教科書對教

師專業自主性而言，問題不在於教科書會導致教師的專業性受到限制，或是教科書可以再增強教師的專業性；而是教師可能根本就未具備「發展」「課程」的專業知識、能力與經驗（一般老師多是發展上課的「活動」而已），此時，一套好的教科書便有其存在的意義性，透過一套好的教科書去發展教師的專業知能也是途徑之一。

　　課程發展頂層設計是以根本性為基礎，涵蓋性廣、禁得起時間的考驗，如蒙氏教育長遠的目標是要培養出一個能獨立自主、有秩序感、有協調能力、專注力以及完整人格的個體，其領域目標的方向也是如此。如果有需要修改，是國家層級、協會／學會層級（AMI、AMS 等協會）主要的工作，教室層級——老師——可以針對具體目標做修改，然後選擇、設計可以達到具體目標的材料、學具，這樣的做法是不會剝奪老師專業自主性的。

> Q 問題二：
>
> 蒙氏課程已經有百年以上的歷史了，其課程體系與課程發展是否還跟得上時代的需要？

【回應】

　　不同時代的社會，都會因為種種的原因而有當時比較傾向的教育思潮，這思潮就會影響到教育目的、教育的內容、方法與評量的重點。根據教育思潮與社會變遷的需求，政府或是學會會提出課程綱要，出版社或是專業團體就會依政府或是專業團體的期待去發展相關的教學資源或是教科書。筆者前面提過，蒙氏課程體系類似一套完整的教學資源。它長遠的教育目的（亦即對幼兒未來的學習與生活能產生影響力的目標），是要培養出一個能獨立自主、有秩序感、有協調能力、專注力以及完整人格的個體；透過教／學具的操作，老師引導教／學具的操作背後要達到的目的，

蒙氏課程是可以同時達到三個層級的目標的。關鍵點在老師指導與觀察後繼續的引導過程裡，是否能將理想性的課程轉化成為運作性課程。教育目的、教學目標、活動目標設定得夠具基本性與關聯性；老師執行預設課程時，個別差異問題的處理是以給學生選擇機會、全體示範教學到小組式與個別方式的指導與引導、由學生決定何時做那項工作（在老師有示範過的教／學具裡選擇），不同的學生做同一樣工作所花的時間長度由學生自己決定；這些理想性與運作性的課程都能銜接。蒙氏課程強調：培養出一個能獨立自主、有秩序感、有協調能力、專注力以及完整人格之個體的教育目的，至今依然是各國的教育目的；小學前之讀、寫、算準備度、良好之日常生活與學習習慣、豐富的社會性知識、態度、技能等也是各國在早期教育裡所強調的內容，這些能力的重要性，都未因時代的久遠而改變。

> Q 問題三：
>
> 「預備好的環境」（prepared environment）[5] 與課程發展有什麼關係？

【回應】

　　蒙氏教育體系裡強調環境對孩童發展的重要性，預備好的環境不僅僅是家具尺寸大小、顏色、設備等表面上的意義；蒙氏強調：我們應該為孩

5　具體化「預備好的環境」需具備的條件為：(1)能讓幼兒自主決定「工作的節奏與步調」、「工作的項目與場所」。典型之蒙特梭利教室裡，在整個2.5～3小時的工作時間段裡，幼兒是可以在教師準備好的、五大領域的教具櫃裡自主選擇要做的工作，而且可以自己決定會在該工作花多少時間去操作；(2)以示範方式給予清晰的規範：為了培養幼兒「專注力」，環境的預備不得有過多的材料，要依教導的方式操作與歸還教具；(3)有秩序：每個領域裡的每項工作放在櫃子上是有其秩序原則的，老師要在每學期開學前、每天課程結束時，檢查與整理教室裡的秩序性；(4)教學時，透過每日的示範、引導，將教室建構成一個「自主學習的文化環境」。這些條件的達成就屬於課程發展過程的一部分。

童們準備一個能讓他們內在生命躍動的環境，這樣孩童才能適當的、漸漸
的適應外界的狀況，才能將生命完整的展開。環境的安排是蒙氏課程裡重
要的一大部分，目的在讓孩童內在生命力與外在世界觸碰時，孩童能意識
到自己的能力，能在一個可以教育自己、鍛鍊自己成為獨立個體的環境下
成長。本書第一章第一節提到的「意識形態課程」或是「理想／理念課
程」就在老師「預備好的環境」裡顯現出來了。請看下面的例子和說明：

　　圖 8-12 可以看到老師預備的環境，包括：一早到班上時，要做事情
的先後順序圖；「昨天」、「今天」、「明天」的中文、注音與台語字
卡；日曆；放藥袋與體溫計的小盒子；文具盒；放每個學生姓名章、心情
章、印泥、日期章的小盤子；家庭聯絡簿放置地方與方式。這個環境的準
備不只是要孩童學會時間概念、認字、表達心情等容易看到之外顯性的學

圖 8-12　簽到桌

習，它的設計更是提供一個真實生活世界裡（每日的生活裡）培養孩童獨立、有秩序之概念與文化的學習機會，這也是前文提到之長遠性的教育目標、學習的內容與方法。

第六節　結語

　　本章以案例說明幾個課程發展的重要觀點：一、課程發展不需要因為「以幼兒為中心」的理念而不斷的整個翻新已經發展出來的課程體系，而是可以透過逐年的微修，建構出符合幼兒發展以及進入社會所需之基本能力、態度與技能的課程框架；重要的是在運作階段能多花時間去看到幼兒學習上的需要，給予協助。二、短、中、長程的學習目標要透過短、中、長期的觀察與記錄才能看得到，才能作為課程持續發展的依據。三、自主學習能力的培養可以借助於空間環境的規劃、學習時的規範、教室文化的建立等潛在元素的影響力去達成。四、老師的課程設計不只在教案的創新與寫作而已，更重要的在於設計、運作與評量三階段間的互相支持。

討｜論｜與｜分｜享

1. 蒙特梭利教育教保活動課程目標分三級，請熟悉後分享對這三級目標間關係的看法。

2. 請三～四人一組，用「線上靜走」活動為例，說明如何達到三個層級的目標。

3. 請三～四人一組，設計一個兼具知、情、意目標的活動；並請計時，看花了多少時間[6]。

4. 請三～四人一組，設計一個兼具敘述性知識與程序性知識目標的活動；並請計時，看花了多少時間[7]。

5. 請三～四人一組，估算一週五天所需的課程活動設計會需要多少時間？

6. 請三～四人一組，討論活動設計與課程設計的差別在哪裡？以蒙氏課程架構來討論。

7. 找一家正統的蒙氏幼兒園（老師、園長都有受過蒙氏師資培訓課程），觀察、了解上課時老師與學生在教室裡的動態以及老師在課程發展程序中的做法。

---

6 活動設計內容包括：提示方式（個別、小組、團體）、合宜學習的年齡層、老師應做的準備工作、引導時的方法與規定、教學提示語、孩童會感興趣的趣味點、錯誤是如何被訂正的、該項活動的直接目的與間接目的。

7 同註6。

主題式方案取向的教保活動課程發展案例與反思

簡楚瑛、張淑敏、王儷蓁

本章大綱

　　方案課程至少包括（或強調）幾個要素：(1)目標導向：以解決問題及解決問題能力的培養為其目標；(2)具有「步驟性」的「學習過程」；(3)學習內容要是對學生具有意義性的；(4)具有「做中學」的要素；(5)能促進學生的思考（簡楚瑛，2016）。主題式方案取向課程未必是一所幼兒園裡唯一的一種課程或是方式，它可以是全班全面性的課程，也可以是每天某個時段採用的課程或方式。本章實務的案例是以高雄市仁武國小附設幼兒園（下文簡稱「仁武附幼」）之主題式方案取向教保活動課程發展（下文簡稱「仁武課程」）為例。

　　仁武附幼位於高雄市仁武區中心，共有三個班級（大班、中班、大中混班）。2003 年，因少子化及多數社區家長認為公幼沒有教注音與數學的關係，遂面臨招生不足的窘境。教師團隊將社區型態、家長的需求與教學理念進行反思並尋求平衡點後，遂將課程與教學由單元式課程翻轉為方案取向的課程模式。課程由幼兒有興趣、老師有把握且覺得重要、與幼兒切身的議題開啟，透過一連串問題的提出與解決的過程，師生共構出可以提升幼兒各領域能力的課程。

　　仁武方案課程的設計主要是應用了 Piaget 知識發生論、Vygotsky 社會互動論、Dewey 問題解決法、Gardner 多元智能理論，以及瑞吉歐方案課程與教學經驗。在這段課程轉型的時間裡，仁武附幼的 6 位教師成員沒有流動，都是課程轉型的規劃、實施與評鑑者。因為大家有輪流兼任行政主管的經驗，使得團隊成員間建立了同理心、合作與共學的基礎，從不斷的教學對話（課程發展、讀書會、觀摩研習、專家輔導）、省思、調整，遂形成現今仁武附幼課程的樣貌。

　　2009 年，因為高雄社區空汙嚴重，便將能源環境議題融入方案課程，以使方案內容更符合幼兒生活與在地化的特性；2014 年團隊成員開始流動，為使新進老師對於仁武課程實施的脈動有所掌握，遂展開薪傳行動。由資深老師入班輔導新進老師，為期三年；再透過課程發展會議、讀書會等策略，形成全體成員共同對話的文化，以此將新進老師之方案課程實施

能力帶上來。

目前，仁武課程由五大內容構成（如圖 9-1 所示），以方案課程為仁武課程的核心，搭配支持方案課程深度發展的四個領域課程——生活、語文、數學與環境課程。

幼兒入園後，先進行晨間語文閱讀及環境田園探索活動，方案課程安排在之後實施，約一個半小時。下午時段，教師視方案發展情形，繼續實施，或者規劃與當時方案議題的相關語文、數學、生活、環境等課程，透過遊戲、實驗、學習區、練習等方式進行（如後文表 9-1 仁武課程實施與作息時間表）。

仁武課程發展程序是：先整合團隊的教學信念，將社區的文化、環境、特質做優劣勢分析，進而發展出學校教育目的、形塑仁武幼兒的圖像，再以方案的方式組織孩子的學習經驗，使學習對孩子產生意義，這種課程發展型態傾向於第三章提到之 Fink 的整合式課程設計模式。

第一節　設計階段

仁武課程目標從宏觀理想到具體實施，分為四個層級（本節「一、課程目標」的部分會做說明）；課程框架從內容、實施的時間來架構，並具有彈性的特質（本節「二、課程架構」的部分會做說明）；評量是以觀察、檢核方式為主（本節「三、課程評量」的部分會提供實例）。

仁武課程沒有定案的教師手冊，但因長期實施方案課程，已形塑出獨特的園所文化，「課程發展會議」是仁武教師共同備課的時間，也是決定全園課程方向性的重要機制之一。

學期初，園主任透過會議闡述園方教育理想、課程框架及評量方式，這是仁武教育的大方向，是較為固定的，是演化下所產生的。各班教師再思考園方理念、主題與該班幼兒特質的關聯，設定教學目標；當方案的探究議題確定後，再擬定具體目標。學期中的課程發展會議，除了教師分享

課程運作歷程外（參見下一節），亦關注課程內容、教學方法、評量等三者與目標間的關聯性，彼此提出意見看法。學期末，針對各班的教學省思，提出目標、教學內容與技巧、評量方式與方向等需要調整之處，作為下次課程設計的依據。

　　園方也積極培養教師課程實施的能力，每學期設計教師讀書會、與專家對話等機制，促使教師增能，更理解方案課程背後教育理念的支撐，讓教師具有後設認知的思維，知其然也知其所以然。

一、仁武課程目標

（一）以方案課程為核心，兼顧知識、技能與情意的全人教育

　　仁武的教育願景，以培養快樂、積極、合作、創新的獨立自主人格為長遠目標。為達教育理想，在課程的安排上，分為五大課程，以方案課程為核心，其餘課程皆與方案課程有所連結，各有其獨立的學科／領域的課程目標（如圖 9-1 所示），藉由方案的實施統整所有課程，在知識養成之下，亦強調動作、社會技能，及正向情意的發展，是兼顧知情意教育的全人發展。

1. 方案課程目標：提升幼兒的主動性、思考能力、問題解決與動手做能力、社會性及正向自我概念

　　為培養幼兒主動性，教師的態度、課程議題的選擇、空間環境的設計必須開放，能接納幼兒的能力及其想法，鼓勵其發言發表，展現自我的創建構思。當幼兒感受到自己的意見被重視、對物品器具的使用有自主性、課程是從自己有興趣的議題出發，其內在主動性與學習動機也會跟著提升。

　　在幼兒與方案的互動中，教師是觀察者、引導者，不斷的統整概念與觸發幼兒看見問題，利用動手做、嘗試錯誤與延宕的機制，讓幼兒利用已

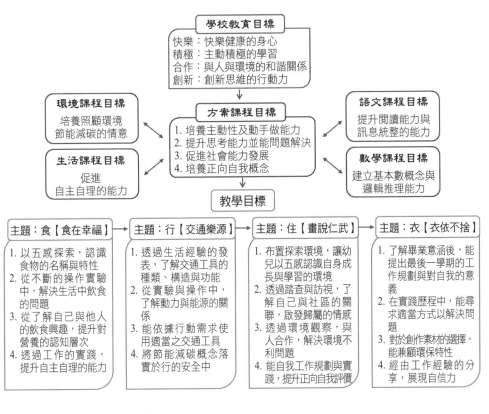

學校教育目標
快樂：快樂健康的身心
積極：主動積極的學習
合作：與人與環境的和諧關係
創新：創新思維的行動力

環境課程目標
培養照顧環境
節能減碳的情意

方案課程目標
1. 培養主動性及動手做能力
2. 提升思考能力並能問題解決
3. 促進社會能力發展
4. 培養正向自我概念

語文課程目標
提升閱讀能力與
訊息統整的能力

生活課程目標
促進
自主自理的能力

數學課程目標
建立基本數概念與
邏輯推理能力

教學目標

主題：食【食在幸福】
1. 以五感探索，認識食物的名稱與特性
2. 從不斷的操作實驗中，解決生活中飲食的問題
3. 從了解自己與他人的飲食興趣，提升對營養的認知層次
4. 透過工作的實踐，提升自主自理的能力

主題：行【交通樂源】
1. 透過生活經驗的發表，了解交通工具的種類、構造與功能
2. 從實驗與操作中，了解動力與能源的關係
3. 能依據行動需求使用適當之交通工具
4. 將節能減碳概念落實於行的安全中

主題：住【畫說仁武】
1. 布置探索環境，讓幼兒以五感認識自身成長與學習的環境
2. 透過實地踏查與訪視，了解自己與社區的關聯，啟發歸屬的情感
3. 透過環境觀察，與人合作，解決環境不利問題
4. 能自我工作規劃與實踐，提升正向自我評價

主題：衣【衣依不捨】
1. 了解畢業意涵後，能提出最後一學期的工作規劃與對自我的意義
2. 在實踐歷程中，能尋求適當方式以解決問題
3. 對於創作素材的選擇，能兼顧環保特性
4. 經由工作經驗的分享，展現自信力

圖 9-1　仁武附幼課程與教學目標

（2019～2020 學年度，兩年四學期、四主題之目標設計）

備的知識、技能進行問題解決，藉由每一次的解決歷程，建立處理問題的能力，也提升挫折容忍力。過程中，幼兒與人際的溝通、衝突、反思、協商、合作都是促成幼兒認識自己，建立合宜的社會性技能必經過程。且課程與自己產生關聯，學習產生了意義，最後透過統整活動分享自己的創作經驗，進而達到自我肯定。

2. 生活課程目標：促進自律與自理的能力

在方案教學的現場，孩子的專注力、常規秩序與工具操作等技巧和態度，常影響方案執行的品質。因此仁武附幼在方案教學以外的時間，透過生活作息的自理、品格繪本的分享、學習區的教具操作等方式，進行自律與自理能力的培養，讓孩子持續練習至習慣養成；也於學習區中的美勞區、日常生活區提供各種用具素材，引導幼兒使用，以提升日常生活用具操作能力。

3. 語文課程目標：提升閱讀與訊息統整能力

在方案的問題解決歷程中，訊息的蒐集、整理與分析有助於幼兒進行問題假設的推演分析。透過閱讀，有助於幼兒對各式文本訊息的理解，進而可以往深度發展方案。因此，仁武附幼的語文課程，從幼兒一入學就開始進行，在語文區布置閱讀環境，提供與主題相關的百本圖書；透過多元的閱讀活動連結方案議題做深度的對話，加深幼兒探索與問題解決能力的提升；同時引發孩子對插畫的欣賞及對繪本內容的討論，使其產生閱讀的興趣，主動拿書翻閱；再進階的安排識字辨音，學習自主閱讀，進而以閱讀來學習。

4. 數學課程目標：具有基本數概念與邏輯推理能力

在方案建構中，常見幼兒需要算數基本能力，因此仁武附幼配合方案課程發展的需要，將數理的基本數、量、形概念，及分類、比較、關係、因果等邏輯能力同步加入學習的內容。教師以學習單、教具、實驗操作等讓幼兒學習基本概念；或透過問題教學法，設計學習單或情境題，問題內容與幼兒當下的學習課程或與生活中遭遇的數學問題相關，讓幼兒以個人或小組方式來解決方案及生活上面臨到的數學問題。

5. 環境課程目標：具備環保教育應有的知識、態度與方法

　　方案探索過程中，議題會來自於在地的環境。仁武附幼因工廠煙囪產生的空汙，影響幼兒的作息與健康，因此我們將空汙納入課程，從空汙與自身的影響來啟發幼兒對環境的覺知，再以繪本、環保小記者、每個月觀賞愛護地球的電影等方式，與幼兒探討環境與自身之關係；在學習區設置能源區，透過能源桌遊、實驗，讓幼兒理解環境被過度消耗而產生的生存問題；每日的田園時間，讓幼兒觸摸土地與大自然接觸——從翻土、除草、種植、觀察蔬果成長等歷程，了解環境健康即生命健康的連結。園所設置節能設施，如雨撲滿、垃圾分類桶、太陽能屋、帶手帕上學等措施，讓幼兒在日常作息中，落實節能、減廢的行動。

　　仁武附幼學習區設置的目的，為強化幼兒各領域的特定能力並提供無興趣發展方案的孩子自我探索用。學習區裡擺設的教具，以展現主題、基本課程及特色課程的內涵意義為主。學習區實施的時間和方案時間相同，由導師視教學需求安排。

（二）課程目標重視過程也重視結果

　　仁武方案課程的起點從生活經驗出發，建構過程中充滿挑戰與創意，所獲的知情意能力，成為下一個方案的先備基礎，並能運用在日常生活中。仁武幼兒年齡層分大班和中班，在學四個學期，以食、衣、住、行四主題作為方案的內容，此四主題所涉及的概念非常廣闊，亦包含動物界及植物界的食衣住行，這樣設計是為了讓教師進行課程概念選擇時，不受限制。

　　主題排列為：上學期「食」、「行」，下學期「住」、「衣」，圖9-1是 2019～2020 學年度中班至大班的主題，以食→行→住→衣方式排列。教師在學期初，評估幼兒已有的先備經驗、具備的能力、須培養的能力、課程平衡性及前一學期方案運作的情形，預設該主題可能的發展方向，擬

定主題名稱。主題概念的選擇由近至遠，由淺至深，中班第一學期，
「食」從幼兒自身相關的議題談起（如圖 9-2 案例），「行」拓展到家庭
行動經驗的察覺，「住」觸角延伸到社區的探索（如圖 9-3 案例），
「衣」是一個統整孩子經驗、能力的課程設計。

　　從中班開始，教學目標即以促進主動思考、動手操作、解決問題與正
向人際關係等來貫穿四個學期的課程。圖 9-2 顯示剛入學的中班幼兒，在
「食」的主題之下，以「果汁店」方案，養成預設的能力；圖 9-3 呈現幼
兒升大班了，隨著經驗堆疊，能力提升，自主性也漸漸更明顯，課程的生
成性就更高，在「住」主題之下，發展四個方案，但仍達到相同的能力養
成。

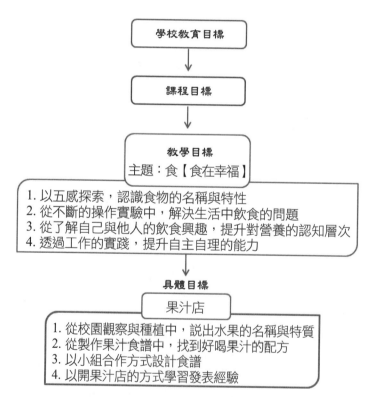

圖 9-2　仁武中班 2019 學年度上學期課程目標層次（以「食」主題為例）

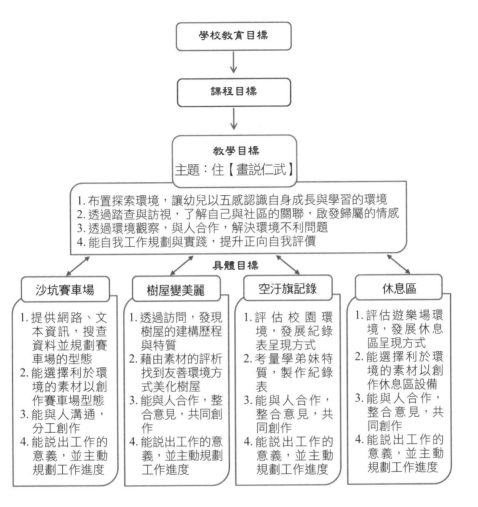

學校教育目標

課程目標

教學目標
主題：住【畫説仁武】

1. 布置探索環境，讓幼兒以五感認識自身成長與學習的環境
2. 透過踏查與訪視，了解自己與社區的關聯，啟發歸屬的情感
3. 透過環境觀察，與人合作，解決環境不利問題
4. 能自我工作規劃與實踐，提升正向自我評價

具體目標

沙坑賽車場

1. 提供網路、文本資訊，搜查資料並規劃賽車場的型態
2. 能選擇利於環境的素材以創作賽車場型態
3. 能與人溝通，分工創作
4. 能説出工作的意義，並主動規劃工作進度

樹屋變美麗

1. 透過訪問，發現樹屋的建構歷程與特質
2. 藉由素材的評析找到友善環境方式美化樹屋
3. 能與人合作，整合意見，共同創作
4. 能説出工作的意義，並主動規劃工作進度

空汙旗記錄

1. 評估校園環境，發展紀錄表呈現方式
2. 考量學弟妹特質，製作紀錄表
3. 能與人合作，整合意見，共同創作
4. 能説出工作的意義，並主動規劃工作進度

休息區

1. 評估遊樂場環境，發展休息區呈現方式
2. 能選擇利於環境的素材以創作休息區設備
3. 能與人合作，整合意見，共同創作
4. 能説出工作的意義，並主動規劃工作進度

圖 9-3 仁武大班 2019 學年度上學期課程目標層次（以「住」主題為例）

（三）具體目標具有彈性與生成性

方案課程的特性在於幼兒主動探索，在不斷的思考、實作與修正之間，達到各領域能力的發展。在這樣的特性下，我們認為，方案探索的題材是教學的媒介，不同的題材也能達到相同的、較高層、較抽象的目標。

因此教師在教學目標設計上，會以上層的目標為指引方針並搭配幼兒的興趣，來取捨實踐階段時生成的具體活動目標。在下一節裡的一些實例可以看到預設目標在實踐時的轉化過程。

（四）重視認知層次每一個層次的目標

Bloom 等學者，將認知歷程分為知識、理解、應用、分析、評鑑、創造等層次，並以漸增性階層排列。仁武方案課程在目標設計層次上不局限在知識、理解上，除了舊經驗的運用，幼兒在探索、在問題解決間也不斷進行物件訊息分析並創造新的想法，高階思維的培養也是目標設計階段的主要內容。

以下的案例是在「樹屋變美麗」的活動中，兩年前由學長姊用廢紙漿蓋的樹屋，還佇立在校園中，本屆幼兒在校園探索時，認為樹屋雖然可以走進去玩，但「它很醜！」。教師邀請學長姊回來談述樹屋建造歷程，了解到樹屋的外牆都是由廢紙與白膠混合而成的紙漿所糊成的，所以外牆的顏色是紙漿原本的顏色。

孩子很想讓樹屋變漂亮，畫了「美麗樹屋」的設計圖，將樹屋分三層，以紅、橘、黃三色來美化樹屋，並想以「塗油漆」的方法來改變顏色。

我們訪問建築師家長，了解油漆雖有豔麗的色彩，但它的刺鼻味道是傷害人體的揮發劑，縱使是環保油漆也有此物質，建議孩子們找健康環保的方式來上色。

因為建築師家長這一番話，開啟了孩子尋找環保塗料的歷程。

1. 發現問題：油漆傷害身體，如何用環保方式幫樹屋上色

除了建築師家長的口述說明，老師也提供孩子上網查詢油漆製成材料等各種訊息，了解到不只甲醛、甲苯傷害呼吸道，顏料中的鉛也會汙染環境……

　　「不能使用油漆的話，要如何讓樹屋變漂亮呢？」孩子開始搜尋身邊有什麼是環保又有顏色的素材，以達到讓樹屋變漂亮的目標。

2. 確認問題性質：紙漿塗料很環保，可以讓它變有顏色，就可以幫樹屋上色了

　　以討論的方式，與孩子討論何謂環保：

　　「不傷害身體的。」

　　「愛地球的方法。」

　　「哥哥姊姊的方法（紙漿）就是很環保的。」

　　老師：「但是你們都覺得它很醜。」

　　孩子：「可以讓紙漿變有顏色啊！」

　　孩子：「可以把花花放進去啊，花花有顏色。」

　　孩子：「對啊，植物就是很環保。」

3. 提出假設：有顏色的植物和紙漿混在一起

　　孩子製作果汁時建立了利用水果來混色的經驗，這次假設，是上學期混色經驗的延伸。於是他們開始在校園尋找有顏色的花朵，並預設以下狀況：

　　紙漿＋鐵刀木的花→黃色。

　　紙漿＋辣椒花→橘色。

　　紙漿＋洛神花→紅色。

　　紙漿＋馬纓丹花→橘色。

4. 實驗：將植物與紙漿混合，觀察是否真的有顏色

　　花朵依序與廢紙漿一起放入果汁機，比較哪一種植物可以呈現出顏色。實驗之後發現洛神花顏色最明顯，變粉紫紅，但是黃色和橘色的顏料沒有呈現。

　　孩子 A：「找黃色就可以了，因為黃色加紅色就變成橘色。」

孩子又從身邊的物品尋找，發現混合薑黃可以讓紙漿變橘黃色。

有了兩種顏色的紙漿後，孩子塗上了樹屋的牆，隔天，卻發現顏色很快就不見了！再重複同樣的實驗觀察，孩子發現與植物混合的塗料，經過太陽曬，兩、三天後就褪回原來紙漿的顏色（灰色）。

孩子 A：「那就用『有顏色的紙漿』就好了。」

孩子 B：「紙漿還是會褪色，我們可以種美麗的花在旁邊，這樣樹屋也會變漂亮。」

孩子 C：「種花要等很久（才會開花）。」

孩子 D：「可以兩種都做啊！」

經過大家的觀點討論，決定雙管齊下，除了蒐集有顏色的廢紙攪成紙漿來糊牆面，也以開花植物布置樹屋。

5. 問題解決：以有顏色的紙漿當塗料，並且種開花植物在樹屋旁邊

孩子與家長一起蒐集廢紙（紅、黃兩色），並與社區的紙廠合作，提供裁切的邊紙廢料以製作紙漿。在等待廢紙蒐集期間，孩子到社區的花店，挑選開花植物布置樹屋（如圖 9-4 所示）。

在繁複的問題解決歷程中，幼兒在學習過程中得到認知學習各層次的目標。由圖 9-5 可看到目標的設計與問題解決能力培養以及認知層級間的關係。

二、仁武課程架構

仁武附幼的課程框架，是教師們透過歷年教學現場的觀察、反思，及文獻的參考慢慢發展而來的。所以課程框架以課程內容及日、週、學期課程表呈現。

（一）仁武課程內容

主要由五個課程構成（如圖 9-6 所示），除了方案是教學法的展現以

樹屋改造前

「樹屋變美麗」設計圖

樹屋改造後

圖 9-4　樹屋改造前與改造後之實況

外，每個課程都有預設的課程內容，並在兩年內實施。內容的規劃，衍伸自孩子在建構方案時所需的能力，也參考許多文獻而擬定。語文課程內容來自 Goodman 讀寫萌發的啟發，與整理文獻有關學習閱讀步驟之資料，讓孩子在有意義的環境裡學習閱讀、識字；數學的範圍則依一般教科書裡所提之數學科目學習目標的分類；生活課程以教師平時觀察幼兒應具備的學前動作技能而設定；環境教育則是以 Bloom 情意教育的發展歷程而設定課程內容。我們將其細分出小單元，由簡至繁進行概念與技能的養成，教學時機大部分與方案的發展有關（見下一節說明）。

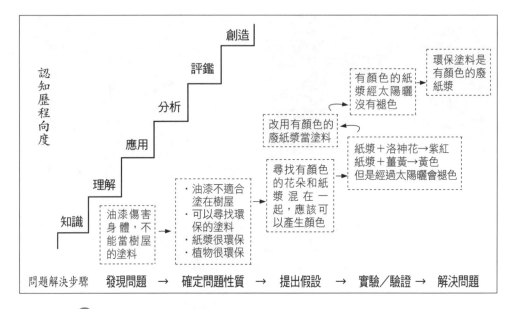

圖 9-5　問題解決與知識向度之關係：以「樹屋變美麗」為例

圖 9-6　仁武課程內容

（二）仁武課程時間架構

　　表 9-1 是仁武附幼課程日、週、學期、學年課程的時間架構，從一日作息表、一週課程表至兩年四學期的主題安排。

表 9-1　仁武附幼日、週、學期、學年課程實施與作息時間表

							兩學年課程	
		週課程						主題
一日作息表		星期一	星期二	星期三	星期四	星期五		
～8:20	繪本閱讀	語文課程					上學期	食
8:20～9:00	晨操／田野探索	生活課程 環境課程						
9:00～9:30	點心時間							
9:30～10:00	大肌肉活動	生活課程					上學期	衣
10:00～11:30	主題探索 學習區活動	方案課程／環境課程						
11:30～13:00	午餐／盥洗時間						上學期	住
13:00～14:30	午睡							
14:30～15:30	多元活動課程	方案課程或生活課程	方案課程或語文課程	方案課程或數學課程	方案課程或數學課程	方案課程或語文課程	上學期	行
15:30～15:50	下午茶時間							
16:00	放學							

　　一日作息表，規劃了全園的作息。從中可看出方案的實施時段較長，是為使孩子有足夠的探索時間而設置的。下午的多元活動時段，讓教師依課程發展的情形來安排內容。

　　再從一週的課程看出，方案與環境課程是持續每天進行的，兩者並非分開上課，而是讓孩子在方案建構的過程中，所思所行都考慮到對環境的照顧；生活課程落實在每天的晨操、大肌肉活動，以及餐點、盥洗與午睡的歷程中；下午的多元活動時段，是教師彈性運用的時段，教師視方案的發展情況而規劃。

　　食衣住行是孩子探索的媒材，分布在四學期，若有班級在上一學期方案並未完成，該班級可以持續發展原有方案，不一定要按照原本規定來設計。

　　從仁武附幼的課程架構裡，可以明顯發現，教師的課程規劃有其規範，也有所彈性，目的在配合方案的特性、師生共構課程的需求。因此，仁武附幼課程目標的擬定及教師的課程支持系統非常重要。目標指引老師課程發展方向，讓老師在選擇內容時，有所依循；園內的教師專業成長培訓在提升老師的課程設計能力及課堂觀察的敏銳度；另外，教師教學後的課程記錄及教學檔案的建立，也需落實，以作為日後課程設計的參考。

三、仁武課程評量

　　仁武附幼的課程評量分為形成性評量與總結性評量，不僅可以看出幼兒在一學期中學習能力的轉變歷程，也分析出幼兒兩年四學期能力發展的分布與改變。評量的方法有口頭評量、觀察評量、作品評量、檢核表，呈現的方式包含文字圖片敘述與項目的評核。評量結果可供幼兒、家長了解學習效度，並使教師了解每位孩子的能力發展，作為後續教學調整的參考。

（一）形成性評量

1. 幼兒學習行為回饋

　　(1)目的：使幼兒了解自己在創作過程中能力的表現。

　　(2)評量設計：以觀察及對話方式，在平時課程活動中及方案創作階段中，了解幼兒學習能力的表現，教師即時給予回饋，讓幼兒更清楚事件脈絡與自我表現的關聯。

　　(3)評量時間：及時性、不定期。

2. 幼兒學習觀察記錄

(1) 目的：使家長了解幼兒在該學期中學習能力變化的歷程。

(2) 評量設計：以文字紀錄為主，照片為輔（如圖 9-7 所示），呈現幼兒在課程活動中、方案創作階段中的學習行為，包含主動性、人際合作與問題解決能力等面向的具體行為表現。最終的教養策略，提供家長在家教育的參考，相對的也讓老師建構提升幼兒能力的策略。

(3) 幼兒學習資料蒐集策略：

① 歷程紀錄：方案歷程的紀錄是於每週教學後，導師輪流敘寫當週的教學活動紀實，內容須將每個方案每週發展的概況、幼兒討論的對話（簡略）、進行問題解決的關鍵處、轉折點記錄下來，屆時在轉換到個人幼兒的學習紀錄時，就能有所參考。

② 影像紀錄：學習行為的蒐集，每間教室裡都附有資訊設備，幼兒進行學習時，兩位老師即以相機拍照或攝影方式蒐集幼兒平時的學習畫面、對話、與人互動的表現。照片蒐集後，老師會將孩子的照片依座號、依時間歸檔，每個孩子都有一份影音照片檔。

③ 作品紀錄：蒐集幼兒在方案初期、中期、終期各種表徵創作品變化歷程，亦包含工作計畫、平面或立體作品及日記畫（當天的工作紀錄）作為學習的證據，這些作品最終都翻拍成照片保存。

(4) 評量時間：不定期，教師即時蒐集紀錄，於每學期末整理後，統整成一份發送給家長。

高雄市仁武國小附設幼兒園＿＿＿＿＿學年度第＿＿＿＿＿學期			
幼兒學習觀察紀錄　　編號：			

班級		觀察日期		幼兒姓名	

文字敘述
說明幼兒平時學習表現

照片
輔助文字說明

敘述幼兒在方案發展初期的表現
（包含主動性、語言表達、問題解決能力、人際關係、情緒表現）

照片
輔助文字說明

敘述幼兒在方案發展中期的表現
（包含主動性、語言表達、問題解決能力、人際關係、情緒表現）

照片
輔助文字說明

敘述幼兒在方案發展終期的表現
（包含主動性、語言表達、問題解決能力、人際關係、情緒表現）

照片
輔助文字說明

綜合評述並提供教養策略

照片
輔助文字說明

圖 9-7　仁武附幼幼兒學習觀察紀錄

（二）總結性評量

1. 幼兒多元能力檢核表

(1) 目的：使家長了解幼兒在各領域能力的發展等級。

(2) 評量設計：為達仁武附幼全人發展的教育理想，在總結性評量的設計上，不會只限定在教學目標的達成率，而是更前瞻的「能力」養成，如同 Fink 的課程設計理念，是「對學習者產生有意義且深遠影響的能力」。據此，仁武附幼教師參考許多評量表的制定方式，將五大課程目標分析出能力指標（如圖 9-8 所示），作為幼兒

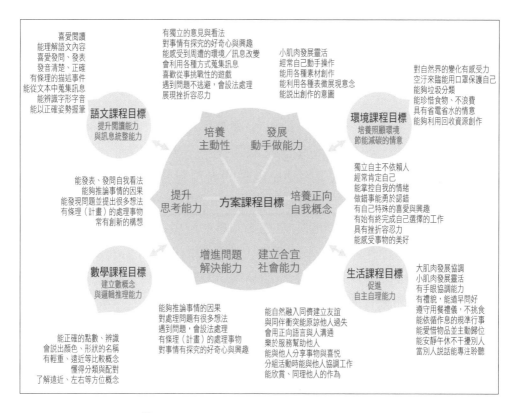

圖 9-8　仁武課程目標與能力指標之關係

在園兩年所應養成的能力。能力指標至今修訂過兩次，每一次的修訂都經過全園教師的評論，依據課堂上觀察所得之回饋為依據。

圖 9-8 所評量的能力指標設計成檢核表，以等級勾選 ✔ 為主，每個項目分為三等級，其評判準則如下：

「1」在教師引導下仍無法做到／很少或沒有這樣的行為。

「2」在教師引導下可以做到／偶爾有這樣的行為。

「3」無須教師引導即能做到／經常是這樣的行為。

因評量標準有三等級，幼兒從中班至大班都是使用同一張檢核表（如表 9-2a、表 9-2b 所示），檢核的能力是固定的，但能力應到達的標準，教師可視該班當學期的教學概念而調整。如表 9-2a 及表 9-2b，有底色的部分是教師因應當學期的教學，設下了檢核的標準，如數概念──「能正確點數辨識」，中班設定在 10，大班設定在 50；又如生活自理──「小肌肉發展靈活」，中班以夾、捏、握、轉為檢核標準，大班則是剪、摺、釘、縫的技巧檢核。這些標準設定歸鑑於當學期方案所學習到的共同概念。

檢核表最右側的「行為說明」，可簡述行為表現，讓家長更清楚幼兒的能力發展程度。如表 9-2a 中語文閱讀──「喜愛閱讀」，教師勾選 1（很少做到），並在行為說明幼兒現在的表現程度，使家長免於過度擔憂。或，動手做──「能搜尋各種素材來創作」，教師勾選 3（經常做到），亦描述幼兒所展現的能力是在哪個事件發生的，以此符應課程的生成性或每個幼兒創作的方案不一樣時，所習得的概念人各有異之需求。

另外，在檢核用詞的設計上淺顯易懂，為讓家長更容易閱讀與理解，也更理解學校的教育理念。

(3)資料蒐集策略：以各式形成性評量為參考。

(4)評量時間：不定期，教師隨時觀察記錄，於學期末正式評估能力，勾選等級，並發送給家長。

表 9-2a　多元能力檢核表——中班「果汁店」

評量能力	檢核指標	評量選項 3	2	1	行為說明
語文閱讀	喜愛閱讀			✓	尚未能自主閱讀，但很喜愛聽故事
	能理解語文內容				
	喜愛發問、發表				
	說話時發音清楚、正確				
	有條理的描述事件				
	能從文本中蒐集訊息				
	能辨識字形字音				
	能以正確姿勢握筆				
數概念	能正確點數辨識 1～10				
	能正確說出七彩顏色名稱				
	有大小、高低之比較概念				
	能依顏色進行分類				
	了解上下、前後等方位概念				
邏輯思考與問題解決	能發表、發問自我看法				
	有獨立的意見與看法				
	能夠推論事情的因果				
	會利用各種方式蒐集訊息				
	對事情有探究的好奇心與興趣				
	能發現問題並提出很多想法				
	有條理（計畫）的處理事物				
	常有創新的構想				
	遇到問題不逃避，會設法處理				
	能感受到周遭的環境／訊息改變				
	喜歡從事挑戰性的遊戲				
生活自理	大肌肉發展協調				
	小肌肉發展靈活——夾、捏、握、轉				
	有手眼協調能力				
	有禮貌，能道早問好				
	遵守用餐禮儀，不挑食				

表 9-2a　多元能力檢核表──中班「果汁店」（續）

評量能力	檢核指標	評量選項			行為說明
		3	2	1	
	能依循作息的規準行事				
	能愛惜物品並主動歸位				
	能安靜午休不干擾別人				
動手做	小肌肉發展靈活				
	經常自己動手操作				
	能搜尋各種素材來創作	✓			會找出相同顏色的水果來做果汁
	能利用各種表徵展現意念				
	能說出創作的意圖				
自我概念	獨立自主不依賴人				
	經常肯定自己				
	能掌控自我的情緒				
	做錯事能勇於認錯				
	有自己特殊的喜愛與興趣				
	有始有終完成自己選擇的工作				
	具有挫折容忍力				
	能感受事物的美好				
社會人際	能自然融入同儕建立友誼				
	與同伴衝突能原諒他人過失				
	會用正向語言與人溝通				
	樂於服務幫助他人				
	能與他人分享事物與喜悅				
	分組活動時能與他人協調工作				
	能欣賞、同理他人的作為				
環保情意	對自然界的變化有感受力				
	關注一畝田蔬果生長狀態				
	知道仁武空汙的來源				
	能夠節約用水				
	能夠垃圾分類				
	能珍惜食物、不浪費				

表 9-2b　多元能力檢核表──大班「畫說仁武」

評量能力	檢核指標	評量選項			行為說明
		3	2	1	
語文閱讀	喜愛閱讀		✓		能在晨間閱讀時間裡，專注閱讀
	能理解語文內容				
	喜愛發問、發表				
	說話時發音清楚、正確				
	有條理的描述事件				
	能從文本中蒐集訊息				
	能辨識字形字音				
	能以正確姿勢握筆				
數概念	能正確點數辨識 1～50				
	會說出顏色、形狀的名稱				
	有輕重、遠近等比較概念				
	懂得分類與配對				
	了解遠近、左右等方位概念				
邏輯思考與問題解決	能發表、發問自我看法				
	有獨立的意見與看法				
	能夠推論事情的因果				
	會利用各種方式蒐集訊息				
	對事情有探究的好奇心與興趣				
	能發現問題並提出很多想法				
	有條理（計畫）的處理事物				
	常有創新的構想				
	遇到問題不逃避，會設法處理				
	能感受到周遭的環境／訊息改變				
	喜歡從事挑戰性的遊戲				
生活自理	大肌肉發展協調				
	小肌肉發展靈活──剪、摺、釘、縫				
	有手眼協調能力				
	有禮貌，能道早問好				
	遵守用餐禮儀，不挑食				

表 9-2b　多元能力檢核表──大班「畫說仁武」（續）

評量能力	檢核指標	評量選項			行為說明
		3	2	1	
	能依循作息的規準行事				
	能愛惜物品並主動歸位				
	能安靜午休不干擾別人				
動手做	小肌肉發展靈活				
	經常自己動手操作				
	能搜尋各種素材來創作	✓			能找到瓶蓋來當空汙顏色的標示
	能利用各種表徵展現意念				
	能說出創作的意圖				
自我概念	獨立自主不依賴人				
	經常肯定自己				
	能掌控自我的情緒				
	做錯事能勇於認錯				
	有自己特殊的喜愛與興趣				
	有始有終完成自己選擇的工作				
	具有挫折容忍力				
	能感受事物的美好				
社會人際	能自然融入同儕建立友誼				
	與同伴衝突能原諒他人過失				
	會用正向語言與人溝通				
	樂於服務幫助他人				
	能與他人分享事物與喜悅				
	分組活動時能與他人協調工作				
	能欣賞、同理他人的作為				
環保情意	對自然界的變化有感受力				
	能夠依空汙旗戴口罩保護自己				
	具有省電省水的情意				
	能夠利用回收資源創作				
	能夠垃圾分類				
	能珍惜食物、不浪費				

　　仁武附幼的課程評量，在評量幼兒的學習成效外，對教師及家長也產生意義：

1. 促進教師在教學時，關注在幼兒能力的發展上。老師會發現每一個歷程都是發展的痕跡，評量的焦點會集中在個體自身的能力發展，而不會用預設的標準來看所有的幼兒。

2. 有了能力指標，教師在評量時可以了解幼兒能力向度的分布，發現個體的優勢與潛力，以此輔佐教師在課程設計應照顧所有幼兒的發展面向，不致過度要求某一能力的達標。

3. 引導家長注重幼兒能力的發展，而不是學科的成就。透過文字記錄、照片輔佐與能力指標的評量，家長更能了解自家寶貝的發展特質與學習特質。更重要的是這些評量也呈現仁武附幼辦學的理想，家長在收到評量之後，對學校也更有認同感。

第二節　運作階段：程序與案例

　　課程實施階段是老師挑戰的開始，此階段並非只有教師的主導，幼兒亦參與了課程的發展，兩者激盪所產生的訊息，都是影響教師決定課程發展的因子。本節從方案課程的實施程序，敘及在方案發展的脈絡底下，教師與幼兒行動係來自兩者互動之下的結果，因有課程目標的指引，教師根據孩子的興趣、能力與當時的情境及自己的教學能力，雖然可以引導出多種的方案，但未離開預設的課程目標而前進。因此，在課程發展會議中，教學者經常被提問：課程教學有掌握課程目標嗎？方案教學的教師心中常存目標，如同大海中的燈塔，不致被幼兒多變的興趣迷航，能導引教師前進的方向。以下的案例是在「住」的主題之下，教師先思慮幼兒的特質、能力、年齡（大班）等，於開學初，預設「畫說仁武」的學習概念與教學目標，題材為探討仁武社區的一切。

不料，開學後，孩子在學校各種場合中，總看到剛入學的新生一直哭……，老師觀察到這群孩子看到學弟妹哭，反映出的行為是──搗著耳朵！

老師想：這是不禮貌的行為？還是他們不忍心聽到哭聲？

於是，老師引導孩子回憶自己剛入學的適應歷程，並討論學弟妹大哭的原因。孩子們提出看法：「因為想媽媽才會哭」、「沒有朋友」、「不知道學校哪裡有好玩的」等，因此想出了「讓學校變好玩，弟弟妹妹就會忘記媽媽」的方法。

為了讓學校變好玩，孩子進行校園情境搜查，提出了許多學校好玩的地方及想法：

「遊樂器材很好玩，旁邊的樹下很涼，弟弟妹妹玩累了可以休息」，並興起做「休息區」的方案。

「把（廢棄）沙坑變成賽車場，這樣會更好玩」。

「樹屋很好玩，但它很醜」，孩子想幫「樹屋變美麗」。

也有孩子的興趣是觀察每天空汙旗的變化，認為自己做了很多環保的事，空氣應該會變好。於是想把每天的空汙情形記下來，告訴弟弟妹妹「這是很重要的事」，因而展開「空汙旗記錄」的方案。

上述是教室裡課程實踐時方案議題生成的案例，教師原本預設要探討社區，但課程卻往「把學校變好玩」方向進行，經過討論與時間的因素，「休息區」、「樹屋變美麗」以及「空汙旗記錄」的方案遂逐漸形成。因為這三個小方案的過程以及終極結果都可以達到圖 9-1 的課程目標，且符合幼兒的興趣，老師就不拘泥於預設的活動方向了。這就是在設計階段預設之課程方向到了實踐階段生成出來的實踐課程。

為使教師在運作階段能落實課程設計方案，經逐年發展而形成之支持系統，有助於教師在教學時提供專業上及精神上的支撐。

一、仁武方案實施程序

　　仁武的課程實施程序與過程（如圖 9-9 所示），包含課程發展階段、教師／幼兒的行動與兩者之間互動變化的關係。

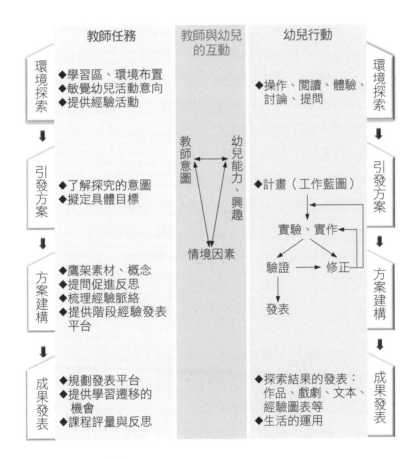

圖 9-9　仁武方案實施程序與過程

（一）課室中的課程發展階段

分為環境探索、引發方案、方案建構、成果發表等時期，雖有階段性，但也具時間彈性；是統觀性，也具個殊性。如表 9-3 所示，因「想讓學校變好玩」而發展出的方案，開始的時間是一致的，結束時間則是有的學期中就完成，有的延續到下學期；再者，每個階段時間並非均等分配，有些方案探索期較長，有些是花較多時間在建構期，這些都為符應課程目標中的培養幼兒主動性、提升問題解決能力而產生之時間上的彈性；同時也說明方案課程照顧到不同幼兒的學習型態與特質。各階段區間是由學生與教師交織出的時間表，教師關注的是幼兒能力的變化，非因學期的限制設下方案結束的時間。

從表 9-3 的歷程中可以看出幼兒在每時期的工作內容都不一樣，每個新經驗都是舊經驗的延伸，問題解決之後又發現新問題。這些歷程與能力的轉變，會記錄成為形成性評量，讓家長了解幼兒的變化，也能使家長更認同於方案課程模式的優點，不會因長時間實施同一個方案而認為學習內容是重複的。

（二）教師任務

從圖 9-9 中可以看出老師的行動在教、學之間轉換，時而鋪陳環境、鷹架概念，統整經驗，引導幼兒往前行進；時而停下來，從學習的角度看幼兒的建構，由幼兒主導活動程序、素材、創作，思索其意義象徵，敏銳於目標與教學間的變化，儲備下一階段的任務方向。所以，教師的教學技巧是影響方案實施品質的關鍵，教師的支持系統及教學工具協助相形重要。

在忙碌的課程現場中，教師可透過相機、手機作為教學工具來錄攝學習過程，轉換成文字、影像檔，供省思課程或幼兒評量時的參考文件。

此外，網絡狀的課程事件紀錄（如圖 9-10a、圖 9-10b 所示）方便於

表 9-3　方案發展時間軸──以「讓學校變好玩」之各方案為例

時間	9月	10月	11月		12月			1月	2月	3月

因學弟妹的哭泣，引發想「讓學校變好玩」議題

樹屋：
設計樹屋新造型 → 尋找環保塗料 → 蒐集紅黃色廢紙張 → 製作紅紙漿 → 糊牆 → 製作黃紙漿 → 糊牆 → 將紅黃紙漿混合成橘色紙漿 → 糊牆

休息區：
搜尋做椅子的材料 → 堆疊小輪胎當椅子 → 塑膠袋內填充海綿，縫製成坐墊，放輪胎上端 → 完成 → 輪胎椅子藏蚊子，坐墊積水 → 更新素材找到廢棄椅子 → 以壓克力顏料彩繪椅子外型 → 製作椅子靠墊以廣告帆布密縫而成

賽車：
設計賽車場的型態 → 清除沙坑的沙子 → 彩繪沙坑外牆 → 以牛奶罐排出S形賽道，並固定 → 製作賽車五關卡：斜坡關、石頭關、山洞關、水關、蹺蹺板關 → 完成 → 因賽車充電站不方便改在樹屋後方製作太陽能充電站

空汙紀錄：
設計展示型態 → 以瓶蓋彩繪空汙旗顏色 → 製作紀錄表一隨意畫 → 表格有日期參照點 → 模仿月曆畫表格 → 探索表格一致性的方法 → 標出日期與空汙旗相對位置 → 標出星期與日期的相對位置

課堂中隨筆記錄，目的在協助老師梳理課程發展邏輯與順序。如圖 9-10a 是先以「時間序」來記錄果汁店（紅色字）、例行性（綠色字）與全園性（藍色字）環保活動的發展順序，長時間記錄下，可以看出各事件發展過程的關鍵因子。黑色箭頭是老師進行教學時將這三個活動串聯與運用的註記，如，在做 果汁技巧 的養成上，除了打果汁外，洗水果的廢水及果皮

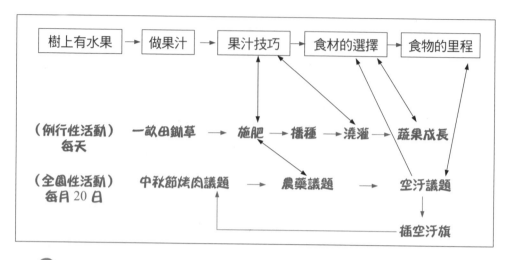

圖 9-10a　教師課堂記錄方法——以時間軸來記錄各事件發展先後脈絡：
　　　　　以果汁店為例

廚餘，可與一畝田鋤草的 施肥 及 澆灌 作業結合； 食材的選擇 ，可以延伸 空汙議題 ，建立幼兒為了減少空汙應選擇在地食材的概念。圖 9-10b 是記錄每次團討內容的方式。幼兒在討論時所提及的內容頗多，老師記錄時，將相同概念放一起（綠色框，長形），即可整合出更上層的概念。紅色框是在討論後，老師擬定需鷹架教學的構想；菱形框是幼兒未提及的部分，日後需再和幼兒討論的議題。不管是序列性的紀錄或是單個事件的紀錄，皆有助於老師建立更清新的課程發展地圖。

　　另，每週教學後的課程紀實及省思，讓老師自我檢視課程發展，及日後主題、方案再重複一輪時的教學設計參考。

（三）幼兒行動

　　從圖 9-9 中看到在方案發展前，幼兒主要活動在於探索、體驗等，是教師為豐富幼兒經驗的時間點。當方案發展後，幼兒的主動性提升了，藉由計畫、實踐、動手做，將抽象思維變成具體的工作程序，且在動手做的

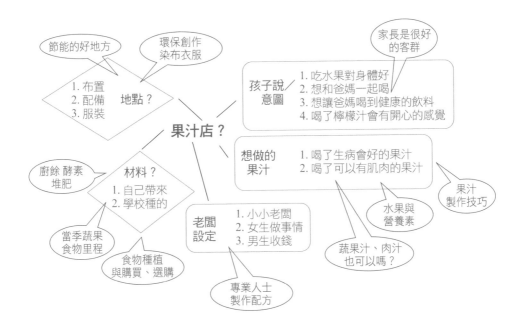

圖 9-10b　教師課堂記錄方法──以網狀圖記錄教師與幼兒對話：以果汁店為例
（方形圖：幼兒已提議；菱形圖：幼兒尚未提議；圓形對話圖：教師未來可鷹架之概念）

歷程同時也鍛鍊自我的心智、情緒管理與社會化養成。

（四）教師與幼兒互動

　　不管是教師或幼兒的行動，都包含教師、幼兒、情境三者互動所產生的結果。

　　表 9-4 是果汁店初期的發展狀況紀實，顯示課程在教師的意圖之下，所產生的結果。剛入學的新生，才上學一個月就說要開果汁店，雖與圖 9-1「食」的議題及預設的教學目標有所符合，但果汁店方案可能是在娃娃家扮演或是建構一個真實的實體店面，因應教師帶領的技巧，會產生許多的結果。在方案開啟前，老師心中的課程地圖是有好幾條路線的。

表 9-4　幼兒行動與教師意圖之間的關係變化：以果汁店為例

情境	教師意圖	師生互動	幼兒行動
案例一： 中班才剛入學的新生，進行環境探索時因喝到張大廚調製的檸檬汁，興起想要開「果汁店」的念頭，目的是「讓爸爸媽媽也可以喝到這麼好喝的果汁」。	剛入班的孩子，許多生活能力尚待建立，這時候開一間果汁店，可以嗎？ 孩子的技巧可以嗎？ 我想了解孩子的現有能力，先讓孩子自由探索，再決定方案進行的型態。	老師請想製作果汁的孩子自己帶水果與器具來。 隔天，多位孩子帶了水果製作果汁。	幼兒從家中帶來想做果汁的水果及做果汁的器具，並製作果汁： 1. 將香蕉切碎，加水放入碗裡，用湯匙一直攪拌成果泥。 2. 做橘子汁，為擠出橘子汁，徒手捏橘子肉，果然做出橘子汁。 3. 將蘋果切碎，加水即完成。
	從活動中發現，孩子在製作果汁的能力是不足的。 我想果汁店的進行應該會從做果汁開始吧！且從做果汁中，加強幼兒小肌肉的練習及物品整理的技巧。	果汁分享活動： 師：請A來分享自己做的果汁。 A端出了「切碎的蘋果加水的果汁」！ B：老師，那個不是果汁！ 師：為什麼不是果汁？ B：果汁要攪拌。 老師問A：「你有攪拌嗎？」孩子回答有。	

表 9-4　幼兒行動與教師意圖之間的關係變化：以果汁店為例（續）

情境	教師意圖	師生互動	幼兒行動
	要給孩子更多時間練習器具的使用，至於果汁的型態，就等孩子熟練之後再投入。	B：要攪拌很久。 師：可以請 B 來攪拌嗎？ B 上台後用力攪拌很久，並說手好痠。但「蘋果加水的果汁」並無變化。 C：那個是要用機器攪拌，還要插電的。 師：是攪拌機器嗎？ D：果汁機啦！	
案例二： 孩子使用了正確的打果汁器具，打出了純果汁並開心的說「可以開店了」。 在第一次顧客（家長）試喝之後，家長反映「不好喝」，促使幼兒想要做出「好喝的果汁」。	孩子看了家長的反映後，並沒有氣餒，反而說想要改善，可見他們真的很想要做果汁，而且是做出「好喝的果汁」。 後續，我會提供幼兒參觀果汁店，並讓孩子以滾動式實驗方式發展出好喝果汁的食譜。	孩子參觀社區果汁店後，討論老闆說的好喝果汁的祕方：水果、水、糖。	

表 9-4　幼兒行動與教師意圖之間的關係變化：以果汁店為例（續）

情境	教師意圖	師生互動	幼兒行動
案例二	孩子的發現，提醒了我平時對孩子的叮嚀。接下來，活動應該會先找出甜的水果，但甜度也會因人而異，如何設定標準……？ 可以提供「測糖機」讓幼兒使用，這樣糖分就有標準化了。（測糖機的數字 10 以上的數字，即表示很甜） 果汁食譜的發展，就等這活動之後再進行。	師：今天果汁店的老闆做的果汁好喝嗎？ 孩子：好喝！ 師：老闆說好喝的果汁要放什麼？ 孩子：水果、水和糖。 師：我們也可以這樣做看看喔！ A：老師，你不是說吃糖不好。 B：對啊，我爸爸說吃糖會變胖。 C：太胖會得高血壓。 D：護理師阿姨說，喝果汁原來的味道比較健康。 師：嗯，說得很有道理。可是有些水果原來的味道酸酸的，做果汁會很酸，怎麼辦？ E：可以找甜的水果來做果汁。 F：可以酸的和甜的水果放一起。 師：都是好方法，可以試試看。請你們先找一找什麼水果最甜，帶來學校分享。 孩子以測糖機來測試自己帶來的水果是不是很甜。	在假日期間，尋找最甜的水果，並帶來學校。

　　案例一，教師很想了解幼兒的真實能力，設定了「幼兒在學習區探索」的方式做果汁，以摸索幼兒探究的範圍及方向。幼兒的行動表現，是依自己興趣及認知的方式做果汁，從初始的經驗慢慢探索出做果汁的技巧。相對的，老師也可能設定的是「先以討論或閱讀方式，蒐集做果汁的訊息」，則活動帶領的方式或許會先統整舊有經驗、訊息，共同討論出做果汁要項（工具、技巧、食譜），幼兒再進行果汁製作。兩者端視教師在執行課程時，因應幼兒年齡、能力、先備經驗之評估所設計的，也顯現出教師的知覺課程與運作課程其實是有很大的關聯。

　　案例二，教師意圖以「模仿學習」方式，讓幼兒依照職人的配方比例做出好喝的果汁。但活動中，幼兒提出「吃糖不健康」想法，讓配方改變了，也讓活動先朝向搜尋「甜水果」的方式進行。這就是方案課程生成的部分，教師的意圖也會在與幼兒的互動中而改變。

　　在這兩個案例中，可以看到課程運作中，老師如何兼顧尊重幼兒的看法以及預設之課程目標中去提升幼兒學習的主動性、學習動機的持續。即使在家長喝到幼兒好不容易做出的果汁卻給予負評（不好喝）的情況下，幼兒們仍不氣餒，以正向方式處理挫折問題（做好喝的果汁），進而提升做果汁的技巧。仁武方案就是以這樣的方式培養幼兒心智上的發展，達到預設的課程目標。

二、仁武方案課程與其他四領域課程間關聯性的預設與生成性的建構及實施過程

　　仁武方案課程主要讓幼兒在有興趣的議題探索中，進行解難能力與程序性知識的培養，其他四個領域課程的實施是搭配方案建構的，是為培養幼兒在方案中所需之能力與概念而設計的課程領域知識。由圖 9-11 顯示，當幼兒還未發展出方案時，各課程領域以教師預設的基本領域知能學習為主；當課程議題較明確或方案開始建構，各課程領域的內容會隨著探討方

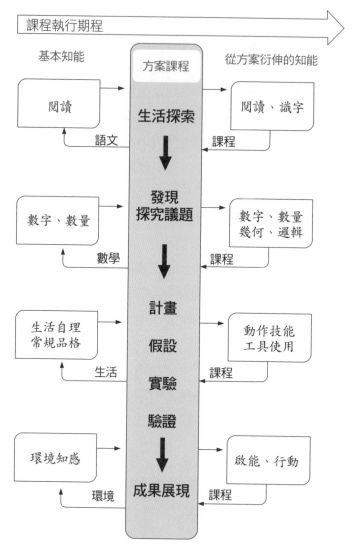

圖 9-11　仁武方案課程與各領域課程之間的連結關係

案時所需的知識或概念設計活動；透過分組或團體形式，以體驗、實驗、學習單或學習區操作等教學方法，讓幼兒獲得知識或技能。所得之知識技能，促使幼兒遷移至該方案的運用，藉以深化方案的建構。因此，老師在方案的運作階段，不僅在帶領的技巧上要關注課程發展邏輯脈絡、幼兒能力變化，還要注意各概念間的衝接問題。

　　以下的案例是在「食」的主題裡，教師思考幼兒的特質（中班，新生），在學期前設計了課程與教學目標（如圖 9-1 所示），隨之進行教學布置與語文、數學、生活、環境等課程的基本知能教材教法編排。

（一）說明一：方案發展前

　　也就是課程發展的設計階段，預設之各課程領域的環境布置、活動設計與議題（如圖 9-12）。

圖 9-12　開學初，教室先以學習區方式進行教室布置，各區具有教師所預設培養幼兒能力的教具鋪設

1. 語文課程

(1) 語文區布置

放置有關飲食、種植、營養、用餐禮儀、食譜創作等，與「食」概念相關性較高之文本（繪本、書籍、單張）。教室的電腦亦提供給幼兒上網查詢或蒐集資料使用。

(2) 初階閱讀活動設計

① 從聽故事到閱讀：設計「媽媽說故事」（每週一次）、「小書蟲說故事」（每週一次）、「親子共讀」（每週兩次）、「閱讀 10 分鐘」（每天）、「主題閱讀」（每週一次）的方式，引起幼兒新生對繪本的興趣（如圖 9-13）。

② 閱讀對話：閱讀活動後，由幼兒主動上台發表「今天閱讀的新發現」，促進對話，以提升幼兒統整訊息的能力。

③ 圖文一家：幼兒從聽故事中，了解繪本的圖畫意義與圖文的差異，也藉由幼兒教幼兒的同儕學習模仿，拓展幼兒的識字量（含文字及注音），鼓勵幼兒運用生活中認識的文字或注音來仿寫，如「上」、「中」、「山」、「大」、「ㄅ」等。

圖 9-13　小書蟲上台說故事　　　　閱讀活動後，幼兒分享認識的字音

(3) 以問題取向設計的語文議題

例如在閱讀《我的美味翻轉》（張淑敏，2016）自創繪本之後，教師提問：「一顆蘋果從美國運到臺灣使用了哪些交通工具」、「找找看，哪些地方會產出黑煙（CO_2）」等，讓幼兒以個人或小組方式學習從繪本裡搜尋訊息並發表，以解決教師所設計的問題，培養搜尋文本訊息之能力。

2. 數學課程

(1) 數學區域布置

①數學區布置：以數學教具、桌遊或教師自行教具製作設置，除了讓幼兒從操作中提升數學基本概念，也促使其與人合作共同完成任務。

②積木組合區布置（因為仁武的學習區設置是以四個課程領域來設置的，因此，積木區沒有獨立出來設置）：提供多元的組合積木，促進空間、方位等概念培養。

(2) 基本數概念教學設計

教師預設在中班上學期，數學基本概念包含 1～5 的數、量、比較、對應等。教師再運用現實事件的發生，引導幼兒延伸學習。如新生剛入園，正學習如何排隊，從排隊中唱數 1～5；或者，幼兒在收拾自我學習用品，以清點數量來學習點數；學習用餐時，以碗與湯匙一對一對的擺放來學習分類與對應概念。以上並接著搭配繪本、教具、學習單等方式，給予幼兒重複練習的機會。

(3) 以問題取向設計的數學議題

教師透過敏銳的觀察，從幼兒平時活動中發現問題，並設計在數學活動裡，例如：幼兒討論出在一畝田要種白菜、地瓜、玉米，可是一畝田只有一列，怎麼分配才能公平的種下所有植物？或，在排隊中發現，大家都擠在一起，透過什麼方式才能展現出距離？幼兒可以利用實作或實驗，提出個人或小組的解決方式。

3. 生活課程

(1)生活區布置

有關增進新生幼兒夾、捏、握、轉等基本能力之教具提供。

(2)自理能力培養

幼兒生活中所需自我處理的生活大小事，用餐、如廁、盥洗、坐站姿勢、排隊秩序等，教師在一步驟一步驟教學後，幼兒在每天的作息中，透過練習進而達到動作的熟練與自主處理。

(3)以問題取向設計的生活議題

新生幼兒入學後，常會將之前養成的習慣或個人特質展現出來，所發生的爭執與衝突，教師會運用來作為生活議題的討論，並透過大家的合議，制定處理程序，或是建立出班級常規及自律性。

4. 環境課程

(1)例行性環保活動

①認識空汙旗：園所一入大門，就看見空汙旗，只要橘旗以上，幼兒都須戴整天口罩（如圖9-14）。教師於學期初先設計空汙與健康的課程，建立幼兒有關空汙的概念。

圖 9-14　空汙旗是環境課程的起點

②田園種植：每學期幼兒皆須進行田園種植，在「一畝田」中，由幼兒決定所欲種植的蔬果，並自「雨撲滿」中接水澆灌；每學期休耕前進行廚餘堆肥以養地（如圖 9-15）。

圖 9-15　動手整理自己的一畝田

(2) 全園性環保活動

透過每週五固定的「環保小記者」，每月 20 號固定的「20 電影院」，與幼兒探討環保議題。

（二）說明二：方案源起的過程

設計階段之課程理念、目標是預設的、不動的；實踐階段要探討之主題是生成的（可以從原來預設的改變而來）、可變動的。方案開啟前，將經歷一段探索過程，在這段過程中，教師亦依循教學目標，提升幼兒的主動性、思考能力等，並嘗試發現幼兒有興趣的議題。

例如新生入學後，教師經常帶幼兒於校園散步，以玩一玩、聽一聽、看一看、說一說、做一做等遊戲方式讓孩子逐漸認識並適應學校生活。

某天，孩子指著廣場中的一棵樹說：「老師，那裡有一顆水果。」

（老師一看，原來是桃花心木的果實，但是老師並沒有直接糾正。）

老師問：「你認為那是什麼水果？」

孩子：「芒果」、「奇異果」、「堅果」⋯⋯。

老師尊重孩子的說法，請他們明天將這幾樣果類帶來學校驗證。

隔天，透過摸一摸、聞一聞、剖開來觀察，多方驗證比對之下，發現與樹上的「那一顆水果」都不一樣！

老師：「有什麼方法可以知道『它』的名字？」

孩子：「可以問人」、「可以查電腦」。

於是孩子請問了園丁林伯伯，得到的答案是「桃花心木」。

老師提供電腦，陪同孩子輸入「桃花心木」關鍵字，呈現出的照片和校園中看到的果實模樣是一致的；再透過老師分享有關桃花心木的網路文章介紹，知道桃花心木並不是水果。老師統整這段經驗後，歸結：「桃花心木不是水果。」

孩子們卻說：「學校真的有水果樹！」

老師：「你們有什麼發現？」

孩子帶著老師走出教室，找出了葡萄、檸檬、芭樂、百香果、芒果等植物。

當看到檸檬樹時，有位孩子情不自禁的說：「好想喝檸檬汁喔！」也引起其他孩子的附和⋯⋯

老師：「大家都想喝，可以喔！但請問做檸檬汁需要什麼？」

孩子說：「檸檬」、「杯子」。

隔天，老師就變身為張大廚，利用校園裡的檸檬擠出原汁，倒幾滴在每位幼兒的杯子。孩子喝了一口說：「好酸。」

老師問：「該怎麼辦？」

孩子又提議：「加水」、「加糖」、「加冰塊」。

張大廚依孩子的提議，再次調整配方，做出了一杯冰涼檸檬汁。

孩子在喝了之後，反應熱烈，興起想要開果汁店，讓爸爸媽媽也能喝到好喝的果汁。經過幾番的討論，老師確定了孩子想要開果汁店的心意。

（三）說明三：方案開始進入實踐階段

　　教師根據教學目標（如圖 9-1 所示）來擬定具體課程與教學的目標（如圖 9-2 所示），同時調整教室環境布置與預設的各課程概念的設計。

1. 語文課程

(1) 語文區布置

增加有關水果、水果圖片、廚房或餐廳設施設備、清潔、毅力培養或幼兒自行提供的與方案相關的繪本，以及冰果店之價目表文本。

(2) 閱讀活動設計

①學期初所設計的各類閱讀活動持續進行，但因語文區增加較多與水果店相關的繪本，閱讀課程進入搜尋水果（插畫）訊息，擴展幼兒有關水果、冰果店等的相關背景知識。

②當繪本訊息提供不足時，教師會先輸入關鍵字（如「自己做果汁」），找到相關影片，協助幼兒上網自學（如幼兒從做果汁的相關影片學習如何做果汁）；教師於幼兒看過影片後與之討論、分享、統整訊息。

③老師會鼓勵幼兒在繪本中學習水果、冰果店有關的詞彙。

④透過「兒歌創作」活動，幼兒以自由發表、接力的方式敘述文句，最後統整出一首師生創作之「冰果店」或是「水果」的兒歌。

(3) 以問題取向設計的繪本學習單

找出繪本中的水果在哪裡，及其名稱、角色或功用。

2. 數學課程

(1) 在新增的烹飪區，放置計量器具

　　在教室外靠近水源地方，布置烹飪區；因應幼兒果汁製作，提供測量工具：磅秤、量杯、量匙，和記錄用的紙、筆、墊板等文具。

(2) 數概念教學設計

　　透過水果辨識形狀、體積，透過做果汁的過程學習數字的意義、數數、測量器具的計數方式、比較與十位數等概念（如圖9-16）。

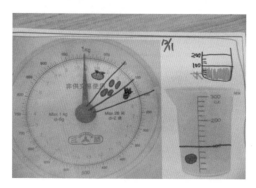 

圖 9-16　幼兒以對應方式，記錄果汁　因應果汁買賣，幼兒在學習區操作錢幣
　　　　　食譜分量

3. 生活課程

(1) 烹飪區布置

　　增加清洗物品，如抹布、菜瓜布，以及切、剪、舀、倒等工具。

(2) 自理能力培養

　　增加物品整理、歸位的練習，使幼兒在活動後，學習將果汁機、榨汁機等器具清洗及歸位（如圖9-17）。

圖 9-17　烹飪區設置　　　　活動後，幼兒依循老師提供的器具清單，清點烹飪工具是否收齊並擺放完整

4. 環境課程

(1) 隨著果汁機的運用，電的議題、人類生活的耗能與空汙的關聯性、食物里程概念（即製作果汁時，能選擇在地、當季的水果）等議題就逐漸加了進來。以影片欣賞、繪本、節能屋的參觀，建構幼兒有關環保的相關概念。

(2) 將製作果汁所產生的廢水蒐集起來澆灌一畝田蔬菜；廚餘果皮進行堆肥，培養幼兒從生活中落實環保與節能行動（如圖 9-18、圖 9-19）。

圖 9-18　清洗水果的廢水蒐集在儲水桶　　再利用果汁製作後的果皮，掩埋於堆肥區

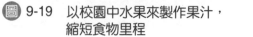 9-19　以校園中水果來製作果汁，　　　果汁店開幕，小廚師做果汁的身影
　　　　　縮短食物里程

　　表9-5則是果汁店的方案依週次呈現，可以看出五大課程都圍繞著開果汁店的議題發展概念。果汁店方案，老師在課程設計階段並沒有預設到，所以環境布置以充實各學習區的教具陳設為主。隨著果汁店的發展，區角內的布置開始變化，學習單的設計也在運作階段才開始設計。因此老師備課的時間比較長，常用到下班時間，但因仁武課程的主題是食衣住行四個主題輪流實施，老師平時會將教學檔案、教案、學習單、兒歌存檔保留，當這學期幼兒的議題與前期相同時，教師即可參考使用，以此簡化老師的備課時間。園方也根據課程發展會議中教師的提議，積極購置與主題可能相關議題的繪本、教具作為教學輔助，亦設置儲藏室，分類擺放平日回收之鬆散素材，以供幼兒創作之用。

三、仁武附幼教師行事曆與支持系統

（一）教師的行事曆

　　仁武老師工作時間的規劃是課程發展成功關鍵要素之一，透過表9-6可以了解他們每日、每個月以及每個學期工作上的時間規劃與運用。

表 9-5　方案課程與各領域課程之間的概念連結實例：以果汁店為例

週次	方案課程（階段性描述）	語文課程	數學課程	生活課程	環境課程
1-2	開學	閱聽故事（上學類）		新生適應	
3	·每天早上帶幼兒在校園散步	閱聽故事（上學類）	數一數 一畝田的菜菜	洗手、刷牙、洗臉、餐飲、秩序、物品收拾、衣服摺放、環境清潔等常規之建立	一畝田整理
4	·幼兒指著桃花心木的果實說：那個是水果！ ·教師設計了「認識水果」的活動	翻翻書找水果	辨識：水果在哪裡？		一畝田種植
5	·學校有水果樹嗎？透過圖卡，孩子在校園中找水果樹 ·看到檸檬樹，孩子提出想喝檸檬汁，於是老師在現場製作了檸檬汁，並讓孩子品嘗 ·孩子喝了檸檬汁，引起想開果汁店的想法		1~5數數：水果有幾個？		空汙的認識（因空汙旗是橘色）
6	·討論為何想開果汁店，內容如圖9-10b	·提供有關水果與買賣議題相關的書籍放至語文區 ·設計「閱讀10分鐘」活動，讓孩子於晨間時間進行 ·水果兒歌及唸謠	辨識：水果躲貓貓？		認識空汙旗
7	·果汁怎麼做？如表9-4（案例一） ·水果的營養：邀請營養師來與幼兒對談，談及水果的顏色與營養有關		對應：水果的顏色		空汙與健康
8	·做果汁需要什麼器具？		辨識：水果的顏色		電怎麼來？（果汁機）
9	·果汁做好了，可以賣了？試賣第一次		數量：果汁有幾杯？	物品整理歸位練習	用電與汙染
10	·顧客（爸媽）說不好喝，怎麼辦？		數量：一人喝一杯？		
11	·參觀果汁店（社區）及張大廚做果汁		比較：容器大小比較		食物里程
12	·找一找好甜的水果		數數 水果甜度量表		

表 9-6　仁武附幼教師每日、月、學期工作行事曆

教師每月、學期工作行事曆（每年8月至1月是上學期、2月至7月是下學期）

月	工作事項
8月	1. 辦理教育局研習　2. 辦理園務會議　3. 教室大掃除／布置
9月	1. 上學期親師座談　2. 評量1：幼兒生活自理能力檢核（親師雙向）
10月	1. 幼兒補助申請　2. 辦理志工成長活動　3. 衛生保健系列活動
11月	1. 班級教學觀摩　2. 幼兒戶外教學　3. 評量2：學習觀察紀錄
12月	冬至活動
1月	1. 園刊發刊（1）　2. 親子期末活動　3. 評量3：多元智能評量
2月	1. 園務會議　2. 教室大掃除／布置
3月	1. 下學期親師座談　2. 消防安全系列活動
4月	1. 辦理招生工作　2. 幼兒補助申請　3. 地球日社區親子活動
5月	1. 班級教學觀摩　2. 辦理教育局研習　3. 戶外教學　4. 評量4：幼兒作品評析
6月	1. 園刊發刊（2）　2. 畢業典禮　3. 評量5：多元智能評量
7月	學年檔案／活動成果／影片光碟整理彙訂

教師每週工作

週次	工作
第一週	每週一位老師值導護
第二週	每月一次全園性班群教材研討／於午後召開（幼兒放學後）　16：00-18：30
第三週	
第四週	每月一大教師成長會議、上學期則各重讀書、下學期則收討教材、教具　16：00-18：00

星期	工作
星期一	9：00-10：30
星期二	每週一下（主任）行政會議
星期三	
星期四	13：30-14：10（午休）班級教材研討日。2位教師計畫下週課程（老師因沒時間開教室，在教室裡討論，並在孩子起床前，結束討論）
星期五	1. 撰寫本週教學課程省思，或幼兒學習紀錄。或製作教學影片／提供課程相關資訊　2. 搜尋與課程相關製作　3. 教材教具製作
星期六／星期日	

教師每日工作任務

日課程表	教師1	教師2
入園~08：00　繪本閱讀	1. 打掃教室　2. 陪伴閱讀　3. 處理家長交代事宜	
08：00~08：45　田園時間	1. 看護幼兒澆菜　2. 引導幼兒生態觀察	
08：45~09：10　點心時間	1. 協助／陪伴幼兒用餐（戶外）（餐廳）　2. 指導幼兒清潔餐區	1. 協助／陪伴幼兒用餐（戶外）（餐廳）　2. 指導幼兒清洗凍用餐之幼兒
09：10~10：00　大肌肉體能活動	1. 陪護戶外遊樂安全	1. 陪護幼兒用餐之幼兒遊戲安全　2. 看護戶外遊樂安全（室內）
10：00~11：45　靜心時間／課程活動	靜心時間：1. 帶領幼兒洗雙手、擦乳液　2. 協助幼兒更換濕衣服　3. 整生、靜聽靜心音樂　團體活動：整理幼兒物品、學習單　分組活動：教師各帶數組，進行該組活動如何進行的討論、製作學習單　1. 作室活動　2. 活動後，叮嚀多組整理用餐	多元小組分享活動或其下畫書寫活動、聽取幼兒分享或資源
11：45~12：30　午餐	1. 領已用餐之幼兒盥洗　2. 睡前寢具之鋪設	1. 協助幼兒使用餐點　2. 銀食用餐終幼兒
12：30~14：10　甜蜜夢鄉		1. 帶領幼兒午餐之鋪設　2. 教師午餐分享上午教學事項
14：30~15：40　學習區	1. 進行團體活動、或延續上午未完成之小活動	
15：40~16：00　下午茶時間	1. 看護幼兒日記之填寫事項	1. 協助／陪伴幼兒用餐（戶外）（餐廳）　2. 指導幼兒清洗凍用餐區
16：00　放學	1. 看護幼兒清潔（戶外）（餐廳）　2. 陪伴幼兒用餐	
16：00~18：00　課後留園活動	1. 看護幼兒安全　2. 整理教室　3. 準備明日教學、素材準備、規劃學習早	1. 看護幼兒之特殊狀況　2. 準備課程討論、素材準備、規劃學習早

（二）教師支持系統

　　仁武附幼的教師既是教學者，也是行政者（輪流兼任行政職務），了解現場教師需要，逐年發展出一套在地教師支持系統（如圖9-20所示），以共學、共好為基礎，除了輔導新師建立帶領方案課程技巧外，也讓資深老師有所傳承，有所學習，最終提升全園教師專業知能。其做法如下：

1. 園內支持系統

　　從班級、班際以至全園所，都有不同的支持功能之設計：

　　(1)班級內老師的課程討論：兩位班級導師每週數次對話，導師自訂

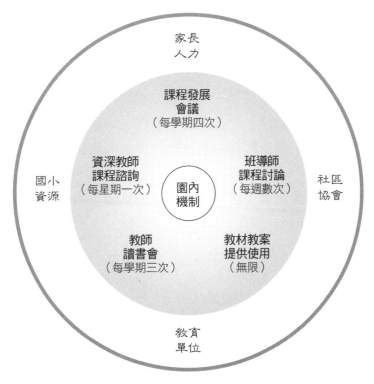

圖 9-20　仁武附幼教師支持系統

時間。從彼此的觀察與觀點中，建立協同教學的共識。

(2)資深教師課程諮詢：資深老師的定義是指在仁武附幼有五年以上帶方案的資歷，利用中午休息時間，進入新師班級進行課程討論，一星期一次，一次約 40 分鐘，聽取該班教師描述當週課程發展與幼兒回饋、協助導師梳理課程脈絡、概念釐清或提供教案、提供教學技巧等。

(3)課程發展會議：全園教師共同集會，利用下班時間進行。會議內容涵蓋：學期前的課程設計概念（1 次）、學期中每月課程運作情形與課程省思（4 次）。每次集會，各班須製作相關議題的課程簡報，輪流發表，30 分鐘說明，10 分鐘讓各班老師提問並回應。透過班際之間的課程觀摩，經驗交流，使團隊看到不同方案教學面貌的呈現，對方案的帶領有所助益，而這也是讓方案課程模式成為仁武附幼主流課程的原因之一。

(4)教師讀書會：分為上下學期，一學期三次，以下班時間進行。上學期以實體書籍閱讀為主，由園方或園內老師共選一本與專業領域有關的書籍閱讀，並提出心得發表；下學期以實作課程為主，如教具設計、繪本製作或邀請教授與園內教師針對某課程議題進行對話。

(5)教案與教材的提供：由歷屆老師整理所留下的課程資產，提供給現任老師使用。

2. 校外的支持系統

家長、國小、社區等所支援的物資及人力，對於方案課程的實施是絕對需要的助力。

(1)國小資源：幼兒園與國小環境、空間、教學資源、活動等皆可共享，園主任事先須在行政會議上提出需求，與校長及各處室主任一同協商達成共識，即可辦理或支援。

(2)家長人力：協助導師進行活動或是達人的角色，例如：班上的縫工區，在發展之初，幼兒的穿針引線都需有成人在旁關注以注意安全，導師就會協商家長入班駐區協助幼兒進行該技巧的學習與練習；抑或幼兒需要了解樹屋的塗油漆技巧，可請班上建築師家長協同教學，提供孩子更正確的概念；園方亦成立志工團隊及故事媽媽團隊，協助幼兒園各項活動。

(3)社區協會：提供幼兒踏查區域。

(4)教育單位：提供老師課程研習，隨時更新教育訊息。

第三節　評鑑階段

　　仁武附幼在課程發展的評鑑機制階段，從課程實施成效與幼兒學習成效兩方面分享做法。

一、教師課程實施成效的檢討

　　分為班級及全園性兩種，課室中的課程發展，在每次的課程發展會議中，以目標檢視法，讓教師省思課程與目標的關聯，並能及時在教學中修正課程方向；全園性的課程實施成效，亦會在學期初與學期末之課程發展會議中提出討論，針對五大領域課程目標及幼兒的評量提出討論，建立共識。

二、幼兒學習成效的評量

　　透過觀察紀錄及評量表的檢核，從每個幼兒的能力發展狀況，檢視課程發展促使幼兒達到預定的指標，亦是教師作為自我評鑑課程的要項。

　　仁武附幼在課程評鑑階段，是集眾人之力所完成，教師是設計者、實踐者也是評鑑者，優勢在於教師不斷自我精進，但難免落入自我感覺良好

之臼，或是當教師沒有共識時，課程主軸不易聚焦，很可能就推翻長久以來建立的課程。

　　仁武課程從 2003 年就開始形塑，經過逐年的實施、反思、修正後演變成在地的方案課程發展與實施模式，當 2012 年「幼兒園教保活動課程暫行大綱」公布與 2017 年「幼兒園教保活動課程大綱」生效時，仁武附幼已發展出該園的課程發展型態、文化與生態了。新課綱出現後，對仁武附幼課程發展的影響分享如下（以下的分享僅代表筆者在仁武附幼的經驗與思維，不代表仁武附幼其他老師發言）。

一、從新課綱理念檢視仁武附幼的教育目標

　　「幼兒園教保活動課程大綱」代表政府引導幼教課程的方向，其所云「仁」的教育觀，雖未清楚明敘，但「承續孝悌仁愛文化，陶養幼兒擁有愛人愛己、關懷環境、面對挑戰、踐行文化的素養，並奠定終身學習的基礎為其宗旨；使幼兒成為重溝通、講道理、能思考、懂合作、有信心、會包容的未來社會公民」，在仁武附幼近二十年之課程實踐現場是已生根發芽了；再者，從仁武附幼教育願景，快樂（快樂健康的身心）、積極（主動積極的學習）、合作（與人與環境的和諧關係）、創新（創新思維的行動力）與新課綱欲培養幼兒的六大核心素養能力——覺知辨識、表達溝通、關懷合作、推理賞析、想像創造、自主管理亦相互呼應；仁武附幼的方案議題皆從生活中產生，知與行的實踐能力並重，彰顯著素養教育的內容與意義，其教育精神皆著重於培養出能面對現在生活及未來挑戰所應具備的知識、能力與態度。這樣的分析後，我們發現仁武附幼推行的課程發展系統所建構出來的課程與教學並未偏離新課綱的理念，這讓我們了解我們走的大方向是合乎政府的期待的，也就更有信心且放心的用更穩健的步

伐繼續走下去。

二、以工具書的概念來使用新課綱與課程手冊

　　有人將新課綱與課程手冊視為聖經，但仁武附幼是將新課綱與課程手冊視為一部字典或是一本參考書來使用，是課程發展過程中有關方向、定義、概念的參考依據。

討 | 論 | 與 | 分 | 享

1. 小組分享對仁武附幼的課程發展的感受與想法。
2. 從仁武課程發展案例分享你對預設課程與生成課程的理解。
3. 小組分享你從仁武課程發展學到了什麼。

10

學習區遊戲取向[1]的教保活動課程發展案例與反思

簡楚瑛、王令彥

1　由於本章例子是學習區裡的遊戲，因此用「學習區遊戲取向課程」作為標題，本書第十二章探討遊戲與課程間的多元關係，遊戲取向的課程概念會更廣，可以涵蓋學習區的遊戲取向的課程。希望未來可以找到不同面貌之遊戲取向的課程案例。

　　教室裡設置學習區的背景是：在集體教學為主流的教學形式時，欠缺學生自我探索的機會，同時，受到開放教育的影響，遂有學習區概念與措施的提倡，其做法是教室裡設置幾個不同內容的學習區角，讓學生能依著自己的興趣、喜好去自由選擇，並在該區角裡進行自主性的探索與學習。隨著時間的遞移，設置學習區之理念變得多元化了，開始有人針對學習區的規劃有了不同的思維，認為區角可以不僅僅是一個完全自由探索的空間而已，而是成為一種遊戲取向的課程形式下的環境了。它可以透過不同的兒童發展與學習理念而有不同的空間規劃、不同的區角內部放置之內容、不同的教師行為等。這種變化牽涉到遊戲是實踐課程的一種手段還是手段也是內容？這個問題將在本書第十二章做深入的探討。本章以實務性案例的紀實、分析與說明為主。

　　本章案例是一個班級層級的案例，是臺北市某附設幼兒園的一個班級（以下稱為樂遊班[2]）。表 10-1 是樂遊班 110 學年度班上幼兒組成資料：4 歲幼兒約占總比例的 25%、5 歲幼兒約占總比例的 75%；班級內的幼兒多半為新生（約占總比例的 80%）。表 10-2 是樂遊班一日作息與課程種類表，本章主要寫作內容是針對加粗框學習區之遊戲取向課程時段的課程發展做分享。

表 10-1　樂遊班幼兒組成分析表

年齡＼新舊生人數	4 足歲（中班）	5 足歲（大班）	所占比例
新生	8	16	80%
舊生	0	6	20%
所占比例	25%	75%	

2　樂遊班是一個 4、5 歲的混齡班。本文樂遊班同班老師是一位教學經驗豐富、具專業素養的老師，因為未參加本文的撰寫工作，而不願意列名作者之列。本文內容有她在教學時留下的貢獻痕跡，在此致上謝意。

表 10-2 樂遊班一日作息與課程種類表

時間	一	二	三	四	五	課程種類[a]
7:50～8:10	收拾整理個人物品、教室環境、園內環境					生活教育課程
8:10～8:40	假日生活分享	語文教育（聽、說、讀故事、討論分享故事、寫前準備）				語文課程
8:40～9:40	大肌肉出汗性活動					運動課程[b]
9:40～10:00	點心時間：用餐禮儀、收拾整理					生活教育課程
10:00～10:30	全園活動[c]	語文活動：故事討論、經驗與感受分享				語文課程
10:30～11:00		學習區遊戲課程	學習區遊戲課程	學習區遊戲課程	補充學習區遊戲課程所需要的經驗：社區探索、各學習區經驗的交流……	學習區遊戲課程[d]
11:00～12:00						
12:00～13:00	午餐、收拾與整理、餐後散步					生活教育課程
13:00～14:30	午睡時間					
14:30～15:10	點心時間：用餐禮儀、收拾整理					生活教育課程
15:10～15:40	小組活動：音樂（律動、歌謠）、生活數學、閱讀（以與節慶、節氣有關的故事為主）[e]					豐富化課程[f]
15:40～	個人物品收拾與放學					

註：[a] 樂遊班的課程除了有學習區遊戲課程外，還有生活教育課程、運動課程、語文課程及豐富化課程組成（以下簡稱其他課程），見本章第一節的說明。

[b] 運動課程：透過徒手運動、器材類運動、球類運動及技能運動（上學期為呼拉圈，下學期為跳繩）來提升幼兒的肌耐力、反應力與敏捷性。

[c] 全園活動：配合節氣或節慶（如中秋節、母親節等）以及地方政府規定宣導的教育內容，例如：防災、性別平等、安全、母語等，於週一辦理全園性的活動。

[d] 學習區遊戲課程：週二～週四為進行學習區遊戲課程主要的時段，幼兒藉由動手操作的歷程深入學習，學習自主；而週五則是提供各學習區交流、共遊的機會，並就學習區延伸的內容需求進行校外教學或社區探索等。

[e] 小組活動：提供上午時段較少經驗到的領域或內容，以分組的方式進行。

[f] 豐富化課程：以擴充幼兒的經驗為目的，提供和學習區不同領域的內容，或生活所需的數學、閱讀經驗等來豐富幼兒的學習。

第一節　設計階段：預設的教育目標、課程框架與評量策略

一、樂遊班課程目標設計

　　樂遊班的課程以學習區遊戲課程為主，另有生活教育課程、運動課程、語文課程與豐富化課程（以下簡稱其他課程），提供幼兒其他領域的學習內容與經驗，如圖 10-1 所示。

　　學習區遊戲課程之外的其他課程，有其領域獨有的目標，而部分目標也支持學習區遊戲課程的發展，如在生活教育課程中學習自主自控；在運動課程裡鍛鍊意志力；在語文課程中學習閱讀，也透過閱讀擴充知識；在豐富化課程中，補充與豐富學習區遊戲課程所需的額外經驗等，這些都是學習區遊戲課程想要且需要培養的部分。

（一）學習區遊戲課程與教學總目標的訂定

　　樂遊班的教師將學習區遊戲課程總目標訂定如下：
- 培養幼兒動手做的能力。
- 培養幼兒自主學習能力。
- 培養幼兒勇於探索、面對困難願意挑戰的學習態度。
- 培養幼兒覺知、思考、發現問題、解決問題的能力。
- 從和他人交流的經驗中，學習尊重他人、欣賞他人，與他人合作。

（二）各學習區領域目標的訂定

　　樂遊班學習區領域目標的訂定是參考「幼兒園課程教學品質評估表」（林佩蓉，2020）與新課綱，有關領域概念、目標的內容而來。

學校教育目標

自主學習：自動自發的學習，能發現問題、解決問題
分享：透過學習經驗，彼此分享，共同成長
（包含師生間、生生間、親師間）
合作：能主動和他人相互協助與合作

班級層級課程目標

· 培養健康、有活力的幼兒
· 培養愛、關懷、尊重人與環境的幼兒
· 培養能和他人正向互動的幼兒
· 培養幼兒能自主學習的能力
· 培養幼兒解決問題的能力

語文課程目標

· 培養幼兒喜歡閱讀的態度
· 提升幼兒閱讀理解的能力
· 提升幼兒口語表達能力

生活教育課程目標

· 培養幼兒自主管理的能力

學習區遊戲課程目標

· 培養幼兒動手做的能力
· 培養幼兒自主學習能力
· 培養幼兒勇於探索、面對困難願意挑戰的學習態度
· 培養幼兒覺知、思考、發現問題、解決問題的能力
· 從和他人交流的經驗中，學習尊重他人、欣賞他人，與他人合作

運動課程目標

· 提升幼兒肌力、耐力與意志力

豐富化課程目標

· 養成幼兒願意探索不同經驗的態度
· 擴充幼兒的學習經驗

各學習區的教學目標

組合玩具區
透過卡榫或接搭的組合玩具來建構幼兒數學概念（平面／立體圖形、型式概念、空間方位、數量、測量、比例）、物理概念（平衡、結構力學）、提升精細動作與創作的能力

語文區
透過聽、說、讀、寫、畫的學玩具或教材來提升幼兒在口語敘述、閱讀、閱讀理解上的能力

美勞區
透過不同素材的應用來啟發幼兒探索、表現的創意，並透過覺察、回應與賞析自己與他人的作品來提升幼兒的美感意識

數學區
透過教具或玩具的操作來培養幼兒數與量、形、邏輯推理的概念，同時藉由規則性、合作性遊戲的提供，幫助幼兒學習尊重他人、與他人合作

 10-1　樂遊班班級層級課程與教學目標圖（一學年課程）

1. **組合玩具區的領域目標**：透過卡榫或接搭的組合玩具來建構幼兒數學概念（平面／立體圖形、型式概念、空間方位、數量、測量、比例）、物理概念（平衡、結構力學）、提升精細動作與創作的能力[3]。

2. **語文區的領域目標**：透過聽、說、讀、寫、畫的教玩具或教材來提升幼兒在口語敘述、閱讀、閱讀理解、聽與寫前準備上的能力。

3. **美勞區的領域目標**：透過不同素材的應用來啟發幼兒探索、表現的創意，並透過覺察、回應和賞析自己與他人的作品來提升幼兒的美感意識。

4. **數學區的領域目標**：透過教具或玩具的操作來培養幼兒數與量、形、邏輯推理的概念，同時藉由規則性、合作性遊戲的提供，幫助幼兒學習尊重他人與他人合作。

二、樂遊班學習區遊戲課程內容選擇與組織

（一）學習區遊戲課程素材的選擇

　　表 10-3 為樂遊班規劃四個學習區之學習內容規劃簡表，分為學習區、教學目標及素材類別與內容三個部分，教師依據教學目標、學生特質與課程發生的時間點來選擇素材，以下是詳細的說明。

1. 依據各學習區的教學目標、學生的發展與經驗來選擇素材

　　針對各學習區的教學目標，教師需分析目標中包含的細則或概念，再配合班級學生的發展與經驗來選擇適合的素材。以樂遊班的數學區為例，

3　受限於教室空間下，考量積木區和組合玩具區的教學目標相近，皆是透過玩具來建構幼兒數學、物理的概念，並提升精細動作與創作的能力，因此樂遊班選擇設置空間需要較小的組合玩具區。

表 10-3　樂遊班學習區內容規劃簡表

學習區	組合玩具區	語文區	美勞區	數學區
教學目標	建構數學與物理概念、提升精細動作、創作的能力	透過聽與讀來提升幼兒閱讀的能力　藉由不同呈現方式(說、話為演)來幫助幼兒提升閱讀理解的能力	藉由不同類別素材的探索、表現與創作,來提升幼兒的創意與美感意識(紙工類、捏塑類、繪畫類、工藝類)	學習數與量、形、邏輯推理的概念、學習尊重他人、與他人合作
素材類別與內容	卡榫類:多方向卡榫、單一卡榫　磁鐵接合類	提供類別多元的讀本與該讀本相同內容的CD　提供錄音、故事書創作、桌上故事或故事演出所需的素材　小故事　歌謠、唸謠類　班級所設定的主題繪本重點:1.和學校重大活動有關的繪本、如用的上學系列 2.和節氣、節慶相關的繪本 3.各系列書　與各學習區衍生出的主題繪畫或閱讀理解活動　自由創作	類別多元的繪畫類活動:簡筆畫、蠟筆畫、水彩畫　搓揉捏壓型的捏塑類活動:油土　撕剪黏捲摺的紙類活動:紙藝術、不同材質的紙類,例如:板、紙杯、紙捲紙箱的創作、摺紙　縫工	認識字、量、數的順序與大小的教玩具:個人操作、小組操作　練習形狀與組合、拆解、部分與整體及絕對相對方位的大小的教玩具　學習配對、分類、或應要判斷、推論需要提供教玩具:對式、型式、推策略的概念、與他人合作　牌類　棋類　桌遊類

在幫助幼兒學習數與量的教學目標之下，教師會進一步的分析數與量的概念有哪些？哪些概念適合中班？哪些適合大班？而舊生需要延續哪些概念，或需提供何種新概念等問題後，才決定欲提供的概念內容（認識數字、數量、數的順序、大小），並據此選擇適合的教玩具。

另外，教師也需轉化教學目標的內容，搭配或組合不同教、玩具以達成教學目標，比如語文區，就是利用聽與讀的對應學習來達成提升幼兒閱讀力，而提供歌謠、繪本、知識書等不同種類的讀本，與其內容相同的CD 作為語文區的學習素材。

2. 將時間納入考量，進一步規劃與選擇

素材類別較為多元且每項類別都能達到教學目標的學習區，如美勞區、組合玩具區，可加入時間的元素來進一步篩選素材。

舉例來說，美勞區中無論提供是紙工類、捏塑類、繪畫類、工藝類、多元素材類還是回收素材類的活動，都能達到探索、表現與創作的教學目標，那麼，教師的選擇除了學生發展與經驗，還可從新學年的開學以及下學期的開學兩個時間點來做思考與規劃。

在新學年的開學，為引發幼兒的興趣，適合提供較多類別的活動來供幼兒做選擇，但在這個時間點裡，教師照顧新生的個殊性與適應性的需求量也較高，因此，在「多元」的前提下，樂遊班的教師選擇偏向可獨立操作的類別，如繪畫類、捏塑類，再搭配較需教師引導的類別，如紙工類與工藝類的活動，作為新學年開學時的美勞區學習內容。

但到了下學期的開學階段，多元與獨立操作就不會是教師的首要考量，而將會以幼兒興趣、計畫內容來選擇適合的類別或縮減類別，以提供能幫助幼兒延伸計畫、深入學習的素材為主。

3. 素材的特性與經濟效應影響素材種類的多寡

　　教育現場在環境空間、素材經費的限制下，當教師必須從有限的素材中做選擇時，可從素材的特性與經濟效應兩方面來思考：

　　(1)素材的特性：提供多元的素材來引發幼兒的興趣是學習區在規劃素材、選擇素材時的普遍性原則，但，部分素材的特性屬於需要提供一定的量才能支持幼兒進一步深入探究與學習，例如組合玩具區的素材（智高 Gigo、樂高 LEGO 等）或積木區的積木（KAPLA、單位積木等），那麼，單個種類的素材數量是否充足，就會比是否提供多個種類的素材來得重要。因此，教師可和其他班級採取「聯合」與「輪流」的方式，來維持素材的數量。比如說，樂遊班為中大班混齡、新生又居多的班級，教師可先選擇難度較低的素材來供幼兒探遊，像是單一卡榫類的玩具：Gigo、彈型積木，或是多方向卡榫類的玩具：LASY 積木等，而其他難度較高的玩具，如 LEGO、LaQ 拼接積木、百利智慧片等項目就可先轉讓給其他班使用。

　　(2)素材的經濟效應：在選擇素材時，多半會選擇能達到多個教學目標的材料，比如蛇棋，能認識數字、數的順序，又屬於可多人參與的規則性遊戲，能讓幼兒經驗規則性遊戲的互動技巧。有時候，面對概念或功能較為單一的素材時，教師可發揮創意，改編素材的活動形式，如將單人玩的孔明棋變成雙人遊戲，或是擴充素材的設計，如在數字賓果中加入數字、數量、顏色等元素來增加素材的效應。

（二）素材的組織

　　學習區中，最常見用「難易」程度來組織素材。但素材的特性不同，在難易的表現上也有不同定義，如美勞區中，黏土的難易程度是指作品的

難度「平面→半立體→立體」；數學區中的形色玩具，則依作品區分為「圖案」與「圖騰」兩類，從幼兒所應用的能力來區分難易程度，圖案的難易程度是「對應→旋轉→形狀組合與拆解」、圖騰的難易程度是「對應→形式→旋轉→形狀組合與拆解→立體配色」；而語文區的讀本難易區分，則是從故事情節、結構配合教師所規劃的鷹架引導而來。教師可從幼兒園課程與教學品質評估表，或該教、玩具的說明書中分析與整理素材的難易程度定義，使其成為組織素材的依據。

然而在實際操作的過程中，樂遊班的教師發現「難易程度」並非影響幼兒選擇素材的唯一因素，例如：在組合玩具區，幼兒實際操作後，會選擇較容易操作的材料來操作，但在紙工區，卻可能是因為想做能玩的玩具或想做漂亮的布置品而驅使幼兒進入該區探遊。

因此，在素材組織上，可從「難易程度」與「引發幼兒興趣」兩個面向著手，讓幼兒在探遊的歷程中，能依自己的興趣來選擇學習內容。以摺紙為例，除了提供簡單到複雜的摺紙步驟圖外，還可將這些內容重新組織成「玩的」、「用的」、「布置的」，讓幼兒選擇，也讓經驗和生活連結，幫助幼兒進一步計畫接下來的學習內容。

三、鷹架資訊／活動的預先設計：提供自主學習所需的資訊

確定了各學習區的領域目標與學、玩具的選擇，且活動目標也確定後，為了培養幼兒自主學習的能力，接著就設計每個學、玩具的鷹架資訊／活動，其形式多半有工具書、繪本、說明書、模型、教師自製挑戰卡、步驟圖等形式。

（一）設計鷹架資訊／活動提供的內容與時機

鷹架資訊／活動是「教師介入」策略之一，也是協助幼兒自學途徑之一。以縫工區為例，教師依據幼兒想要縫物品的興趣來安排學習素材，提供一些抱枕、布包等實體成品物件供幼兒參考並布置情境後，老師還事先

分析了「縫」工所需的基本能力與工作程序，提供「基本能力」與「補充經驗」兩個方向來構思鷹架資訊／活動的設計。例如：想要用「縫」的方式來創作，那麼如何「穿線」、「打結」與「基本縫法」就是幼兒需要有的基本能力，教師就會在學習區開始運作前先規劃、製作「怎麼穿線」、「怎麼打結」、「怎麼縫」的鷹架資訊，製作成小冊子或是可以貼在牆上的引導圖，幫助幼兒可以透過看圖、照片等方式，自主操作、探遊，進而進入自主學習的情境。

　　樂遊班教師會將「縫」的知能分為基本與進階兩個階段，基本知識主要是為了幫助幼兒完成能「縫」的目標；進階知能則是鼓勵幼兒的創作設計而彈性提供的。學期初期，以幫助幼兒能完成初階的成品為目的，僅提供基本概念的內容；隨著學期中、後期，因著幼兒學習的進展而提供進階的資訊或調整鷹架的內容。舉例來說，縫工區一開始提供香包或抱枕等操作盤，型式（pattern）單純的活動來幫助幼兒建立「縫」的信心。隨著幼兒計畫的產生，提出想縫包包、想布置包包、想縫束口袋，教師才會進階提供所需的素材及縫法供幼兒參考。

（二）決定鷹架資訊／活動的形式

　　教師自製之鷹架的形式包括（但不限於）步驟圖、操作盤／圖與挑戰卡，說明如下：

1. **操作盤／圖**：主要的功能是利用圖示的方式來說明工具、用具或素材的操作方式，幫助幼兒透過圖，就能自主操作。

2. **步驟圖**：步驟圖是提供學、玩具應用時之程序性（步驟）訊息，例如：摺紙。圖 10-2 是樂遊班教師提供的摺紙步驟圖，圖中由左到右的數字順序，配合箭頭的提示，幫助幼兒透過自學方式學習，建立程序性的步驟概念。

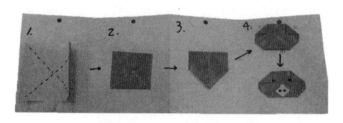

圖 10-2　自製摺紙步驟圖

3. **挑戰卡**：提供線索與資訊來幫助幼兒熟悉素材後，能進一步進行
改編或創發的創作，通常挑戰卡的提供會有 2～3 個層次類別。以
形色玩具來說，提供幼兒如表 10-4、表 10-5 有層次分別的挑戰卡。
幼兒在創作、操作過程中，學習數量、形狀合成與拆解、型式、
配色等概念，也可以仿作後延伸創作。

表 10-4　形色玩具（樣式一）之挑戰卡規劃表

層次分類	層次一	層次二	層次三	層次四
圖案範例	（https://raebear. net/goodies/pat- ternblocks/flo- wer.pdf）	（https://www. pinterest.com/ pin/503137208 22769 705/）	（https://raebear. net/goodies/pat- ternblocks/numb- ers/）	（https://reurl.cc/ ve9X1A）
幼兒能力	對應	旋轉	對稱	組合
圖案分析說明	數量較少。 使用形狀較少。 無需將形狀旋轉組合可直接對應。	數量較多。 使用的形狀較多。 形狀需旋轉組合成其他形狀。	透過空白圖來暗示幼兒需操作的內容，並從中練習對稱概念。 可提供鏡面供幼兒研究操作。	僅提供圖案的輪廓，鼓勵幼兒應用不同形狀來拼組。

表 10-5　形色玩具（樣式二）之挑戰卡規劃表

層次分類	層次一	層次二	層次三
圖騰範例	（https://www.pinterest.com/pin/374150681551704024/）	（https://www.pinterest.com/pin/806425876996401090/）	（https://reurl.cc/ak6EoG）
幼兒能力	對應	旋轉	旋轉、配色
圖騰分析說明	單一圖形為中心點。從邊或點擴散。	組合圖形為中心點。以嵌合的方式擴散。	組合圖形為中心點。能變化不同擴散的型式來創作。能應用配色來創造立體圖形。

　　想要應用小方塊積木來創作，幼兒必須掌握小方塊積木單一卡榫的特性，必須能拆解物件的基本圖形，並且能組合該圖形的模樣。因此，教師在選擇動物作為挑戰卡的內容時，會考慮到動物的形體，像長頸鹿偏長形，像蝴蝶翅膀由半圓形組成，像鴨子頭部是球體組成等，盡量提供不同形體的動物，讓幼兒在仿作時，能增加圖形組合的概念。另外，也藉由不同層次的挑戰卡來幫助幼兒聯想創發，如挑戰完層次一和二時，可鼓勵孩子將長頸鹿改編成四條腿的造型；挑戰完層次三的動物時，可鼓勵幼兒聯想還有哪些動物頭是球形的，鼓勵幼兒來聯想創作，如表 10-6 所示。

4. **說明書**：當幼兒透過前述形式之鷹架學習到更自主性的學習時，老師就會提供、運用廠商提供的說明書，讓幼兒直接得到進階方式的鷹架。以提供時機與階段來說，如學期初期，幼兒尚處於熟悉素材與知識階段，可提供步驟圖來幫助熟悉知識與程序；學期中後期，則可陸續用工具書、繪本、實體物件幫助幼兒連結、創作。

表 10-6　小方塊積木挑戰卡規劃表

示意圖案			
層次分類	層次一	層次二	層次三
說明	選擇積木數量不多，不同圖形（如長形、圓形）的動物圖形	選擇不同站立的動物	選擇不同形體（如球體、長方體）的動物

四、幼兒自主評量與反思方法的設計

　　為了協助幼兒可以監控自己學習的歷程，教師將計畫、發現問題、整理訊息規劃在學習內容裡，幫助幼兒練習與學習。如圖 10-3 所示，提供「我的計畫」、「學習區心情畫記」來記錄計畫與執行經過；透過「我解決的辦法是……」來覺察與思考學習歷程中的轉變。

　　從圖 10-3 可以看到，幼兒提出想要用小方塊積木做恐龍的計畫，而在操作的過程中，教師透過「學習區心情畫記」，鼓勵幼兒記錄執行過程，或是可能遇到的困難與發現的問題，而幼兒記錄當下遇到的問題：恐龍會一直散開，因為沒有將積木卡緊；待幼兒解決問題，或是在問題解決的歷程中有新發現時，則是提供「我解決的辦法是……」來整理經驗：將恐龍全部拆開，重新組、壓緊就不會散開了。

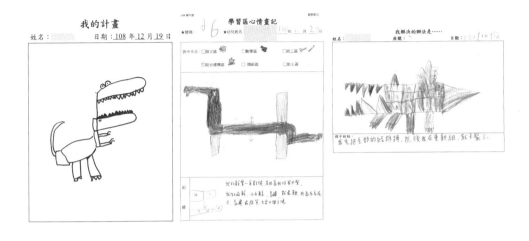

圖 10-3 樂遊班整理學習經驗紀錄紙

　　另外，針對結構性強的學習領域提供紀錄紙與學習單幫助幼兒整理經驗，例如：圖 10-4 數學區的孔明棋紀錄紙為例，該紀錄紙提供三局的棋譜供幼兒將下棋的結果記錄下來。幼兒可透過記錄檢視棋的變化；而教師可藉著記錄，請幼兒比較與說明這三局棋各自用的策略，並針對輸贏進行推論：用哪個策略較容易贏，促使幼兒有反覆推論驗證的機會。

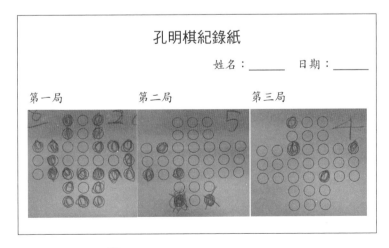

圖 10-4 孔明棋的棋類紀錄紙

五、學習區遊戲課程的環境規劃

為了協助幼兒自主學習能力的培養，我們環境規劃是以「自主性」為原則規劃的，下面以「操作材料的擺設」、「收拾與整理」及「作品展示」三個案例來說明學習區遊戲課程的環境與情境的規劃。

❖案例一：操作材料的擺設

我們利用櫃位、盒子、盤子，甚至是布置，將自主操作的提示加入環境中（如圖 10-5），透過照片順序的提示，幼兒知道縫工區裡工作、遊戲的順序與規範。

圖 10-5　縫工區環境規劃照

以縫工區的環境規劃來說，在提供教具的櫃位、操作空間、展示空間外，樂遊班的教師嘗試將「順序」與「數量」的概念加入環境布置中。

如圖 10-5 所示，將縫工區之打結、平針縫、滾邊縫等操作盤分層擺放於素材櫃底層的第一層；將工具與材料放置於櫃位的第二層，應用布縫製的小桌巾來提示該區可參與的人數；還未完成的放在第三層。

❖ 案例二：運用分類的概念與收納容器作為收拾與整理的策略

教師會運用圖示、透明收納盒、開放式的籃子來協助幼兒自主性與負責性的收拾並整理用過的工具及玩過的材料，把它們歸位。針對較多配件的學、玩具，也可善用分隔片、小盒子來幫助幼兒透過視覺提示就能自主性整理，如圖 10-6 數學區桌遊收納案例。

圖 10-6　數學區桌遊收納案例照

❖ 案例三：作品展示的空間

作品展示有鼓勵的意味與覺察學習歷程的功能。在學習區的遊戲課程中，幼兒的作品常需耗時兩三天或一週的時間完成；同時，為培養幼兒能透過「計畫—執行—再修正」以達到計畫、做、再思考的學習習慣，各區域皆需規劃有未完成工作之保留區及作品展示區二種空間。

圖 10-7 與圖 10-8 為兩種不同的展示方式。圖 10-7 以鼓勵為目的來展示，展示內容較多，且以不同創作方式為主；圖 10-8 則為了幫助幼兒覺察於該區的學習歷程，因此以不同時期的作品來做展示，而此展示的方法，教師可以透過作品和幼兒一同分析學習中的轉變和成長。

圖 10-7　美勞區作品展示區　　　圖 10-8　組合玩具區幼兒歷次
　　　　　　　　　　　　　　　　　　　　　　飛機成品展示區

也可以將布置與作品展示結合，提供情境式的展示平台讓幼兒能邊遊戲邊創作，如圖 10-9 所示。樂遊班的黏土區以動物園為主題來進行創作，教師將動物模型與幼兒作品穿插布置出動物園的情境，幼兒能參考動物的書籍來創作不同的動物，也能和同區的幼兒在動物園遊戲後再決定想要創作的角色，將展示與遊戲的概念融合在一起。

六、學習區遊戲課程的時間規劃

課程指的是在一段時間裡預設或是生成的學習內容，因此，在發展課程時，時間是要予以規劃的重要元素之一。

圖 10-9　樂遊班黏土區作品區

（一）每日學習區遊戲課程的時間規劃

每天先以約 20 分鐘左右的時間進行大團體、小組形式討論分享，或是學生個別以作畫方式做當天要進行的遊戲計畫；然後有 40～50 分鐘時間玩（操作）玩具；10～20 分鐘記錄完成的狀態與收拾時間。

（二）每學年學習區遊戲課程時間規劃之架構

每年學習區遊戲課程的時間架構以時段為單位來進行規劃，如圖 10-10 所示，說明如下。

1. 第一階段

熟悉學習區運作階段（9 月中～10 月）：採小組輪組方式，幫助幼兒熟悉各學習區工具、素材擺放位置、收納規則，與素材的操作方法。

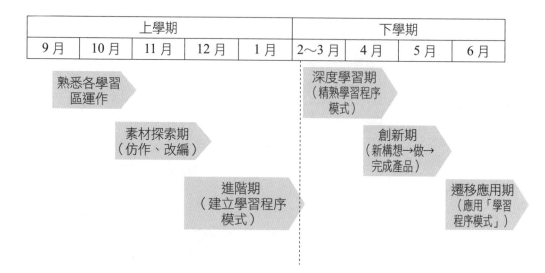

上學期					下學期			
9 月	10 月	11 月	12 月	1 月	2～3 月	4 月	5 月	6 月

熟悉各學習區運作

素材探索期（仿作、改編）

進階期（建立學習程序模式）

深度學習期（精熟學習程序模式）

創新期（新構想→做→完成產品）

遷移應用期（應用「學習程序模式」）

圖 10-10　每學年學習區遊戲課程時間規劃之架構

2. 第二階段

素材探索期（11 月～12 月初）：讓幼兒藉由仿作、改編的活動來熟悉素材，同時建立操作素材的信心。

(1)善用設計、規劃好的操作盤、步驟圖、挑戰卡，讓幼兒透過仿作或改編來熟悉素材，同時透過作品的完成，建立幼兒操作的信心。

(2)建立問題解決的策略，嘗試將解決問題的主導權交給幼兒。遇到困難時，可先想一想，或看說明書／步驟圖／書籍，或問同學、老師。

3. 第三階段

進階期（12 月初～期末）：依幼兒提出的計畫，提供進階知識或技法，同時建立「計畫—執行—檢視（發現問題）—嘗試找出解決策略—再修正」之歷程的學習模式。

(1)鼓勵幼兒提出計畫並執行，並說出困難或遇到的問題。

(2)連結問題解決策略的成功經驗：分享遇到困難，自己嘗試、看說明書／步驟圖、問同學成功解決問題的案例。

(3)從上述成功經驗的分享，建立幼兒願意挑戰的意識與信心。

(4)建立「計畫─執行─檢視（發現問題）─嘗試解決─再修正」的學習模式。

4. 第四階段

深度學習期（3月～4月）：幼兒在「計畫─執行─檢視（發現問題）─嘗試找出解決策略─再修正」之歷程中，熟悉新素材，或經驗進階知識或技法。

(1)鼓勵幼兒提出問題，並藉由觀察、分析、比較的策略幫助幼兒進一步覺察關鍵問題或解決策略。

(2)鼓勵幼兒說出操作過程中的覺察與發現。

5. 第五階段

創新期（4月中旬～5月）：幼兒能自行提出問題，提出假設、反覆實驗。

創新期的問題層次與經驗期的問題層次並不相同。經驗期以鼓勵幼兒願意提出問題為目的，因此鼓勵幼兒大量提出問題，卻不就該問題是否為計畫裡的關鍵問題來和幼兒進行討論。而問題層次多半是技術面（例如不會剪、雙面膠不會用），或是記憶類、理解類的問題（例如看不懂圖、不知道怎麼做）等階段。但在創新期階段，為幫助幼兒真正解決計畫中所產生的問題，因此，提出的問題是否為關鍵問題就相當重要，所以，這個階段的問題，多半應為應用類、分析類的問題。

然而，並非所有的學習區都會進入實驗期針對問題進行實驗歷程，部分學習區，如語文區所探討的問題，例如：我的故事怎麼編，才會比較精

彩？怎麼樣加長內容等等就屬於探究的歷程，而兩者都需要經歷「提出想法—執行—修正」的反覆歷程。

6. 第六階段

遷移應用期（5 月～6 月）：能提出關鍵問題，並應用自己、他人使用素材的經驗或生活中的經驗或學習過的經驗來嘗試解決。

第二節　運作階段：程序與案例

本節將透過樂遊班的案例或問題，來說明學習區遊戲取向教保活動課程運作階段與設計階段間的關聯性以及教師的角色。

❖ 案例一：生成課程與預設課程的關係——數學區桌遊活動案例

表 10-7　桌遊活動延伸出自主活動的摘要表

	桌遊，幼兒需熟悉規則，需要遵守規範，才能進行。但從「會玩」到「對桌遊產生興趣」進一步成為探究的主題，就需要動機的催化。在幼兒的興趣下，教師應用玩的策略來延續幼兒的動機，而幼兒就在玩的過程中，提出想要探究的計畫，並反覆經歷發現問題、嘗試解決、再發現問題、再修正的歷程。對幼兒來說，在桌遊的探究上經歷了探索、經驗與應用三個階段，而老師，也應該從經驗提供者、引導者逐漸轉變為支持者，才能達成自主學習的教學目標。課程發展設計階段發展框架與大方向目標，實踐階段就隨之發展出不斷生成的課程但方向沒變；老師的角色也由主導性強的角色，配合著課程性質與幼兒興趣及能力的發展，走向引導者、觀察者等角色。 　以下，從幼兒想玩的「桌遊」開始，以幼兒在探索上經歷的三個階段為軸線，說明幼兒探究的歷程與教師的做法。
預設目標	1. 學會桌遊的相關知能：桌遊規則。 2. 能提出計畫、發現關鍵問題，並針對問題，提出可行的解決策略，並反覆實驗。 3. 能透過合作計畫，學習與他人合作完成任務。 4. 透過反覆的探究歷程，培養幼兒面對困難與努力不放棄的精神。

表 10-7　桌遊活動延伸出自主活動的摘要表（續）

時期	幼兒探究的歷程	教師的做法
第一、二 階段	·熟悉桌遊的玩法： 數學區提供配對類三款難易程度不同的桌遊，而幼兒在玩，學會規則後，對其中一款難度較高的桌遊產生興趣。 （翻攝自桌遊《嗒寶》Dobble） ·規則：最快說出兩個一樣的圖案名稱即獲勝。 ·幼兒問題：不熟練，或無法說出圖案名稱。 ·歷程：反覆玩，整理「贏」的成功經驗與策略。 幼兒發現： 1. 玩的時候，要快速繞著紙牌的形狀瀏覽一圈，比較容易尋找圖案。 2. 認識的圖案比較好尋找。 3. 圖案分成大中小，大的圖案較好尋找。	1. 透過玩來幫助幼兒願意反覆練習。 2. 建立幼兒的信心。 3. 鼓勵幼兒從自身操作的經驗中提出困難、問題或發現。
第三、四 階段	·幼兒提出想自製同款桌遊的計畫 ·從幼兒自行設計的遊戲，落實幼兒學習「計畫—執行—檢視（發現問題）—嘗試找出解決策略—再修正」的歷程，從作品中理解幼兒的學習狀況並提供經驗。 ·幼兒問題： 1. 自製遊戲的牌卡只有 6 張，太少，同儕無法玩。	1. 透過幼兒自行構思遊戲的策略，幫助幼兒落實「計畫—執行—檢視（發現問題）—嘗試找出解決策略—再修正」的歷程，透過分享來建立幼兒觀察、發現與嘗試推論的信心。 2. 分析幼兒的遊戲與作品，理解幼兒的需求後擴充幼兒的知識與經驗： (1)掌握特徵的經驗：觀察。 (2)分析遊戲的經驗。

表 10-7　桌遊活動延伸出自主活動的摘要表（續）

時期	幼兒探究的歷程	教師的做法
第三、四階段	2. 部分物件重複，同儕無法玩。 3. 自製遊戲未掌握物件特徵，同儕無法玩。 4. 我的遊戲可以怎麼改更好玩？ ・歷程： 1. 透過和同儕交流的經驗，覺察自製遊戲的問題，如物件重複、未掌握物件特徵等。 2. 接著觀察與修正的歷程，掌握物件特徵。 3. 反覆玩該桌遊，並分析要素。 ・幼兒發現： 1. 要畫出物品的特徵，需觀察形狀、顏色。 2. 要素： 　(1)每張卡片最多 8 個圖案。 　(2)2 張卡片中，只有 1 個圖案是相同的。 　(3)圖案會有大中小。	
第五、六階段	・鼓勵幼兒在執行計畫中精確說出遇到的困難與問題、鼓勵幼兒透過閱讀或應用舊經驗、連接生活經驗或他人的學習經驗來思考解決策略，落實「應用」的概念。 　例如：增加牌卡數量，可以怎麼做？ 同組幼兒討論，已覺察牌卡數量與規則的幼兒，提出策略與建議供他人參考與試驗。 ・幼兒問題：要怎麼做？可以怎麼做？ ・歷程： 1. 主動提出困難或問題。 2. 自行針對問題，思考並提出可能解決策略。 3. 自行透過實驗或反覆探究的歷程來驗證解決策略。 ・幼兒發現： 1. 可以他人的建議來解決問題。 2. 遇到困難不要放棄要想辦法解決。 3. 遊戲規則要清楚，別人才有辦法玩。 4. 自己變厲害了。	1. 評估幼兒自我執行計畫的能力，提供計畫或紀錄紙來提升能力較弱的幼兒自我執行的可能。 2. 善用「應用」的概念支持幼兒完成計畫： 　(1)舊經驗。 　(2)他人經驗。 　(3)觀察的能力，在生活的經驗中尋找解決策略。

　　從表 10-7 的說明中，可以看到學習區遊戲課程運作階段深入學習的輪廓。幼兒選擇自己有興趣的區域後，先提出計畫的想法，老師引導進行探究來深化學習。過程中，幼兒並非停留在自由遊玩、把玩的初階經驗，而是透過「玩」提出計畫、方向，進而學習問題解決，提升挫折忍受力、社會互動、自主學習的能力，以及為深入計畫而獲得相關知識與經驗。

　　從教師角色、工作內容和幼兒反應來分析與組織表 10-7 的內容，即為圖 10-11 學習區遊戲課程運作階段圖。「玩」是課程發展的核心，老師要觀察幼兒本身的能力、態度與執行計畫時遇到的困難，適時的提供引導、介入的鷹架策略，才能將「玩」轉化為學習的路徑，同時學到「玩」之主題的內容。例如：當幼兒無法看懂書上的圖來進行摺青蛙的活動時，教師提供「玩」的機會，的確會引發幼兒想持續做或練習的意願，否則幼兒容易因為挫折而中斷學習；面對幼兒學習上碰到的需求與困難時，教師就運用「大團體活動、小組活動或是個別活動」等形式，以提問、示範、提供活動、鷹架資訊等方式處理。教師是以活動的目的與幼兒的需求來決定採取的形式，說明如下：

1. **大團體形式**：和全班的學習有關，以鼓勵、激勵、分享經典案例以提供他區幼兒經驗為目的。
2. **小組形式**：和有該區經驗的幼兒有關，以深入討論該活動相關經驗、提供專業知識為目的。
3. **個別形式**：主要針對幼兒的個別狀況，且該狀況無法透過大團體活動、小組活動或其他鷹架資訊來處理的，如情緒困擾、挫折困擾等。

　　樂遊班教師提供的鷹架策略，會和「是否能幫助幼兒自主學習」有關係，如下文案例二的說明；幼兒個別學習狀況的掌握與搭建，舉例如案例三。

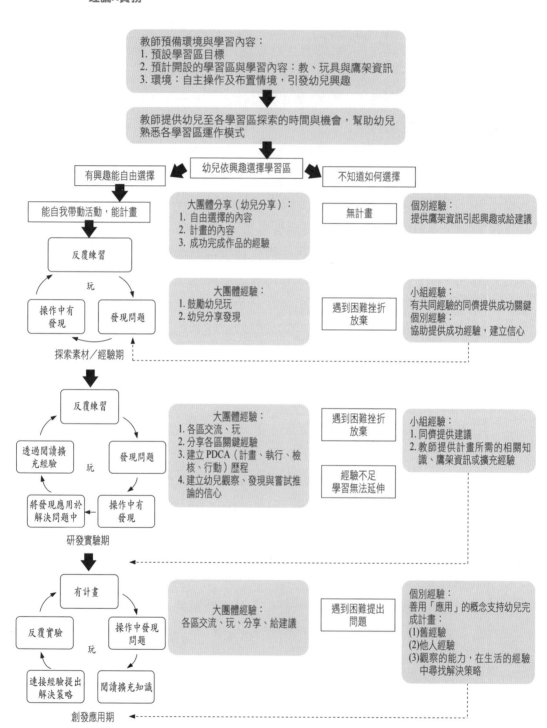

教師預備環境與學習內容：
1. 預設學習區目標
2. 預計開設的學習區與學習內容：教、玩具與鷹架資訊
3. 環境：自主操作及布置情境，引發幼兒興趣

教師提供幼兒至各學習區探索的時間與機會，幫助幼兒
熟悉各學習區運作模式

幼兒依興趣選擇學習區

有興趣能自由選擇　　　　　　　　　　　　　　不知道如何選擇

能自我帶動活動，能計畫

大團體分享（幼兒分享）：　　無計畫　　　個別經驗：
1. 自由選擇的內容　　　　　　　　　　　　提供鷹架資訊引起興趣或給建議
2. 計畫的內容
3. 成功完成作品的經驗

反覆練習

玩

操作中有　　　發現問題
發現

大團體經驗：　　　　　　　遇到困難挫折　　小組經驗：
1. 鼓勵幼兒玩　　　　　　　　放棄　　　　有共同經驗的同儕提供成功關鍵
2. 幼兒分享發現　　　　　　　　　　　　　個別經驗：
　　　　　　　　　　　　　　　　　　　　協助提供成功經驗，建立信心

探索素材／經驗期

反覆練習

透過閱讀擴　　　發現問題
充經驗

玩

大團體經驗：　　　　　　　遇到困難挫折　　小組經驗：
1. 各區交流、玩　　　　　　　放棄　　　　1. 同儕提供建議
2. 分享各區關鍵經驗　　　　　　　　　　2. 教師提供計畫所需的相關知
3. 建立 PDCA（計畫、執行、檢　　　　　　識、鷹架資訊或擴充經驗
　　核、行動）歷程　　　　經驗不足
4. 建立幼兒觀察、發現與嘗試推　　學習無法延伸
　　論的信心

將發現應用於　　　操作中有
解決問題中　　　　發現

研發實驗期

有計畫

反覆實驗　　　操作中發現
問題

玩

大團體經驗：　　　　　　　遇到困難提出　　個別經驗：
各區交流、玩、分享、給建議　　問題　　　善用「應用」的概念支持幼兒完
　　　　　　　　　　　　　　　　　　　　成計畫：
　　　　　　　　　　　　　　　　　　　　(1)舊經驗
連接經驗提出　　　閱讀擴充知識　　　　　(2)他人經驗
解決策略　　　　　　　　　　　　　　　(3)觀察的能力，在生活的經驗
　　　　　　　　　　　　　　　　　　　　　中尋找解決策略

創發應用期

圖 10-11　樂遊班學習區遊戲課程運作階段圖

❖案例二：設計好的學習框架與內容，是框住了幼兒，還是鷹架了幼兒？——紙工的案例

　　學習區的課程設計階段，事先設定的目標，設計了教、玩具與遊戲內容，並規劃了相關的鷹架資訊，幫助教師在課程進行時有方向可循。那麼，教師應該如何彈性應用這些設計好的內容，讓這些內容成為幼兒的助力而非阻力呢？這就是在課程發展運作階段裡要注意的工作了。下面以紙工區的案例來進行說明（如表 10-8 所示）。

表 10-8　鷹架的案例表

預設目標		透過紙工活動，幫助幼兒熟悉工具與紙相關素材的應用（這是設計階段剛開始時設定的目標，隨著課程時間階段的發展，活動目標會隨之生成出來）。
情境		因應年節的氣氛，教師在摺紙區提供紅包創作的學習內容與鷹架資訊來引發幼兒的動機。 　 小魚紅包　　　　　　　　　小豬
摺紙區的幼兒行為	初期	依據教師提供的活動來進行。 　 依步驟圖摺紙並創作作品

表 10-8 鷹架的案例表（續）

摺紙區的幼兒行為	中期	提供鷹架資訊：扇形摺法的相關創作來延伸、聯想。  魚　　　　　　　蝴蝶　　　　　　雨傘
	後期	自行思考、設計與創發： 1. 幼兒從創作「我去釣魚」的故事延伸出想要做能載東西的船。 「我去釣魚」故事 第一代船和魚　　　　第二代船　　　　　第三代船 2. 幼兒想將作品布置於門框。  設計圖門框上的布置

　　此活動為紙工區的一個項目，目的在於引發幼兒對於紙的興趣並能依此進行創作，而具體目標則是希望透過活動，幫助幼兒熟悉工具與紙的應用，以達到創作的目的。

　　在實際執行的過程中，幼兒因為參考了鷹架資訊，以扇形摺法為基礎，產生了聯想創作的表現，同時，進一步開始構思想要繼續執行的計畫、內容與方向。

　　當幼兒對於活動內容出現進一步的想法時，教師原先預定的活動目標也會開始轉變，以支持幼兒的計畫，例如：

1. 能應用紙，依據需求進行平面、半立體、立體的創作。
2. 能依計畫執行內容。
3. 能說出遇到的困難或問題，並嘗試解決。

　　另外，提供幼兒自我評量的紀錄紙，像是「我的計畫」、「我的發現」等，幫助幼兒自我檢核「計畫—執行—再修正」的自主歷程。同時，針對這個分享案例還有以下幾點說明：

（一）預設目標與生成目標關係

　　以上述的案例，可發現設計階段之預設目標屬概括性的目標，當幼兒的興趣與計畫產生後，才會依計畫主題，共構出具體且深入的生成性目標與內容；無論是預設目標還是生成目標皆會以學校教育的課程目標——「自主學習」為最終目的。

（二）將鷹架資訊視為引導策略、過程，而非是一定要遵行的學習步驟或結果

　　預設好的鷹架資訊會不會（或是不是）讓幼兒只會仿作不會創作？教師們對於「鷹架資訊」的理解與應用會影響學習過程與結果。如果，教師將鷹架資訊視為學習步驟，要求幼兒完成一個作品，再完成下一個，過程

中沒有幫助孩子反思與整理經驗，那鷹架資訊就容易流於仿作的形式，無法引發幼兒的自我學習。將鷹架資訊視為引導或鷹架策略的教師，能適時的提供幼兒學習的策略：

1. 有計畫、有想法、能自我帶動的幼兒：當幼兒遇到困難時，透過鷹架資訊的閱讀、理解與發現，鼓勵幼兒思考可能的解決策略。
2. 無計畫、無想法的幼兒：鷹架資訊是幼兒仿作、獲得成功經驗、建立信心的來源。

（三）組織好的學習內容可幫助幼兒由淺入深的學習，但不代表每項素材都是這樣的學習歷程

前一節「二、內容選擇與組織」說明了學習區內容可從素材的難易程度及幼兒興趣來選擇與組織。

將組織過的學習內容放入實際教學現場後，會發現幼兒在學習時，部分素材的難易程度具有知識本身之學習次序的結構性，如數學區的數與量概念，先學 10 以內的數量才學習數的合成與拆解，因此教師會協助幼兒依序學習；也有部分素材的難易程度沒有學習先後順序的問題，尤其是創作類的項目，比如：學理上，黏土的難易程度是用「平面、半立體、立體」來區分的，但幼兒是不是一定要先學會平面作品、半立體作品後，才會做立體作品呢？事實上，幼兒熟悉黏土的特性並能夠搓揉捏塑後，創作出的作品很有可能是平面與立體交錯的，那麼教師在操作時，就不適合以依序的策略來要求幼兒進行活動，應以「參考」的概念鼓勵幼兒觀察、創作。換句話說，教師需意識到各區域的素材是否存有「先備知識」的概念在裡頭，再配合事前組織好的學習內容來鷹架幼兒，才能真正達到引導的功效。

❖ 案例三：課程發展設計階段與運作階段銜接問題的處理

　　課程從設計階段落實到運作階段時，要靠觀察與教學策略的運用來銜接兩個階段。

（一）觀察與分析幼兒的能力

　　樂遊班的教師將幼兒的能力，分為動機、能力與持續力三類（如圖10-12），在課程進行的前期與中期，觀察與評估幼兒的學習情況。動機指的是在學習的歷程中，幼兒想學、想做、願意挑戰的意願；能力是指動手操作的能力、讀圖的能力；而持續力，則是指幼兒可以靜下來操作的時間。

　　在學習歷程中，這三類的觀察、分析與評估是需要持續進行的，因為在實際教學現場裡，學習會因為個人挫折忍受力，在不同的學習階段有不同的能力表現，例如：在探索初期，屬於高動機、高能力與高持續力的幼兒，有可能在遇到難度較高的活動，動機降低或持續力降低。

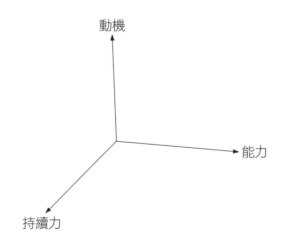

圖 10-12　觀察與分析幼兒能力的三個角度

（二）將幼兒依能力分析進行分類，並思考引導的策略

在表 10-9 的分類中，教師可以發現，部分幼兒可以自主學習，部分幼兒可透過計畫、鷹架資訊、任務或同儕搭建的方式來學習，而真正需要教師個別指導的幼兒其實並不多。因此，教師只要善用對幼兒的理解，適時提供不同的策略來掌握幼兒的學習狀況，就能有效的顧及每個幼兒。

表 10-9　能力分析與對應鷹架表

號碼或名字	幼兒能力分析	策略	
	1. 動機強、能力強、持續力強	可自主學習	較不需教師陪伴
	2. 動機強、能力低、持續力強	可由同儕或鷹架資訊協助提升能力	
	3. 動機強、能力強、持續力低	可事先計畫或給予任務來增加持續力	
	4. 動機強、能力低、持續力低	可事先計畫並提供鷹架資訊來提升能力與持續力，但教師需多掌握此類幼兒在學習困難上的情況	較需教師陪伴
	5. 動機低、能力強、持續力低	需教師陪伴並建立信心	
	6. 動機低、能力低、持續力低	需教師陪伴並建立信心	

第三節　評鑑階段

評鑑階段可以從學生學習成果與課程發展的歷程兩個面向來進行評估。

一、學生學習成果評估

樂遊班的教師可以從幼兒自我評量、幼兒作品以及教師評量的三個方面來檢視。

（一）幼兒自我評量

幼兒在計畫執行的前、中、後，會畫下「我的計畫」、「學習單／紀錄紙」、「我的新發現」、「學習區心情畫記」及「我在學習區學到的……」等紀錄，幫助幼兒覺察自我的學習與成長。

（二）幼兒作品的分析

從幼兒作品的分析來覺察幼兒的轉變，除了是歷程中相當重要的鷹架依據，同時也是理解幼兒成長的重要指標，而此部分的紀錄將納入教師評量。

（三）教師評量

在學期末提供學習區評量供家長理解幼兒的成長，其內容包含幼兒前中後的學習歷程、作品的轉變與該區應學習的學習目標等部分。

二、課程發展歷程的評估

（一）園級的教學會議

1. 開學前的課程發展會議：(1)每班需提出該學期的教學計畫；(2)依全園課程需求提出討論內容或工作內容，如因各學習區的教材皆需進行教材分析並據此提供相關的鷹架資訊，因此提出共備任務，各班認領一個學習區（本園共有四個班級）進行分析，且需於開學前的教學會議提出內容報告。

2. 每月的教學會議：針對各班的教學計畫運作過程裡遇到的困難提出討論，包含各學習區進行狀況、幼兒學習狀況及個案討論。

3. 期末的課程發展檢討會議：選擇一個學習區域的案例進行案例分享。

（二）班級的教學會議

　　至少兩週召開一次，以學習區遊戲課程時間架構為基礎，藉由幼兒的學習狀況，適時調整目標與課程方向。

第四節　關於新課綱、課程手冊實踐之反思

一、新課綱在樂遊班學習區遊戲取向教保活動課程發展的應用

　　可以作為教學目標、內容選擇以及判斷活動難易程度時的指引與依據。筆者主張即使是學習區遊戲取向的課程，還是需要透過事先的「計畫」來準備學生學習的方向、環境與學習內容，只是在執行的過程中，會因幼兒興趣、互動過程而衍生出不同於預設的計畫，進而調整路徑、學玩具的提供，教師只要抓住理念、預設的總目標和方向，其教學的成效會是一樣的。

　　新課綱六大領域的領域目標、課程目標與學習指標，是規劃設定學習區各區教學目標重要的指引，也是學習區遊戲課程內容選擇的依據；當教師在面對學生發展（年齡、經驗、能力）上的差異時，學習指標則可以成為難易程度的指引。

二、樂遊班學習區遊戲取向教保活動課程發展程序之反思

　　就學習區遊戲取向的課程發展程序而言，在課程設計階段，教師須先訂定課程目標及各學習區領域目標，並依據目標來選擇適合的教玩具、規劃環境、設計鷹架資訊內容，以提供幼兒自學的方法；在課程發展階段，則是以自主學習為主軸，以目標為課程方針，來因應與調整依幼兒的興趣

而衍生出的不同的學習內容，同時提供整理學習經驗紀錄紙來協助幼兒自主評估，而教師也可從中確定幼兒的學習成效。

　　從第三章課程發展取向的四種模式來看學習區遊戲取向的課程，其課程的組成有三個要素：目標、內容與評量，在內容的規劃上，除了設計幼兒的學習活動（教玩具、鷹架資訊）外，還包括環境與學習時間等部分。另外，學習區遊戲取向課程發展的理念是偏屬 Fink 模式，從意義深遠的學習概念來思考幼兒的學習，以主動學習來規劃要進行的學習活動，其中，目標來源與訂定，教師透過意義深遠的學習問題：「學習什麼是重要的」、「學習什麼能影響學生的未來學習和生活」來思考總目標的內容，同時也參考了新課綱的領域目標與課程目標的內容，來作為各學習區領域目標的依據。

　　事實上，屬於生成課程的學習區遊戲取向課程，無論是課程設計階段還是課程發展階段都相當重視目標與學習內容間的連結性，以利教師掌握課程進行的方向和學生的學習成效，因此，在課程發展步驟的順序，主要是依據目標→內容→成效的順序，而因幼兒（興趣、學習狀態）所調整的學習內容，在不偏離總目標的設定下彈性調整，這樣的發展步驟和 Tyler、Wiggins 與 McTighe 以及 Fink 模式所主張從目標發展的學習內容的模式相符。

第五節　結語

　　本章分享了樂遊班學習區遊戲課程發展的案例，也同時說明幾個重要概念：(1)課程發展具有階段性，老師在不同階段裡的角色、任務是不一樣的；(2)預設課程與生成課程不是對立的概念，它們是在課程發展設計階段與運作階段裡用以表達課程發展時序中，不同課程性質的概念；(3)課程、教學鷹架的設計與「以幼兒為中心」之理念是可以共存共榮的，不是有了預設的課程或是老師鷹架介入就違反了「以幼兒為中心」的理念；

(4)課程發展會涉及理論基礎的選擇與設定。本章是基於社會建構理論來發展課程的，因此，處處可以看到鷹架的影子；若換了不同的理論基礎，遊戲與課程、教學間的面貌也會不一樣的。

討｜論｜與｜分｜享

1. 小組分享對樂遊班課程發展的感受與想法。
2. 從樂遊班課程發展案例分享你對「以幼兒為中心」課程發展的看法。
3. 小組分享：你從樂遊班課程發展學到了什麼？
4. 請以小組方式，選一個玩具，設計玩該玩具需要的隱形鷹架。

第三篇
幼兒教育課程發展相關議題

　　本篇主要內容包含兩個主題：

　　一個主題是針對「學校本位課程」，探究其源起背景、定義與基本概念，同時，分別從坊間出版的教材、蒙特梭利課程、方案取向課程與遊戲取向課程分享可以進行校本化課程的做法。

　　第二個主題是針對「遊戲與課程」間的關係去探究「課程遊戲化」與「遊戲課程化」議題的思考角度，提出筆者個人的看法。

學校本位課程[1]的緣由與案例分享

---

1 「學校本位課程」（school-based curriculum）一詞之概念與其論述，原本是從基礎教育（中小學）領域來的，用在幼教領域，遂有「園本課程」一詞的出現。幼兒教育包括 0～6 歲（有些會定義為 0～8 歲）幼兒，不論是在幼兒園、附設幼兒園、早教中心等，都會涉及本章談論的議題，機構名稱也未必會以「幼兒園」為唯一稱謂。為了避免因稱謂上之多元而在議題本身內容上失焦，因此本章以原始使用的「學校本位課程」涵蓋之幼教領域的課程，一直很少受到中央政府層級之主控，因此較其他層級學校（如中小學）有著更多彈性與自由發揮的空間。

幼教領域課程一直很少受到中央政府層級之主控，較之其他層級的學校（如中小學），幼教領域在課程發展與課程決定等問題上，有著更多彈性與自由發揮的空間。

1970 年代，當各國將「學校本位課程」納為教育改革的重點時，幼教場域對於「學校本位課程」的現場實務經驗應不陌生。但是，在中小學改革浪潮中高喊「學校本位課程」時，幼兒教育領域亦與之共舞，筆者覺得不免是追隨失當的一個教育現象。為此，以下將針對「學校本位課程」的源起、內涵、幼教學校本位課程之現況，以及需思考的問題加以剖析，期望透過此追本溯源的過程，能釐清「學校本位課程」在幼兒教育領域之意義，並提供幼教現場在推動園本課程時應有的省思與實踐時應謹慎之處。

第一節　學校本位課程聲浪的源起

學校本位課程聲浪的起源是在 1973 年，由愛爾蘭的阿爾思特（New University of Ulster）大學所舉辦的「學校本位課程發展」（School-Based Curriculum Development，簡稱 SBCD）國際研討會中首次出現。會中將國家本位、學校本位、課程本位、地方本位、班級本位等課程議題納入討論，並由 A. M. Furumark 與 I. McMullen 兩人首度試圖界定學校本位課程發展的意義，之後學校本位課程便逐漸被各國重視，並納為教育改革的重點（林佩璇，2004）。學校本位課程的發展主要乃基於下列幾個原因（林佩璇，2004；高新建，2000；蔡清田編著，2005；Marsh et al., 1990; Skilbeck, 2005）：

一、社會變遷對學校課程的批評與省思

1970 年代隨著社會變遷，民主聲浪漸起，學者及社會大眾開始檢視過去由中央主導的課程，覺得中小學課程有濃厚的政治色彩，認為課程內

容需要更加考量學生的經驗和興趣，而且有些內容與社會脫軌且過時了。隨著這股批評的聲浪，社會開始期望學校與教師能夠重新拾回教育專業自主權，重新檢視課程的適切性，以及課程是否符合學生、學校以及教師的需求，以提供學生合宜的課程。

二、各國政府大力推動教育改革

1970 年代之際，各國政府開始意識到教育的重要性，大力推動教育改革之時，社會大眾也逐漸出現要求課程決策權力能適當的釋放到地方政府的呼聲，希望學校能參與課程決策，以使課程能反映社會變遷及地區特殊性。因此，「學校本位課程」乃應運而生，主要是期望讓教育專業自主權回歸學校、教師。雖然國家主要的教育方針、目標仍由中央制定，但學校已開始被鼓勵能夠在國家方針下，創發更貼近地方、學校、學生需要的課程教材，以符應學校特色以及不同學習者的需求。

三、學校要求更大的課程自主權

過去由中央主導之「由上而下」的課程，不僅容易受到政治介入的影響，課程內容也容易脫離學生真正的興趣與需求，很自然的，當學校本位課程呼聲漸起，學校開始覺知其應擔負與扮演之專業角色，進而要求更大的課程決定之自主權。

四、教師專業地位提升的需求

傳統由中央所主導、發展的課程，教師容易成為被動的知識傳遞者，由於課程發展少了教師的參與，使得課程難以以學習者為中心，教師也難以將自身的經驗、教學特色融入課程；當教師難以發揮其對於課程與教學的專業，相對的便失去了社會對於教師應有的期望與價值。因此，各界對於提升教師專業地位的期待，亦成為學校本位課程漸受重視與推廣的原因之一。

由上可見，學校本位課程發展的動力是源自於社會變遷的影響，帶動了地方政府以及教育體系對於教師專業、課程理念的省思。為避免教師在傳統由上而下的課程發展模式之影響下，逐漸失去其專業能力及專業自主權，遂有「學校本位課程」（以下簡稱「校本課程」）呼聲的產生，期望透過校本課程的推動，讓教師重拾應有的專業能力，並讓教師由過去的被動「傳遞」課程角色轉為主動「研發」課程角色；學校成為教師進行「行動研究」的場域，藉以建立教師專業知能與提升其專業地位。

從校本課程呼聲之產生背景來看，是針對中小學受到中央層級對課程主控權太強，希望中央在課程的主權上能夠下放一些到地方和老師身上，所產生的一種反動聲音。幼兒教育領域裡並沒有國定課程，由於不在義務教育體制範圍內，因此並沒有中央「由上而下」主控課程的問題；故從某個角度而言，幼兒園和老師擁有之課程自主權是很大的。當幼教界和中小學教育改革浪潮並行，高喊還給學校和老師專業自主權之際，幼教人應省思的是：要如何運用已擁有的課程決定權、課程自主權來展現應有的專業性，而不是向外去要求政府授權將早已在教師與幼兒園園長手上的課程決定權、教學自主權還給教師。

第二節　學校本位課程的定義與基本概念

過去學者們對於「學校本位課程」已下了許多定義，常見定義如下：

1. 學校本位課程意指，參與學校教育工作的有關成員（例如：教師、行政人員、家長與學生）為改善學校的教育品質，所計畫、主導的各種學校活動（Furumark, 1973；引自林佩璇，2004）。

2. 學校本位課程是指，學校針對學生所學習的內容，進行計畫、設計、實施和評估（Skilbeck, 2005）。學校本位課程是以學校為中心，以社會為背景，透過中央、地方與學校三者權利責任的再分配，賦予學校教育人員權責，由學校教育人員結合校內外資源與

人力，主動進行學校課程的計畫、實施與評鑑（黃政傑，1985）。學校本位課程是一種強調「參與」、「草根式民主」的課程發展過程，是一種重視師生共享決定，共同建構學習經驗的課程（Marsh et al., 1990）。

3. 學校本位課程為：學校為達成教育目的或解決學校教育問題，以學校為主體，由學校成員（例如：校長、行政人員、教師、學生、家長與社區人士）主導進行的課程發展過程與結果（張嘉育，1999）。學校本位課程是指，以學校的教育理念及學生的需要為核心，以學校的教育人員為主體，以學校的情境及資源為基礎，針對學校課程所進行的規劃、設計、實施與評鑑（高新建，2000）。

由上述學者所提出的定義分析，筆者認為「學校本位課程」包含了如下幾項概念：

一、是多元背景之人士／組織間的合作

過去由中央主導的課程，乃多由獨立於校外的人士所設計、發展與進行相關決策，教師僅是課程的執行者。學校本位課程之提倡乃期待學校能在中央、地方和學校課程政策的框架下，發展出具學校特色、適合學習者需求的課程，如圖 11-1 所示。

由目前幼兒園發展的課程類型來看，令人有百花齊放之感，但在這看似熱鬧、多元的課程中，究竟誰可以決定教育與教學的目的？應透過什麼內容，以達到計畫的教育與教學目的？應該用什麼方法教學？如何了解幼兒是否學到老師教學時的期望目的？由圖 11-1 可知，實際影響課程決定的相關人士眾多，包括：教育決策當局、行政主管（校長／園長）、家長、學校支援者／顧問、教育區內的社會大眾、出版社、學校董事會／家長會／股東、大學教授／評鑑委員、老師和幼兒等。每個關係者所關注的課程焦點不同，例如：教師可能關注課程是否具備充足之教學資源以方便

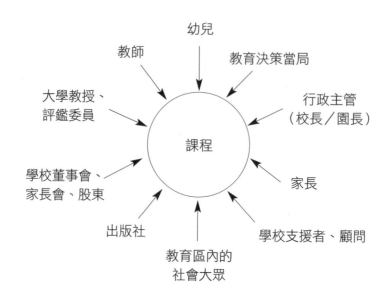

幼兒

教師　　　　　　　　教育決策當局

大學教授、　　　　　　　　　　行政主管
評鑑委員　　　　　　　　　　　（校長／園長）

　　　　　　　　課程

學校董事會、　　　　　　　　　　家長
家長會、股東

出版社　　　　　　　　　學校支援者、顧問

教育區內的
社會大眾

🔲 圖 11-1　影響課程決定之人士／組織圖

備課？園長關注課程是否能彰顯學校特色並吸引家長送幼兒來園就讀？學校董事會／股東關注的可能是課程執行的成本多寡？家長關注的是課程是否能幫助幼兒發展未來用得上的能力，以及能應對未來上小學需要的能力？評鑑委員關注的是課程是否能符合幼兒需求、能力與發展？學者關注的則是課程是否有明確的架構與堅實的理論基礎，是否符合教育理念？若以課程發展的觀點來看，一個具有完整課程理論架構的課程，絕非單純到只要園長決定、教師投票表決，或是教師／幼兒園自行開發即可完成的一件工程。究竟誰來扮演領導與整合課程發展工作的進行？領導與整合者應具備何種課程發展之專業知能？都是幼兒園自行發展校本課程時會結合的人士資源。

　　有別於以往，教師可以成為課程發展的研究者、設計者。這些不同人士彼此間的溝通、協調、合作與相互支援，更是成為是否能落實校本課程的重要因素。如果彼此缺乏良好的溝通機制，例如：教師缺乏課程設計的

概念、校長無法扮演好課程領導的角色、教育行政人員不清楚政府與學校層級之課程政策、學者專家不了解學校實際運作課程的現況、家長不參與或是過度參與等，都有可能使校本課程的理念流於形式，失去其真正的精神與意義。

二、是教室內師生合作，共同創造課程經驗

學校本位課程重視師生彼此在中央、地方和學校課程政策的框架下共享決定，共同建構學習的經驗，有別於過去師生教與學的單向關係。校本課程將教與學轉成重視師生互動的雙向關係——「教學相長」，學生可以參與課程決定及學習過程，教師也可由過去「教學者」的角色，另增加「諮詢者」、「協助者」、「學習者」的角色。課程一旦有了學習者的投入與參與，課程內容將更能吸引學習者的興趣，並可依學習者的不同展現獨特性。

三、是課程發展權力與責任之再分配

在過去的課程體制下，學校與教師的行動完全依照中央政府所制定的明確指示或設計好的課程而行，因此政府擁有課程的絕對決策權，同時也承擔起課程發展的重要責任。學校本位課程的主張，係將課程發展的權力與責任部分下放到各級地方政府與學校，讓地方政府及學校有參與課程發展的權力，並使學校能彰顯教育專業的角色，承擔在課程發展中應有的任務與責任，以產生部分地方化／校本化課程的機會。

四、是基於幼兒園在地資源、優勢條件下開發出來的

校本課程非常珍惜並運用在地文化、資源、優勢的條件去開發課程。

五、是學校與教室層級整體性課程的一部分，非全部課程

幼兒園課程是由基本課程、特色課程等不同性質之課程所組成；校本

課程是特色課程的一部分，但校本課程未必是特色課程。基本／基礎課程與特色／校本課程結構比例以 8：2 為宜。

六、是可以將已有的課程修改而成或是全然新的設計成品

在坊間教材基本課程上增加、刪改、減少部分內容，或是將某一部分的學習領域加深成為特色課程，均可視為學校的校本課程。校本課程不表示一定是全部的、整體的、自行設計與研發的課程。

七、是基於國家級課程綱要及課程理論為其指引方針與規範

校本課程不是班級老師無界限、無規範性、可以漫天理想化的發展、生成而成的。它需要以國家、地方政府之教育理念、目的、指導方針為其規範；需要在「規範與自由、整體與局部、特色與平衡、自主與外援、利益與責任」關係中保持張力（黃小蓮，2021）。

八、是具有邏輯性與理論上的一致性

校本課程是學校裡課程的一部分，它與學校裡的基本課程、特色課程等有互動的邏輯關係，且都是分享相同之教育信念與理論基礎。

九、教師需要具備課程發展所需的知能與經驗

發展一套完整的課程或是校本課程都需要同時考量許多不同環節的需求並加以整合，故需要豐富的學理基礎、課程設計的經驗，以及對學習者特性的了解等。因此，若對課程發展相關的知識、能力與經驗不足時，教師會費時摸索、嘗試，無形間造成教師的壓力，同時，可能會影響教學品質。

Gopinathan 與 Deng（2006）指出，教師在進行學校本位課程時，需具備如下知能：

1. 了解學生在課程及學習上的需求。

2. 知道如何轉化知識（包括對於教學內容的了解及運用教學資源的知識），以使教學發揮最大效能。

3. 知道如何從眾多資源中，挑選有助教學及學生學習的知識。

4. 知道如何營造一個以學習者為中心，能促進學生進行獨立思考與學習、延展學習興趣的環境。

5. 了解自己學校所處的情境及整個教育系統的生態環境。

學校本位課程的推展，不僅考驗了教師對上述各種能力的整合，也可使教師從發展課程的過程中，開展對於課程、課程資源以及教師角色的新知能與想法。當教師尚未具備足夠之相關知能時，就將課程發展的責任全交由教師決定，並以提供教師充分自主的教學環境為豪，此時若又欠缺教學效能的評估機制，那幼兒的受教品質就值得堪慮了。

第三節　學校本位課程多樣性面貌之案例分享

自 21 世紀初開始，大中華區幼兒教育學界開始介紹校本課程概念、政策開始推動校本課程，經過時間的遞移，校本課程成為了一種運動，成為一種一定要更凸顯的走向，以致可以看到幼兒教育實務現場以及出版社所展現出各式各樣校本課程的教材或是出版物。原本幼兒園在課程方面的分享多數是與教學結合的，且以案例方式分享的為多，但有愈來愈多是以凸顯自己幼兒園做校本課程之成果的方式呈現，愈來愈多幼兒園以校本課程內容出書，有的甚至開始以教材資源的出版為目標在做努力。

對於校本課程的做法，筆者個人的觀點有二：一、如果學校有很好的資源、老師有很高的意願以及專業知能，行政層面能全力的支持、有品質管控的機制與能力，此時若要自己發展幼兒園整體性、完整性的校本課程，是很高之自我實現的境界，值得肯定與嘉許。二、選擇一套合宜的教材／教學資源或是課程模式作為基礎性的課程，加上發展有特色的校本課程（特色課程），比例大約可以是 8：2 或是 7：3，這樣可以讓老師多花

些時間與精力在教學上，而不只是在課程發展上。

　　本節分析四個案例，讓讀者看到幼兒教育裡校本課程可能之多樣性的面貌，目的不在多樣化的追求，而是探索在已有之課程取向下、在政府已訂之教育目的下，可能的路徑及其做法。四個案例分別是：(1)如何將坊間發行之教材資源予以校本化；(2)如何以蒙特梭利課程模式為基礎，發展校本化課程；(3)如何從方案取向之課程，發展出校本化課程；(4)如何以遊戲取向課程發展出校本課程。

❖ 案例一：如何將坊間發行之教材資源予以校本化

　　理論上而言，坊間編撰的教材資源是以國家級的課程綱要（有關課程綱要相關的論述，請參見第二章）為基本的指引方針，主編可以再加上國際組織，例如：美國幼兒教育學會（NAEYC）、經濟合作暨發展組織（OECD）等單位對幼兒教育課程指引的參考，擷取其可以豐富化國家級課程綱要的指標與內容，作為發展課程的依據。教科書不是聖經，不是要老師照本宣科、機械式的傳遞內容；如同老師在中小學、大學任教時，學生會買教科書，老師授課不會（也不應該）照本宣科式的完全照著教科書的內容去教；教科書基本角色是教學參考資源角色，不是聖經角色。張雪門在幼教界之留名，主要就是他在臺灣發展了一套資源，修訂過 5 版，可見教材資源是有其存在的歷史見證。

　　學校可以透過下述幾種方式將坊間之教材資源予以校本化：

（一）透過時間彈性的調整來發展校本課程

1. 透過每日時間表的調整去發展校本課程

　　通常，每個活動設計可運用的時間大約是小班（3 歲班）20 分鐘左右、中班（4 歲班）25 分鐘左右、大班（5 歲班）30 分鐘左右，若希望針對該目標有更深入的探討，且學校時間容許比較大的時段，老師可以就原

有之活動加以延伸，藉此可發展出校本課程。

2. 透過一個月時間的安排去發展校本課程

通常，一套綜合性之坊間教材為主教材（按理，幼兒園一天可以有 2～3 個主要課程的上課時段，每日會安排一個主教材上課的時段），內容應該是本書第一章提到的基本課程，除了基本課程外，還會有專長課程、試探課程、充實課程、特殊課程（Tanner & Tanner, 2007），例如：繪本閱讀、STEM 課程、生活數學、生活藝術等課程可能會規劃每週一次的課程。幼兒園可以將專長課程、試探課程、充實課程、特殊課程安排在每週某一天的一個時段裡，或是某一週完全以該課程為重點，將主題活動分到其他三週去進行。如圖 11-2 所示，第一週特別強調繪本的閱讀、第二到四週以主題活動為主，但第四週的最後三天可以進行一個三天可以完成之小小的方案課程。四週的課程可以依各園期待之特色、欲加強的教育目標，在每個月的時間上做分配。

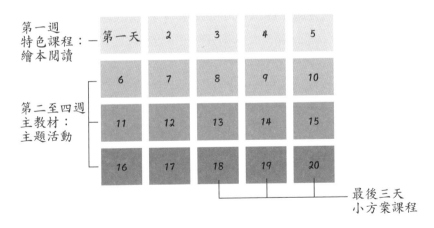

圖 11-2　校本課程月規劃圖

（二）透過活動內容選擇的彈性發展校本課程

1. 透過活動目標一覽表選擇特色目標來形成校本課程

　　筆者在香港與中國都分別設計過幼兒用的學習教材資源（簡楚瑛、歐陽遠編著，2018；簡楚瑛、黃潔薇編著，2018），設計時是以價值觀與態度、範疇知識、多元智能和基本能力四種方式去組織與呈現教學活動的內容。表 11-1 的活動目標一覽表可以當作一個選擇路徑，深入某些學習目標，達成校本課程的一個工具。

(1) 以價值觀與態度方式去組織與呈現教學活動之內容：該教材透過現代社會應強調之議題，來組織及呈現教學活動之內容，進而達到培養幼兒正確的價值觀與態度之教育目的。該教材特別強調品格教育、生命教育、環保（境）教育、多元文化教育，以及中華文化教育。

(2) 以範疇知識方式去組織與呈現教學活動之內容：該教材裡的範疇包括：體能與健康、語文、早期數學、科學與科技、個人與群體，以及藝術共六大範疇，以具銜接性、統整性方式加以組織與呈現。這種組織方式以凸顯學生認知學習之成果為導向。

(3) 以多元智能分類方式去組織與呈現教材內容：該教材裡之多元智能包括：語文智能、數學邏輯智能、視覺空間智能、肢體動感智能、音樂智能、人際關係智能、個人內省智能，以及自然觀察智能共八大智能。這種組織方式強調老師教學內容與方法的多樣化。

(4) 以基本能力方式去組織與呈現教學活動之內容：該教材裡之基本能力包括：自我管理能力、溝通能力、協作能力、分析能力、創造能力、運用資訊媒體能力、運算能力、解決問題能力，以及研習能力共九項能力。這種組織方式強調學生學習結果如何應用在生活上，使書本上的死知識成為生活中的活知識。

表 11-1　活動目標一覽表案例

活動編號	品格教育	生命教育	環保教育	多元文化教育	中華文化教育	體能與健康	語文	早期數學	科學與科技	個人與群體	藝術	語文	數學邏輯	視覺空間	肢體動感	音樂	人際關係	個人內省	自然觀察	自我管理	溝通	協作	分析	創造	運用資訊媒體	運算	解決問題	研習
	價值觀與態度					範疇知識						多元智能								基本能力								
1	○		●				●		○			●					○			○	●							
2	●						●		●	○	●		○				●			○	●	●		○				○
3		●		○			○			○	●	○		○			○	●			●			○				
4	○				●	●	○					○			○		●	●		○	●				○			
5	○				●	●		○									●	●		●					○			
6		●	○			○	○		●	○	○	○		●			○	○	●					●				
7	●		○			○		○		○	○	○	○	○			○			○	●	○					○	○
8	○					○			●	●							○	●										
9	○	●	○				○			○	○	●																
10				●		●	●	○				●					○				●						●	
11	○		●			●	○	○				○	○		○		●	○	○	●	○	○			○			
12	○	○				○	○			●	●			●	○		○	○			○		○	●	○		●	
13	○						○			●	●			○	●		●				○	●	●					
14				●			●				○						●				○	●			○			○
15			○				○	○	●			○		●	●			○	○		●						○	○
16	○			●			●			○	●			○			○		○		○		●	○				
17	○		●				●				●		○			○	○	○			○			○				
18	○	○					●			○	●				○		○	○			○				○			
19		●	○			○	○			○	○				●		○	○	●		○							
20		●	○				○			○	○	○			○		●				○			●				
21	○			●			○	○			●			●	○	○						○		○	○		○	
22	○	●		○			○	○			●				○	●	○			○	○			●				
23	○			●	○		●	●			●	●					○				○	●					●	
24		●					○	●		○		○	●				○			○							●	
25		○		○			●				●	●		●			○	○	○	●			○					

註：●為焦點目標；○為滲透性目標。

教材資源每冊活動設計的規劃是以均衡原則設計，如果使用的幼兒園希望以其中某項目標，例如：以品格教育或是溝通能力的培養作為校本的特色，即可根據活動目標一覽表去特別挑選該目標的活動，或是在原有活動裡加上該目標並增加該內容，就是發展校本課程途徑之一。

2. 透過活動數量的選擇彈性去發展校本課程

有的教材資源每冊會設計 40～50 個左右的活動，目的就是給學校及老師們有課程選擇、修改的自主權。老師可以透過數量的選擇來形成校本課程。

以教材資源為依據去裁減、增刪成校本課程，做法很多樣，取捨的決定點還是要以教育理念、教育目標為依據，才不會老師不斷地設計課程與教學，但學生學到的未必符合其發展與得到未來社會需要的知能。

理論上而言，每一套教材都有其編著的學理依據、理念背景、設計原則、強調的課程結構、課程目標、課程實施策略、評估系統，幼兒園不宜將數個出版社的教材依主題各抽取幾冊，拼成校本的課程。

❖ 案例二：如何以蒙特梭利課程模式為基礎，發展校本課程

蒙特梭利課程框架的設計依據來自於醫學、生理學、動植物學、教育學以及兒童發展等領域的知識，形塑出它特有的課程框架，如第八章圖8-1、圖 8-2 所示。如果一個幼兒園是以蒙特梭利課程模式為主要的課程發展模式，要發展其校本課程的部分，可能的做法有：

（一）在基本活動之後加強延伸活動

以蒙氏課程裡的文化領域為例，內容包括了動植物學、天文學、地質學、歷史、地理、美勞等與人類生存環境有關的各種學習內容。地理的基本教具學習活動，包括：地圖、地球儀、彩色地球儀、水陸砂紙、地球拼圖嵌板、七大洲拼圖嵌板等，老師可以讓學生透過基本教具操作，得到應

有的概念學習（例如：方位、水、空氣、土、七大洲、五大洋、各式地形等）後，進行更細緻化、本土化、特色化的延伸活動，如圖 11-3 所示。圖 11-3 是一個進行文化教育（地理課）的實例，主題為「臺灣」，課程對象是蒙特梭利學校大班幼兒。教師將課程由基本教具的熟悉後，延伸去介紹臺灣，其主要目標在「了解自己的生活環境」，進而達到地理課的最高課程目標——「建立寬廣的世界觀」。認識臺灣就要從「形狀」、「位置」、「物產」、「交通」等概念著手。課程結構環扣著「由大到小、由具體到抽象、由宇宙到世界、再到個人」的原則。最後之目的還是為了培養幼兒將來能獨立自主學習的能力及態度。

從圖 11-3 中可以看出，此教師將地理課程概念上之結構發展在地化（幼兒生活地——臺灣）的課程，圖中虛線部分代表教師計畫要進行、最後卻沒有時間做的部分。要做到校本課程，臺灣各地的老師可以依自己學校所處之地理位置去介紹當地的地理、氣候狀況以及各區生產的農產品。作業單一～四以及地理小書，可以設計以校本精神為本的作業單與小書。

（二）選擇教具時，可以依校本概念去選擇具有特色的教具

不論是日常生活教育、文化教育、語文教育或是感官教育的教具，原本大多是由老師們自製、自選的，後來因為工業化後，工廠大量的製作可以減輕老師的負擔，以致教具可以地方化、校本化的彈性被忽略了，例如：在少數民族區的蒙氏教室裡，教具就可以很有少數民族的風味（每個教具的功能不變，但外貌、設計可以變化）；都市區的蒙氏教室裡，教具就可能會很有都市的設計感。即使是在蒙特梭利課程本身有很完整的結構性，但決定學習的進度，主要是靠老師觀察學生的發展程度，以及學生自由選擇教具及操作過程、結果來判斷的。蒙特梭利課程主要教的是知識性與概念性的內容，因此有些教具在選擇與製作時是很有彈性的，只要能達到概念性之學習目標的教具就可以，也因此要做到校本課程的原則——讓教學更符合學生的個別需求、教師更有教學自主性——是不難的。

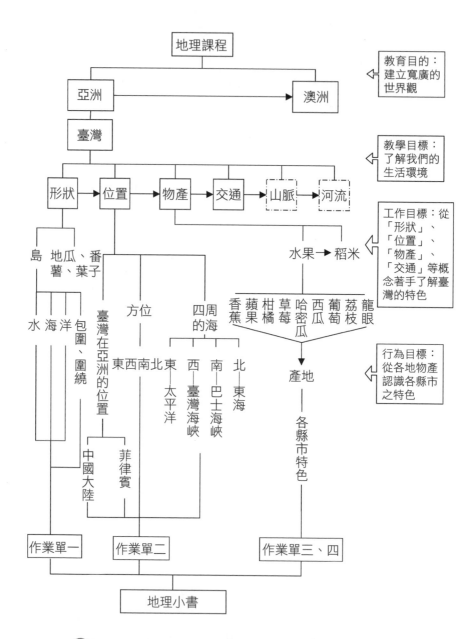

圖 11-3 蒙氏課程之文化教育（地理課）的概念結構圖

資料來源：簡楚瑛（2016）

（三）與方案課程的整合

筆者曾經分析蒙特梭利課程與方案課程在理論上的觀點，發現它們在理論觀點上、課程目的上屬於互補的；進而花了一年半的時間嘗試實踐、探討兩者間整合的做法。具體做法如下，在此提供參考（簡楚瑛，2015/10/19）：

1. **環境規劃**：將教室分成兩種教室，蒙特梭利教室以白色系為基調，牆面乾淨、簡單，強調環境的規律性、個體與環境間的內在互動性；方案課程的教室是配合主題布置情境的，強調環境的創意性、個體與環境以及個體與個體間的互動性。

2. **學習內容**：舉例來說，蒙氏課程除了按照五個領域的進度進行，在文化課程裡會配合著「動物狂歡節」來認識各種動物的名稱與特性（偏結構性課程內容、概念的學習、秩序、合作、和諧與獨立自主的學習）；方案課程則規劃期末時演出「動物狂歡節」的音樂劇。「動物狂歡節」是法國作曲家聖桑以各種動物為主題寫成的管絃樂組曲，共有十四首樂曲組成，曲中運用各種樂器的音色、曲調、節奏和力度，來顯現序曲與獅子、公雞母雞、驢子、烏龜、大象、袋鼠、水族館、長耳動物、布穀鳥、大鳥籠、鋼琴家、化石、天鵝、終曲。學生學習音樂欣賞、各種動物肢體動作的表現、服裝的設計與製作（偏非結構性課程、強調創造力與解決問題能力的培養、音樂欣賞能力的培養）；也發展過「飲食文化」方案，透過做點心與飲料主題來整合蒙氏課程與方案課程。

3. **教師的角色**：兩者的教師角色雷同，都同時是直接教導者、引導者、提供資源者、觀察記錄者、支持者。

4. **學習評量方式**：兩者的學習評量方式雷同，都會用到檔案評量、表現評量、實作評量與觀察等方法。

❖案例三：如何從方案取向之課程發展出校本化課程

方案課程的實施很容易做到校本化的課程，因為方案課程要解決的問題常常是該幼兒園以及學生生活上、當地生態上面臨的問題，並且會常運用當地的資源，因此，就方案而言，本身就很容易做到校本化的特色，若再加上其他課程的變化，則校本化的程度就更高了。基本上除了單純的方案課程外，還有的可能做法如下：

（一）以方案為核心，配合方案發展出與方案有關聯性的學習內容

第九章仁武附幼的課程就屬於以方案課程為核心，配合方案進行中需要的環境教育、數學、語文、生活教育去發展此四領域的學習內容。該課程不論是方案課程或是所配合四個領域課程的總目標是一致的，都是在培養幼兒成為一個有解決問題能力的人；四領域學習內容的學習順序是依需要時提供的鷹架，既提供了方案進行需要的知能，也提供了專科領域的知能。讀者可以將仁武附幼的做法遷移運用，也就是可以改變結合的領域，例如：方案課程與藝術教育結合，瑞吉歐的方案課程即為例子。瑞吉歐「獅子的肖像」方案是透過影片、實地探勘的探索，以藝術的方式（陶土、繪畫、紙偶、肢體律動等方式）表達孩子們心中獅子的意象，在完成成品過程中需要處理面對種種問題下，培養幼兒解決問題的能力。

（二）方案與其他領域的課程各自發展，形成塊狀的課程

表 11-2 是 A 學校的週課程與時間規劃表，每天有將近兩個小時的時段做方案，但下午的時間就分別有品格教育、雲門律動、生命教育、福祿貝爾恩物、體適能教育等學習內容，這些學習內容與方案之間沒有直接的關係，筆者稱為塊狀的校本課程。每個塊狀裡的課程自成一個小體系，有的體系是在幼教界裡有一席之地的課程（例如：福祿貝爾恩物、雲門律動課程，都有自己的課程體系，包括課程發展的理論與信念基礎、課程目

的、內容、方法與評量方式）；有的是 A 校自己發展的小系統課程（例如：品格教育、生命教育、方案課程、體適能課程等）。

表 11-2　A 學校週課程設計時間及內容規劃表

時間	星期一	星期二	星期三	星期四	星期五
8:30～9:00	入園及早餐時間				
9:00～9:40	品格教育				
9:40～11:30	方案課程				
11:30～14:30	午餐、清潔工作（擦桌子、掃地、刷牙）、午休				
14:30～15:00	下午點心時間				
15:00～16:00	雲門律動 體適能	雲門律動 體適能	全園活動 良好習慣	體能活動 生命教育	福祿貝爾恩物 全園活動
16:00～	放學				

資料來源：簡楚瑛（2016）

（三）結合其他互補性的課程模式，形成課程

不同的課程模式有不同的理念、教育目的、內容、方法等措施，以互補性與整合性方式形成的校本課程，也是一種可以嘗試的做法。這種做法與仁武附幼以及瑞吉歐做法不同處在於，這裡強調的是與「互補性」的「課程模式」的結合；是兩個不同課程系統間的結合與整合。

❖ 案例四：如何以遊戲取向課程發展出校本課程

以遊戲為課程取向的課程要發展出校本化的課程，與從方案課程發展出校本課程的情況同樣是相對比較容易的，因為，遊戲取向課程本身就是一個極為校本化的課程。其形式、類別可以有如下的發展方向（以下不同的做法，可能不只是做法、策略上的不同而已，其背後的課程觀、教學觀，可能會有根本上的不同，在此處不做詳述）。

（一）遊戲取向課程與其他領域的課程各自發展，形成塊狀的校本課程

　　第十章樂遊班之案例就屬於這一類型的校本課程。表 10-2 呈現的是樂遊班的一日課程，除了有學習區遊戲取向課程外，還有生活教育課程、運動課程、語文課程及豐富化課程所組成，每個塊狀裡的課程自成一個體系。

（二）透過不同教學觀點、遊戲材料與全園室內／室外環境的規劃，形成校本化的遊戲課程

　　提倡遊戲課程學者（王振宇主編，2021；程學琴主編，2019；黃瑞琴，2018）的基本教育觀、兒童觀應該是在同一個光譜上的，但對於課程觀、教學觀與落到實務層面時的面貌就相當的多元了，例如就學習觀點來看，是 Piaget 的基本建構論還是 Vygotsky 的社會建構論觀點的不一樣，遊戲課程的規劃以及關聯的環境設計與教師角色的行為也都不會一樣的。不同的遊戲可能會有不同資源、材料的需要，也可能不需要什麼材料一樣可以玩得起來，就看引領該課程發展者的行動策略了。有的學校，其遊戲課程行之多年後，逐漸形成其獨特性的遊戲課程，以安吉幼兒園為例（程學琴主編，2019。這裡為了閱讀的順暢性，暫不完整介紹有關安吉的課程，未來會在修訂《幼兒教育課程模式》一書時加強說明），它特別強調選擇自然生態的、生活中常見的、可以移動的遊戲材料，其中最典型的遊戲材料包括：積木、長板、小車、管子、滾筒、木箱、梯子、墊子（如圖 11-4、圖 11-5）；配合著遊戲環境的創設——具有自然元素之沙、水、泥、植物的自然野趣的場地，以及坡地、溝壑、草地、塑膠地、道路等多樣性地形，加上充足與靈活遊戲時間的安排與運用，以及老師最大程度的放手與退後，遂形成安吉幼兒園獨創的、校本的遊戲課程了。值得探究的

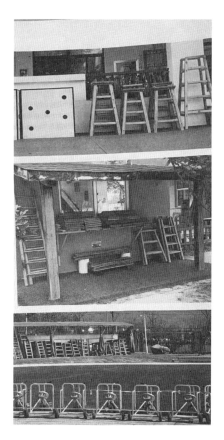

📷 11-4　安吉遊戲設備照之一　　📷 11-5　安吉遊戲設備照之二
資料來源：程學琴主編（2019）　　　資料來源：程學琴主編（2019）

是，以安吉課程為例，需要更深入了解它的遊戲課程在整體課程裡的比重、其遊戲課程與其他課程間的關係如何——是塊狀的還是整體性有關聯的？是一個大熔爐還是一個火鍋式的課程？

第四節　結語

　　課程發展不是某一個層級所能獨立承擔或獨占的權力，學校本位課程

的發展需要中央、地方、學校和教室不同層級的分工合作才得以完成。一旦課程發展的過程全部以學校為層級做發展之出發點，缺乏任何外在或中央的綱要、指引、標準及品質監控，就不容易確保幼兒教育品質了。

「校本課程」並不是要以學校層級的課程發展取代其他層級的課程發展工作，也並非意謂著其他層級的相關機構或人員不需要負責課程發展的任務，而不再進行課程發展的工作。校本課程之發展需要考量社區需求、中央及地方的相關政策與法令，以及社會大眾的期望。在設計相關課程時，需以不偏離、不違背國家的基本教育主張為原則，以學校教育目標、課程架構作為規範。所以，學校本位課程乃是一個完整的課程發展體系中的一部分（如第二章的圖2-1所示），它是上下銜接、循序漸進發展歷程中的一個接棒的階段。

「新課綱」的課程總目標是：(1)維護幼兒身心健康；(2)養成幼兒良好習慣；(3)豐富幼兒生活經驗；(4)增進幼兒倫理觀念；(5)培養幼兒合群習性；(6)拓展幼兒美感經驗；(7)發展幼兒創意思維；(8)建構幼兒文化認同；(9)啟發幼兒關懷環境；並將課程分為身體動作與健康、認知、語文、社會、情緒和美感六大領域。透過統整各領域課程的規劃與實踐，陶養幼兒擁有核心素養；六大學習範疇皆訂有配合幼兒身心發展之幼兒學習目標。因此，當課程總目標以及學習範疇的目標由中央制定好後，各級地方政府、幼兒園、各學年的課程、班級課程等便須以此目標作為課程發展的方向。幼兒園發展校本課程時，須檢視自己設立之總目標是否符合中央制定的課程總目標；參與課程發展的教師除了在實踐學校所擬定的課程目標外，也須檢視課程內容是否達到中央期望的課程目標。校本課程的角色不僅在設計適合幼兒，以及能彰顯學校特色的課程，它也同時負有實踐中央及地方所期待之幼兒教育目標的責任。本文中所述的案例也都注意、努力的將校本課程之目標與中央層級的課程目標銜接、呼應，但要與新課綱各領域目標下的子目標一一對應時，即使是預設的課程目標、內容、方法與評量都不容易做到了；對生成課程而言，就更難配合了。

討│論│與│分│享

1. 請訪談二位對校本課程持不同觀點的學者，了解主張或是反對在幼兒園發展校本課程的理由與觀點。
2. 請訪談幼兒園園長與老師，了解發展校本課程對於老師專業自主權的影響是什麼？對學生學習品質的保障是什麼？
3. 請小組討論、分享對本章四個案例的看法以及反思後的觀點。

CHAPTER **12**

遊戲與課程：談「課程遊戲化」 與「遊戲課程化」

本章大綱

在幼兒教育領域裡，遊戲是一個教學方法、一個教學媒介，還是一個課程的內容、領域？教育部於 1987 年發布的「幼稚園課程標準」中，將課程分成健康、遊戲、音樂、工作、語文及常識（自然、社會、數的概念）六大領域，將遊戲視為課程內容／領域之一（教育部，1987）；2016 年所頒布的「幼兒園教保活動課程大綱」中，將課程分為身體動作與健康、認知、語文、社會、情緒和美感六大領域，將遊戲視為一種學習的方式、媒介、情境——「幼兒天生喜歡遊戲，在遊戲中自發地探索、操弄與發現。幼兒也在遊戲情境中，學習與人互動及探索素材的意義」（教育部，2016）；中國大陸「3～6 歲兒童學習與發展指南」（中華人民共和國教育部，2012）第 29 條提到：「幼稚園應當將遊戲作為對幼兒進行全面發展教育的重要形式」，從此文件看來，遊戲不屬於學習的內容，而是一種學習形式、方法；香港的「幼稚園教育課程指引」（香港教育局，2017，頁 55-57）強調，「遊戲」是個有效的學習策略。從上述兩岸三地四個條文可以看出，只有臺灣於 1987 年發布的「幼稚園課程標準」版本是將遊戲定義為學習的內容、領域的。可惜的是該版本以及推動該課程標準應用時，沒有進一步說明、探究可以如何將遊戲發展成為課程體系的路徑、策略與做法。

第一節　定義、概念

「課程遊戲化」產生之背景，可能是認為實務界或現場看到的「課程」多是以老師為中心、欠缺趣味性的課程，才會有要遊戲化（帶有趣味化的意涵與期待）的呼聲出來，強調要用遊戲的方法來引發學生的學習動機、提供學生探索的機會等。若是如此，「課程遊戲化」概念上強調的是「教學」方法、遊戲精神（虞永平，2015），要探討的是課程的發展與「教學」可以如何「遊戲化」的問題，而非「課程」定義、取向上的問題（「課程與教學」間的關係與分野，請見第一章的闡述）。

　　「遊戲課程化」會涉及到「課程」與「課程發展」之定義、取向上的選擇而顯得複雜許多。黃瑞琴（2018）針對經驗取向、過程取向、幼兒取向，以及發展取向四種遊戲課程，分別分析遊戲課程實施時，在環境空間、時間安排、教師角色、課程設計，以及學習評量等五個面向的樣態。這五個面向的樣態上有其共通性：

1. **環境空間**：環境空間的設計是屬於開放型的空間，是可以讓幼兒自由探索、遊戲的，具選擇性的空間。
2. **時間安排**：每日活動時間的運用是由幼兒的興趣與需要決定的，要能提供幼兒建構遊戲所需之充分且完整的時間。
3. **教師角色**：要能提供幼兒遊戲所需的環境，包括：每日時間的運用、戶外與教室空間的規劃與布置、遊戲所需的材料與設備、鷹架幼兒遊戲過程中的學習。
4. **課程設計與發展**：將遊戲視為學習內容，則會是屬於一種萌發式、生成式的課程，不會是事先全然規劃好的課程。所謂事先規劃好的課程也有程度上的差別，遊戲課程並非全然不事先做設計工作，只是其目標與計畫是會在教學過程中不斷的生成、不斷的修改。
5. **發展與學習的評量**：主要是用觀察法進行發展與學習的評量。

Ruben、Fein 與 Vandenberg（1983）歸納學者們對遊戲的概念，定義為三種取向：

1. **遊戲是種特質**（play as a disposition）：Rubin 等人是持此觀點的。
2. **遊戲是可觀察的行為**（play as observable behavior）：Piaget（1962）、Smilansky（1968）、Parten（1932），以及 Rubin、Watson 與 Jambor（1978）是持此觀點的。
3. **遊戲是脈絡**（play as contexts）：Reifel 與 Yeatman（1993）是持此觀點的。

Reifel 與 Yeatman 提出之遊戲脈絡符合 Ceci（1993）提出的四種兒童

智能發展的脈絡：物理脈絡（如遊戲材料）、社會脈絡（如同伴關係）、心智脈絡（如假扮遊戲的表徵），以及文化歷史脈絡（如生活經驗）。筆者認為，Ceci（1993）提出之兒童心智發展的脈絡以及遊戲是脈絡的定義，對思考「如何」落實「課程遊戲化」或是「遊戲課程化」都會是很好的引導指針。

第二節　遊戲與課程間之關係

　　本節先從兩個角度來說明遊戲與課程間的關係：一是，預設課程與生成課程間的關係；二是，從二元論觀點與連續性觀點來看。接著，從陳述的兩個角度來定位遊戲與課程間的關係。

一、預設課程與生成課程定義及產生的背景

（一）預設課程與生成課程的定義

　　「預設課程」是二十世紀主流之工學模式或目標模式下所主張的統一性、規格化、行為目標導向的產品，強調學生學習的內容是事先設計、規劃好的，從學習目標、學習內容、教學方法到評量學習成果，都是預設好的，此稱之為預設課程。

　　筆者第一次看到「生成課程」一詞與概念的出現，是在Clay（1966）論文中提到的「讀寫生成課程」，生成課程是與讀寫學習有關聯的。Clay提倡全語文（whole language）之語文學習理論，指的是學生所處的環境本來就是一個充滿語文的環境，因此不需要預設課程，隨著環境的呈現，課程就會自然的生成，例如：到了餐廳點菜，菜單就是一個語文學習的材料；到了火車站，火車時刻表就是一個語文學習的材料。因此，語文學習重要的是設計學習的環境，此時，生成課程的情境是語文的情境，不是指任何課程發展式的情境。

　　但是，如果將生成課程視為一個過程、視為動詞來看（becoming curriculum），在幼兒教育領域裡，方案課程、瑞吉歐方案取向課程就是大家熟悉、具代表性的生成課程。由於大家對方案課程與瑞吉歐方案取向課程的關注，這些與預設課程不同取向的課程就更加的被關注、接納與推動了，逐漸的有人將這些課程稱為生成課程。

　　隨著時代的變遷，生成課程似乎成為課程、教學與學習領域裡的趨勢（Fleer, 2010; Olibie, 2013），它成為一個更為廣泛的概念了。筆者企圖找尋正式的定義論述，但並未找到直接下定義的論著，歸納使用者的文字概念，生成課程大致上具有下述的特質（這裡敘述的特質，囿於文字的關係，容易被視為二分法，這個問題筆者會在下文談到二元論與連續性觀點時，再提出看法）：生成課程不主張事前預設性、標準化、齊一式的設計，而是關注學生的興趣與愛好，學習內容會隨著學生的興趣與愛好而變動等，最重要的是，提倡生成課程者非常看重學生內在學習的經驗（非外在學習目標），是一種生成意義性的課程（meaning-making curriculum）。

　　生成課程是如何演變而來的？受了什麼影響所導致的？以下分別從全球化社會、後現代思潮的出現，以及兒童發展觀點的文化—歷史角度等三個方面，探索導致課程生成性的被強調與看重之可能性背景。

（二）生成課程產生的可能背景

1. 全球化社會與生成課程

　　全球化社會具有多元化、快速的、大量的、競爭的、未知的、兩極化、面對矛盾關係與兩難情境等特質，這些特質對教育、課程發展與教學面臨的處境，容易導致預先設定好之課程的局限性（筆者對預設課程與生成課程的主張不喜歡用二元對立觀點看待，此部分在後續文章會有探討。囿於文字本身的局限性，筆者無意在預設課程與生成課程間做二選一的選擇，此處提到的局限性沒有貶抑預設課程的意思，只是陳述某種情境下的

情況）。預設課程是已經有一個特定的目標而設計的內容、選擇合宜的方法去傳遞並評量成效；但因社會變化如此快速、巨大，使得單一的教育目標不容易滿足所有的需要，因此生成課程的需求性就逐漸形成了。

2. 後現代思潮與生成課程

在二十世紀下半葉後期階段，後現代思潮出現，逐漸地挑戰課程傳統的、基本的立論。基本上，後現代思潮是：反對使用普遍性法則去否定特殊性的存在；反對客觀事實與真理的存在；反對科學至上；反對理性唯一；反對現代化時代之課程的預設性、線性、產品化、單一化、制式化；反對老師成為知識的權威者與傳遞者；主張課程要多元化，要開放、創新、跨界、強調自主性，知識是師生共同創造的。從理論上來看，現代化思潮下的課程主張是預設課程，後現代思潮下的課程主張是生成課程。

3. 兒童發展觀點的文化—歷史角度

通常在談兒童發展時，多數是從年齡、發展成熟度去看，我們的課程綱要、指引也多是依年齡設定標準；而 Goulart 與 Roth（2010）則是從 Vygotsky 理論之文化—歷史角度（cultural-historical view）來看兒童發展。當我們從年齡、發展成熟度去看兒童的發展時，就會期待到了某個年齡，兒童的發展就該達到某個事先預設好的教育里程碑（例如：依序學會某些範圍的內容），Goulart 與 Roth 反對透過這種觀點去架構出預設課程，他們主張兒童的發展是透過與周邊環境不斷的互動，導致關係的不斷改變，兒童對自己與環境、社會處境自覺不斷的更新，發展就在這個過程中產生。每個兒童即使是同年齡的，也因為過去的經驗不同，自己與環境、社會處境的自覺不同，發展程度就會不一，因此預設課程是無法符合每個兒童的需要；加上老師的因素，其背景、經驗、信念也都不同，師生互動結果必然無法全都可以預先設定課程，因此生成課程的必要性就得到合理的地位了。

二、二元論觀點與連續性觀點

二元論（dualism）觀點指的是非此即彼，即如果遊戲特質是內在自控的、自發的、愉快的、開放的、主動的，課程是為了達到某種教育目標而預先設計的活動，那遊戲與課程這兩者間就無法相容，也就不可能有「遊戲課程化」論點的存在。持這種觀點的就是二元論觀點。

連續性（continuum）觀點指的是，沒有明確切割的指標、沒有清晰的邊界，彼此間的關係不是類別間的區隔，而是一種程度上的差異。Bergen（1988, 2015）以及 Ceglowski（1997）的研究指出，成人與小孩（這裡用「小孩」二字，而沒有用「學生」二字，是根據並尊重上述文章之作者的寫法）對「工作」與「遊戲」的認知是不同的。成人會將工作與遊戲以「類別」概念予以二分，會將有些具有好玩的、有趣的、具有嬉戲性質的讀寫算工作視為遊戲；而小孩則是以活動之自由選擇機會（voluntary choice）的程度、自願性以及自我帶動（self-direction）等元素去看待他們的遊戲經驗。換言之，小孩對「工作」與「遊戲」的認知是以連續性（光譜式，spectrum）觀點去看待，他們沒有將「工作」（老師預設好的）與「遊戲」（生成的）做二元化的分類，也沒有將「工作」（老師預設好的）與「遊戲」（生成的）以對立關係對待。Bergen將遊戲、工作與學習間的連續性關係以圖 12-1 表示。

圖 12-1 是以小孩在活動中自由選擇機會的程度、自願性、自我帶動程度，由高而低依序由左而右的連續性關係區分出遊戲到工作的五類活動，分別是：

1. **自由遊戲**（free play）：小孩可以自由的選擇何時、跟誰、玩什麼，學習時間的分配也可以是由小孩決定。這類活動裡，小孩具有最大程度的自由與選擇機會、自我帶動、自願的主導權、得到的學習屬於非正式的、隨機的「發現式學習」（discovery learning）。

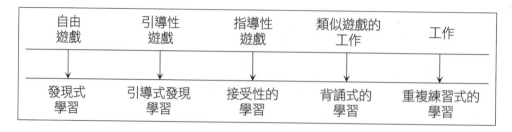

圖 12-1　遊戲與學習的圖示

資料來源：Bergen（1988）

2. **引導性遊戲**（guided play）：這類遊戲會有鬆散的規則與結構，例如：老師會對顏料的使用有些規範、可能會有示範、教導小孩如何操作、可能會有參與小孩遊戲式的介入、會透過發問問題去引導小孩的學習。小孩得到的學習屬於「引導式發現學習」（guided discovery learning）。

3. **指導性遊戲**（directed play）：這類的遊戲，小孩沒有決定是否參與的選擇權，自願性與自我帶動程度不高，遊戲的帶動、遊戲內容與方式多數是由老師決定，多數為團體活動的形式，例如：手指遊戲、團體遊戲。小孩得到的學習屬於「接受性的學習」（reception learning）。

4. **類似遊戲的工作**（work disguised as play）：筆者認為「課程遊戲化」所提倡的就屬於這類的遊戲，老師為了教導的目標，就創造一種「遊戲」的氛圍或是方式去教學，例如：唱數字歌、玩數字遊戲等。小孩得到的學習屬於「背誦式的學習」（rote learning）。

5. **工作**（work）：這類活動是完全由老師指導的活動，老師決定何時做什麼活動以及如何進行該活動，小孩是照著老師的指示進行活動，例如：寫作業。小孩得到的學習屬於「重複練習式的學習」（drill-repetitive practice）。

　　在自由遊戲與引導性遊戲裡，小孩可以自主性的、自願的選擇活動，自動的去計畫與完成活動，只要他們能遵守教室規則，他們可以自由的由一個活動轉換到另一個活動，孩子們認為這種活動是遊戲；他們比較不會將指導性遊戲、類似遊戲的工作，以及工作視為遊戲。

三、遊戲在課程中的定位：生成課程與遊戲課程化間的關係

　　如果用連續性、光譜式的概念去看待遊戲在課程中的定位時，可以將圖 12-1 愈靠近左邊，愈視為生成課程，愈是遊戲課程化的做法；愈是靠右邊的愈為預設課程，愈是課程遊戲化的做法。筆者提出此觀點是期待引發大家繼續討論，才能確認此觀點可被接受的程度。

　　從孩子的角度來看，只有自由遊戲與引導性遊戲被視為遊戲，其生成程度很高。因此，當遊戲遇見課程目標、課程內容、課程評量時，每一個元素都可以是生成的。在這種狀況下，雖然生成課程不強調精密、準確的事前設計課程內容，但不等於教師事先沒有計畫，而是這種計畫是老師根據對孩子的了解，提出一個粗略的框架，以及各式可能出現內容的假設與準備；課程內容的選擇上要著重於孩子的興趣和愛好，但不等於它就不重視教育目標。生成課程強調的是概括性的、較高層級的目標，每一個遊戲活動或是生成性的活動目標比較會是行為目標。

第三節　遊戲與課程關係中的第三者──老師

　　從連續性概念的角度來看遊戲課程化，是可以得到支持的，但以後現代理論來看遊戲課程化的問題，會有現代與後現代論者間未了的辯論，此處暫時不就後現代理論對遊戲課程化之觀點做深入的探究，而就實務上如何落實的策略來探討。如何在具有學校組織性質的幼兒園、班級裡實施生成性的遊戲課程？

　　完整的遊戲課程設計是一件大工程，第十章所呈現的案例將遊戲落實

成為課程的做法；此處係以一些幼兒園裡常見的學、玩具（玩具不等於遊戲，遊戲的形式很多，在此以現成的一些玩具為例）類型做例子，探討從老師的角色、教學的角度來看，遊戲課程化可能實行的另種做法。

　　如果將圖 12-2 至圖 12-7 的學、玩具放在不同的區角，由學生自己決定是否要選擇去玩、要玩多久、與誰一起玩；從課程大綱的領域來看，老師可以思考孩子能夠得到哪些學習；如果有老師不同程度的介入，就會有鷹架介入的影響。我們可以透過反思，再看遊戲、學習與課程間的關係，以及老師在這過程中可以介入程度拿捏的依據。課程發展到了班級層面時，老師的信念、經驗，以及學校、地方、中央政府的政策，都會影響老師將遊戲落實在課程裡的程度。此時，教學就是藝術與科學互動的境界了。

　　將圖 12-2 這個玩具放在區角裡，幼兒可以透過自主性遊戲方式學到小肌肉的協調、配對（此玩具設計時的目標就是希望幼兒能學到配對的概念、小肌肉協調的練習）；但如果有老師引導性的、指導性的介入，這個玩具可以讓幼兒得到其他不同的學習，例如：老師可以將不同大小的圓形片，請幼兒從大依序排到小（培養幼兒順序概念）；或是可以請幼兒用圓形片組成一個圖案，做法很多，關鍵在老師的指導語或是提供之自主性環境的規劃，例如：牆上貼有各種創意圖案，供幼兒觀察、模仿、創作。

圖 12-2　玩具（一）[1]

1　圖 12-2～圖 12-7 之玩具圖係摘錄自 Rolf Education 的 2019 年玩具國際目錄。

　　將圖 12-3 這個玩具放在區角裡，幼兒可以透過自主性遊戲方式學到依線索拼圖；如果有老師引導性的、指導性的介入，這個玩具是否可以讓幼兒得到健康飲食食物類別與數量等相關的學習？

圖 12-3　玩具（二）

　　將圖 12-4 這個玩具放在區角裡，幼兒可以透過自主性遊戲方式學到依線索拼圖；如果有老師引導性的、指導性的介入，這個玩具是否可以讓幼兒透過四張圖的關聯性，學習到一早起床後要做的事？

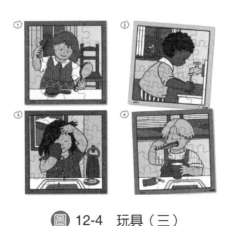

圖 12-4　玩具（三）

　　圖 12-5 和圖 12-6 這兩組玩具一人玩及二人玩可達到的學習目標不一樣；它可以用來培養幼兒的美感、設計、比例概念，老師可以有不同的介入程度與方式，讓這玩具發揮多重教學與學習目標。幼兒覺得是在玩遊戲還是在做功課（工作），此關鍵點可能在老師身上，而不在這些玩具。

圖 12-5　玩具（四）

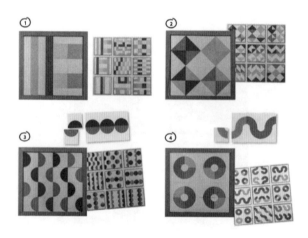

圖 12-6　玩具（五）

幾歲的孩子會覺得圖 12-7 這個玩具好玩？幾歲開始會不需要他人的協助？要分析教師教學的困難處在於教學牽涉到教師的意識形態，因此藉著同一個玩具，老師的教學介入方式、介入點會很不一樣，有時老師都未必可以說清楚其教學上的決定緣由。

圖 12-7　玩具（六）

筆者認為，從連續性觀點來看遊戲發展進而形成課程之樣貌時，連一些課程模式都可以稱之為遊戲化的課程。不論是預設課程還是生成性的課程，教師在整個遊戲課程發展過程——課程設計、實施階段與評量階段——都是關鍵性元素。上述以玩具為例，可以看出老師教學對遊戲與課程間之關係的影響力。若期望遊戲在課程裡的定位不僅僅是方法、途徑而已，也希望它本身就含有學習內容意涵，其實老師才是那位能將之落實的關鍵人物。

討｜論｜與｜分｜享

1. 你認為遊戲是教學的一種方式、途徑，還是課程的內容？為什麼？

2. 「課程遊戲化」與「遊戲課程化」兩者之間，在概念上有什麼不同？

3. 請說明生成課程產生的背景、定義，並舉例說明之。

4. 你對遊戲與課程的關係是支持二元論還是連續性的觀點？為什麼？

5. 請小組成員（三～四人一組）將幼兒園裡的活動，依 Bergen 之遊戲與學習的分類，舉例並討論彼此將該活動分類的相近性如何，以及為什麼會認為該活動屬於所分類的類別。

6. 請以三人小組方式，找一組玩具，依課綱領域目標，設計三～五個有連續性的學習活動。

參考文獻

中文部分

MBA 智庫百科（2020/10/30）。知識分類。https://wiki.mbalib.com/zh-tw/知識分類

中華人民共和國教育部（2001）。幼兒園教育指導綱要（試行）。作者。

中華人民共和國教育部（2012）。3～6 歲兒童學習與發展指南。作者。

中華人民共和國教育部（2016）。幼兒園工作規程。作者。

方德隆（譯）（2004a）。課程發展與設計（原作者：A. C. Ornstein & F. P. Hunkins）。高等教育。

方德隆（譯）（2004b）。課程理論基礎（原作者：A. C. Ornstein & F. P. Hunkins）。高等教育。

王振宇（主編）（2021）。從活教育到活遊戲。上海交通大學出版社。

百度百科（2020/4/14）。生成課程。https://baike.baidu.com/item/生成課程

行政院研究發展考核委員會（2003）。二〇一〇台灣。行政院研究發展考核委員會。

李崗、楊淑雅（2016）。自由與紀律：Montessori的人格教育思想。教育研究集刊，62（1），71-116。

周慧菁（2003）。品格：新世紀的第一堂課。天下雜誌，11，36-40。

岩田陽子（1991）。蒙台梭利教育理論與實踐（第 5 卷）：感覺教育（新民幼教圖書公司編輯委員會譯）。新民幼教圖書公司。

岩田陽子、南昌子、石井昭子（1991）。蒙台梭利教育理論與實踐（第 2 卷）：日常生活練習（新民幼教圖書公司編輯委員會譯）。新民幼教圖書公司。

岳修平（譯）（1998）。教學心理學：學習的認知基礎（原作者：E. D. Gagné, C. W. Yekovich, & F. R. Yekovich）。遠流出版社。

幸曼玲、楊金寶、柯華葳、丘嘉慧、蔡敏玲、金瑞芝、簡淑真、郭李宗文、林玫君、倪鳴香、廖鳳瑞（2015）。幼兒園教保活動課程手冊（上冊）。台中市：教育部國民及學前教育署。

幸曼玲、楊金寶、柯華葳、丘嘉慧、蔡敏玲、金瑞芝、簡淑真、郭李宗文、林玫君、倪鳴香、廖鳳瑞（2018a）。幼兒園教保活動課程手冊（第二版）（上冊）。教育部國民及學前教育署。

幸曼玲、楊金寶、柯華葳、丘嘉慧、蔡敏玲、金瑞芝、簡淑真、郭李宗文、林玫君、

倪鳴香、廖鳳瑞（2018b）。**幼兒園教保活動課程手冊（第二版）（下冊）**。教育部國民及學前教育署。

林佩蓉（2020）。**幼兒園課程教學品質評估表**。教育部國民及學前教育署。

林佩璇（2004）。**學校本位課程：發展與評鑑**。學富文化。

邱志鵬（2013）。**幼兒園評鑑：過去、現在與未來展望**。論文發表於中國幼稚教育學會舉辦之「幼兒園評鑑」學術研討會，臺北市。

宣崇慧（2014）。二年級「持續型」與「晚發型」識字困難學童早期區辨效能之檢測。**特殊教育研究學刊**，39，61-84。

相良敦子（1991）。**蒙台梭利教育理論與實踐（第 1 卷）：蒙台梭利教育的理論概說**（新民幼教圖書公司編輯委員會譯）。新民幼教圖書公司。

香港教育局（2006）。**學前教育課程指引**。作者。

香港教育局（2017）。**幼稚園教育課程指引**。作者。

翁麗芳（2017）。從《幼稚園課程標準》到《幼兒園教保活動課程大綱》：談七十年來臺灣幼教課程的發展。**教科書研究**，10（1），1-33。

高敬文、幸曼玲等（譯）（1999）。**幼兒團體遊戲：皮亞傑理論在幼兒園中的應用**（原作者：C. Kamii & R. DeVries）。光佑出版社。

高新建（2000）。學校本位課程發展的意涵與實施。載於歐用生、莊梅枝（主編），**邁向課程新紀元（二）**（頁 18-44）。中華民國教材研究發展學會。

張淑敏（2016）。**我的美味翻轉**（未出版）。仁武附幼。

張嘉育（1999）。**學校本位課程發展**。師大書苑。

張斯寧（2019）。建構主義取向幼兒園數學教育之實施。載於張斯寧（主編），**建構主義取向的幼兒課程與教學：以台中市愛彌兒幼兒園探究課程為例**（第二版）（頁 329-351）。心理出版社。

教育部（1987）。**幼稚園課程標準**。作者。

教育部（2014）。**十二年國民基本教育課程綱要**。作者。

教育部（2016）。**幼兒園教保活動課程大綱**。作者。

程學琴（主編）（2019）。**放手遊戲 發現兒童**。華東師範大學出版社。

黃小蓮（2021）。園本課程方案編制三問。**中國教育學刊**，4，75-79。

黃政傑（1985）。**課程改革**。漢文出版社。

黃政傑（1991）。**課程設計**。東華出版社。

黃瑞琴（2018）。**幼兒園遊戲課程（第三版）**。心理出版社。

虞永平（2015）。課程遊戲化的意義和實施路徑。**早期教育，3**，8-11。

蔡清田（編著）（2005）。**課程領導與學校本位課程發展**。五南圖書出版公司。

霍秉坤、葉慧虹、黃顯華（2010）。課程與教學：區隔與聯繫之間的探討。**全球教育展望，6**，25-30。

簡淑真（2010）。三種早期閱讀介入方案對社經弱勢幼兒的教學效果研究。**臺東大學教育學報，21**（1），151-160。

簡楚瑛（2015/10/19）。**蒙氏教育與瑞吉歐教育的相遇**。亞洲蒙特梭利大會主講，上海。

簡楚瑛（2016）。**幼兒教育課程模式**（第四版）。心理出版社。

簡楚瑛（2019）。**幼兒園課程發展：理論與實務**（第二版）。心理出版社。

簡楚瑛、黃潔薇（編著）（2018）。**「生活學習套」**（第三版）：**幼兒班、低班、高班學生用書**（計30冊）**暨教學資源手冊**（計30冊）。教育出版社。

簡楚瑛、歐陽遠（編著）（2018）。**「生活素養資源套」：托兒班、小班、中班、大班學生用書**（計38冊）**暨教學資源手冊**（計8冊）。現代出版社。

羅曉南（1997）。**資訊社會的特性**。資訊科技對人民、社會的衝擊與影響期末研究報告（研究計畫代碼：86-023-602）。行政院經濟建設委員會。

顧忠華（1997）。教育國際化的文化衝擊。**國策期刊，159**，7-8。

英文部分

Anderson, L. W., Krathwohl, D. R., Airasian, P., Cruikshank, K. A., Mayer, R. E, Pintrich, P., Raths, J., & Wittrock, M. C. (2001). *A taxonomy for learning, teaching, and assessing: A revision of Bloom's taxonomy of educational objectives*. Longman.

Apple, M. W. (1989). *Teachers and texts: A political economy of class and gender in relation to education*. Routledge.

Apple, M. W. (2004). *Ideology and curriculum* (3rd ed.). Routledge.

Apple, M. W. (2014). *Official knowledge: Democratic education in a conservative age* (3rd ed.). Routledge.

Aronowitz, S., & Giroux, H. A. (1991). *Postmodern education: Politics, culture, and social criticism*. University of Minnesota Press.

Bartlett, L., Evans, T., & Rowan, L. (1997). Prologue. In L. Rowan, L. Bartlett, & T. Evans (Eds.), *Shifting borders: Globalization, localization and open and distance learning*.

Deakin University Press.

Beane, J. A., Toepfer, C. F. Jr., & Alessi, S. J., Jr. (1986). *Curriculum planning and development*. Allyn & Bacon.

Bergen, D. (1988). Using a schema for play and learning. In D. Bergen (Ed.), *Play as a medium for learning and development* (pp. 169- 179). Heinemann Educational Books.

Bergen, D. (2015). Reconciling play and assessment standards. In D. P. Fromberg & D. Bergen (Eds.), *Play from birth to twelve: Contexts, perspectives, and meanings* (3rd ed.). Routledge.

Bloom, B. S. (1956). *Taxonomy of educational objectives (Vol. 1): Cognitive domain*. McKay.

Burman, E. (2017). *Deconstructing developmental psychology* (3rd ed.). Routledge.

Ceci, S. J. (1993). Contextual trends in intellectual development. *Developmental Review, 13*, 403-435.

Ceglowski, D. (1997). Understanding and building upon children's perceptions of play activities in early childhood programs. *Early Childhood Education Journal, 25*(2), 107-112.

Chien, C.-Y. (2007). Society, culture and education. *Journal of Basic Education, 16*(2), 123-148.

Chien, C. Y., & Young, T. K. (2007). Are "Textbooks" a barrier for teacher autonomy? A case study from a Hong Kong Primary School. *Education and Society, 25*(2), 87-102.

Clay, M. M. (1966). *Emergent reading behavior*. Unpublished doctoral dissertation, University of Auckland, Auckland, New Zealand.

Doll, R. C. (1996). *Curriculum improvement: Decision making and process* (9th ed.). Allyn & Bacon.

Edwards, R., & Usher, R. (2002). *Postmodernism and education: Different voices, different worlds*. Routledge.

Edwards, R., & Usher, R. (2008). *Globalization & pedagogy: Space, place and identity* (2nd ed.). Routledge.

Fink, L. D. (2013). *Creating significant learning experiences: An integrated approach to designing college courses* (revised and updated ed.). Jossey-Bass.

Fleer, M. (2010). The re-theorisation of collective pedagogy and emergent curriculum. *Culture Study of Social Education, 5*, 563-576.

Glatthorn, A. A., Boschee, F., Whitehead, B. M., & Boschee, B. F. (2018). *Curriculum lead-*

ership: Strategies for development and implementation (5th ed.). Sage.

Glatthorn, A. A., Jailall, J. M., & Jailall, J. K. (2017). *The principal as curriculum leader: Shaping what is taught and tested* (4th ed.). Corwin Press.

Goodlad, J. L., & Associates (1979). *Curriculum inquiry: The study of curriculum practice.* McGraw-Hill.

Gopinathan, S., & Deng, Z. (2006). Fostering school-based curriculum development in the context of new educational initiatives in Singapore. *Planning and Changing, 37*(1) & (2), 93-110.

Gordon, W. R. II, Taylor, R. T., & Oliva, P. F. (2018). *Developing the curriculum* (9th ed.). Pearson.

Goulart, M. I. M., & Roth, W.-M. (2010). Engaging young children in collective curriculum design. *Cultural Studies of Science Education, 5,* 533-562.

Hopkins, L. T. (1949). *Interaction: The democratic process.* http://eric.ed.gov/ERICDocs/data/ericdocs2/content_storage_01/0000000b/80/27/b6/0c.pdf

Lawn, M., & Ozga, J. (1981). *Teachers, professionalism and class: A study of organized teachers.* The Falmer Press.

Marsh, C. (2009). *Key concepts for understanding curriculum* (3rd ed.). Routledge.

Marsh, C., Day, C., Hannay, L., & McGutcheon, G. (1990). *Reconceptualizing school-based curriculum development: Decision at the school level.* The Falmer Press.

Montessori, M. (1967). *The absorbent mind* (Trans. by C. A. Claremont). Dell. (Original work published 1949)

Montessori, M. (1972). *The secret of childhood* (Trans. by C. A. Claremont). Ballantine Books. (Original work published 1966)

Morris, P., & Adamson, P. (2010). *Curriculum, schooling and society in Hong Kong.* Hong Kong University Press.

Naughton, G. A. (2003). *Shaping early childhood: Learners, curriculum and contests.* Open University Press.

Olibie, E. (2013). Emergent global curriculum trends: Implications for teachers as facilitators of curriculum change. *Journal of Education and Practice, 4*(5), 161-168.

Ornstein, A. C., & Hunkins, F. P. (2016). *Foundations, principles and issues* (7th ed.). Allyn & Bacon.

Parten, M. B. (1932). Social participation among preschool children. *Journal of Abnormal and Social Psychology, 27*, 243-269.

Piaget, J. (1962). *Play, dreams, and imitation in childhood*. W. W. Norton.

Reifel, S., & Yeatman, J. (1993). From category to context: Reconsidering classroom play. *Early Childhood Quarterly, 8*, 347-367.

Ruben, K. H., Fein, G. G., & Vandenberg, B. (1983). Play. In P. H. Mussen (Ed.), *Handbook of child psychology: Socialization, personality, and social development* (pp. 693-774). John Wiley & Sons.

Rubin, K. H., Watson, K. S., & Jambor, T. W. (1978). Free-play behaviors in preschool and kindergarten children. *Child Development, 49*, 534-536.

Skilbeck, M. (2005). School-based curriculum development. In A. Lieberman (Ed.), *The roots of educational change* (pp. 109-132). Springer.

Smilansky, S. (1968). *The effects of sociodramatic play on disadvantaged preschool children*. John Wiley & Sons.

Smyth, J., Dow, A., Hattam, R., Reid, A., & Shacklock, G. (2000). *Teachers' work in a globalizing economy*. The Falmer Press.

Squires, D. A. (2005). *Aligning and balancing the standards-based curriculum*. Corwin Press.

Stoffels, N. (2005). Sir, on what page is the answer? Complex curriculum change, with specific reference to the use of learner support material. *International Journal of Educational Development, 25*(5), 531-546.

Suárez-Orozco, C., & Suárez-Orozco, M. M. (2001). *Children of immigration*. Harvard University Press.

Tanner, D., & Tanner, L. N. (2007). *Curriculum development: Theory into practice* (4th ed.). Merrill/Prentice-Hall.

Tyler, R. W. (1949). *Basic principles of curriculum and instruction*. The University of Chicago Press.

Tyler, R. W. (2013). *Basic principles of curriculum and instruction* (Revised). The University of Chicago Press.

Weinstein, C. F., & Mignano, A. J. (2014). *Elementary classroom management: Lessons from research and practice* (6th ed.). McGraw-Hill.

Weis, T. M., Benmayor, R., O'Leary, C., & Eynon, B. (2002). Digital technologies and pedagogies. *Social Justice, 29*(4), 153-167.

Westbury, I. (1990). Textbooks, textbooks publishers, and the quality of schooling. In D. L. Elliott & A. Woodward (Eds.), *Textbooks and schooling in the United States: Eighty-ninth yearbook of the National Society for the Study of Education* (pp. 1-22). The University of Chicago Press.

Wiggins, G. P., & McTighe, J. (2005). *Understanding by design* (2nd ed.). Association for Supervision and Curriculum Development.

Wiles, J., & Bondi, J. (2014). *Curriculum development: A guide to practice* (9th ed.). Pearson.

Zais, R. S. (1976). *Curriculum: Principles and foundations*. NY: Crowell.

筆記欄

國家圖書館出版品預行編目（CIP）資料

幼兒園課程發展：理論與實務／簡楚瑛, 張淑敏, 王儷蓁, 王令彥著. -- 三版. -- 新北市：心理出版社股份有限公司，2022.06

面；　公分. --（幼兒教育系列；51226）

ISBN 978-986-0744-94-1（平裝）

1. CST: 學前教育 2.CST: 學前課程 3. CST: 教學活動設計

523.23　　　　　　　　　　　　　　111008079

幼兒教育系列 51226

幼兒園課程發展：理論與實務（第三版）

主　　編：簡楚瑛
作　　者：簡楚瑛、張淑敏、王儷蓁、王令彥
執行編輯：林汝穎
總　編　輯：林敬堯
發　行　人：洪有義
出　版　者：心理出版社股份有限公司
地　　址：231026 新北市新店區光明街 288 號 7 樓
電　　話：(02) 29150566
傳　　真：(02) 29152928
郵撥帳號：19293172　心理出版社股份有限公司
網　　址：https://www.psy.com.tw
電子信箱：psychoco@ms15.hinet.net
排　版　者：辰皓國際出版製作有限公司
印　刷　者：辰皓國際出版製作有限公司
初版一刷：2009 年 2 月
二版一刷：2019 年 6 月
三版一刷：2022 年 6 月
三版二刷：2024 年 2 月
Ｉ Ｓ Ｂ Ｎ：978-986-0744-94-1
定　　價：新台幣 500 元